Antonio Verrilli Stefano Minieri

L'INTEGRAZIONE EUROPEA DOPO MAASTRICHT

GUIDA AL TRATTATO SULL'UNIONE EUROPEA

ESSELIBRI - SIMONE

Ed. 1992 pagg. 1392
L. 40.000

Ed. 1992 pagg. 1192
L. 40.000

Ed. 1991 pagg. 320
L. 18.000

Ed. 1992 pagg. 304
L. 20.000

Ed. 1991 pagg. 160
L. 18.000

Grafica di copertina a cura di Fabiana Frascà

Finito di stampare nel mese di maggio 1993
dalla tipografia «Bonaurio» Via Poliziano - Casoria (Napoli)
per conto della Esselibri S.p.A. - Via F. Russo 33/D 80123 Napoli

PREMESSA

Col 1° gennaio 1993 sono state abolite nell'ambito comunitario tutte le restrizioni alla libera circolazione delle merci, dei servizi, delle persone e dei capitali (le «quattro libertà» previste dal Trattato firmato a Roma nel 1957) dopo che gli Stati membri delle Comunità Europee avevano firmato a Maastricht il 7 febbraio 1992 il Trattato sull'Unione Europea, che poneva nuovi e più ambiziosi traguardi al processo di integrazione europeo.

Le innovazioni intervenute e che interverranno sono numerose ed interessano anche settori non strettamente economici: la *politica estera*, la *cooperazione nel settore della giustizia e degli affari interni*, l'attribuzione della *cittadinanza europea* e la possibilità di costituire in futuro una *forza armata europea*.

Tali novità sono attentamente esaminate in questo volume che offre una chiara e completa panoramica di tutti i mutamenti in atto a livello comunitario.

CAPITOLO PRIMO

L'UNIONE EUROPEA DAL PIANO SCHUMAN ALL'ATTO UNICO

1. IL PIANO SCHUMAN E LA NASCITA DELLA CECA

Il 9 maggio 1950 Ministro degli esteri francese *Robert Schuman* propose di mettere in comune le risorse europee nella produzione di *carbone* e di *acciaio*.

Nacque, così, il *«piano Schuman»* che aveva come obiettivo fondamentale la formazione di una *unione economica tra gli Stati europei*.

Proprio in vista del raggiungimento di tale traguardo fu avviata una cooperazione tra i paesi aderenti limitatamente al solo settore del carbone e dell'acciaio, anche al fine di ravvicinare *Francia* e *Germania* (che erano stati i maggiori antagonisti delle due guerre mondiali). Il processo di integrazione europea venne pertanto favorito proprio nel settore delle materie prime di loro principale interesse.

Pur facendo trasparire la volontà di raggiungere un accordo anche solo con il governo tedesco, la proposta Schuman ricevette l'*immediata adesione d'Italia, Belgio, Olanda e Lussemburgo* che temevano gli effetti del ravvicinamento franco-tedesco per l'equilibrio economico e politico europeo nel settore considerato.

Il *18 aprile 1951 a Parigi* i sei Paesi aderenti firmarono vari atti comprendenti il *Trattato istitutivo della* **Comunità Europea del Carbone e dell'Acciaio (CECA)**, un *Protocollo sui privilegi e le immunità della Comunità*, un *Protocollo sullo statuto della Corte di Giustizia* ed un *Protocollo sulle relazioni con il Consiglio d'Europa*.

Vennero in tal modo gettate le basi dell'*Europa comunitaria* intesa come *aggregazione associativa tra Stati* con possibilità di espansione, di potenziamento, di stabilizzazione e, nel tempo, di integrazione con vincoli sempre più stretti.

2. IL FALLIMENTO DELLA COMUNITÀ EUROPEA DI DIFESA (CED)

Il modello CECA esercitò la sua prima influenza nel *settore militare*. Infatti, in seguito allo scoppio della guerra in Corea, che aumentò il timore di una sempre più profonda divisione del mondo in due blocchi contrapposti, prese vita il progetto di una *Comunità militare europea* sul modello della CECA.

Tale progetto, che prevedeva l'istituzione di una **Comunità Europea di Difesa (CED)**, incontrò numerose difficoltà soprattutto per il contrasto legato al riarmo della Germania, ostacolato dalla Francia e favorito dagli Stati Uniti, nel quadro della ricostituzione della struttura militare occidentale.

Il trattato per l'istituzione della CED venne, comunque, firmato il *27 maggio 1952*: prevedeva l'integrazione dei corpi d'armata degli originari sei Stati membri sottoposti al comando di un Commissariato, nominato in comune dai governi degli Stati membri ed investito di poteri di azione e di controllo.

Esso sarebbe stato assistito nel suo operato da un'Assemblea e da un Consiglio dei Ministri, mentre la Corte di giustizia della CECA lo avrebbe controllato. Tuttavia, sia per la mancata ratifica da parte del Parlamento francese malgrado le pressioni statunitensi, sia per le ostilità della Gran Bretagna contraria a qualsiasi accordo continentale a sei che la escludesse, il *progetto CED non trovò possibilità di attuazione*.

In ogni caso l'esperienza positiva della CECA e, soprattutto, il crescente entusiasmo dell'opinione pubblica europea intorno ai primi dibattiti su un progetto relativo all'istituzione di un *mercato comune* diedero nuovo slancio al processo di integrazione che, dopo l'incontro di Messina nel 1955, avrebbe portato alla firma dei Trattati CEE ed Euratom.

3. DALL'INCONTRO DI MESSINA AI TRATTATI DI ROMA

A Messina (1 giugno 1955) vennero delineate le tappe graduali del processo d'integrazione europea prendendo come base due campi che si consideravano interdipendenti, quello del **mercato comune** e quello dell'**energia nucleare**.

Dopo travagliate vicende si sarebbe poi giunti all'accoglimento di due progetti relativi ai due campi. Venne deciso, inoltre, di costituire un Comitato di delegati governativi, presieduto dal ministro degli esteri belga **Paul Henri Spaak**, con il compito di esaminare, perfezionare e trasformare in strumenti concreti le direttive e le idee scaturite dalla conferenza.

In sostanza, a Messina si abbandonò la precedente politica d'integrazione europea per settori (cui restava fedele soltanto la Francia) e si cominciò ad operare in vista della c.d. «*integrazione orizzontale*», cioè *l'unione economica dell'Europa nel suo insieme da realizzare mediante la creazione di un mercato comune in cui avrebbero avuto libera circolazione i vari fattori della produzione (lavoro, capitali, merci e servizi).*

Il 30 maggio 1956 i Ministri degli esteri dei sei paesi membri della CECA si riunirono a Ven*ezia* per negoziare la trasformazione del c.d. «*Rapporto Spaak*» in veri e propri trattati. Tale rapporto, già precedentemente approvato dall'Assemblea della Comunità carbo-siderurgica, proponeva l'istituzione di una **Comunità Economica Europea** (**CEE**) e di una **Comunità Europea per l'Energia Atomica (CEEA o Euratom)**. I negoziati si protrassero fino al febbraio del 1957 (Conferenze di Bruxelles e Parigi) e, finalmente, il *25 marzo* dello stesso anno si giunse alla **firma a Roma dei trattati della CEE e dell'Euratom**.

Mentre il *Trattato CECA* prevedeva (e prevede tuttora) l'instaurazione di un'**area di libero scambio** limitatamente al settore del carbone e dell'acciaio (che implica l'abolizione dei dazi doganali interni e la soppressione di qualunque limitazione all'importazione e all'esportazione di tali prodotti), i *Trattati CEE ed Euratom* gettavano le basi per la creazione di un'**unione doganale** che prevede anche l'adozione di una *tariffa doganale comune* nei confronti dei paesi terzi, in aggiunta alle misure prima citate.

MISURE / ASSOCIAZIONE	Soppressione tariffe interne	Adozione tariffa comune esterna	Libera circolazione di persone e capitali
AREA DI LIBERO SCAMBIO	SI	NO	NO
UNIONE DOGANALE	SI	SI	NO
UNIONE ECONOMICA	SI	SI	SI

L'obiettivo dell'instaurazione dell'unione doganale fu raggiunto nel 1968 allorché fu fissata una *tariffa doganale comune* (TDC); dopo questa data tutti gli sforzi dei paesi membri furono indirizzati alla realizzazione pratica di una **unione economica**, cioè di uno spazio interno in cui fosse assicurata la piena *libertà di circolazione delle merci, dei servizi, dei capitali e delle persone*, nonché il perseguimento di politiche economiche comuni.

4. LA CRISI DEGLI ANNI SESSANTA E L'ADESIONE DELLA GRAN BRETAGNA, DELLA DANIMARCA E DELL'IRLANDA

Dopo una grave crisi scoppiata nel 1965, allorché la Francia si oppose al progetto di istituire un bilancio autonomo della Comunità e all'ampliamento dei poteri del Parlamento Europeo, il processo di integrazione europeo riprese nuovo slancio nella seconda metà del decennio quando vennero presentate nel maggio 1967 le domande di *adesione dei governi danese, inglese ed irlandese*, a cui si aggiunse in sede di trattative anche la Norvegia.

Il *22 gennaio 1972*, nel palazzo di Egmont a Bruxelles i «Dieci» (i 6 membri originari della CEE, più Gran Bretagna, Irlanda, Danimarca e Norvegia) *firmarono* gli atti di adesione.

Tuttavia il 26 settembre dello stesso anno essi si ridussero a «*nove*» per il rifiuto che il governo norvegese fu costretto ad annunciare (in seguito all'esito negativo d'un *referendum* popolare interno), in merito all'adesione del paese scandinavo alla Comunità.

Diversamente il **1° gennaio 1973 Gran Bretagna**, **Irlanda** e **Danimarca**, in seguito ai responsi popolari favorevoli, **entrarono a far parte della Comunità Economica Europea**, anche se soltanto dal 1° gennaio 1978 diventeranno membri a tutti gli effetti.

5. L'ELEZIONE A SUFFRAGIO UNIVERSALE DEL PARLAMENTO EUROPEO E L'ADESIONE DELLA GRECIA, DEL PORTOGALLO E DELLA SPAGNA

Sin dal maggio 1960 era stato preso in esame, a livello comunitario, un progetto di studio per l'attuazione dell'elezione a suffragio universale del Parlamento Europeo, così come previsto dall'art. 138 par. 3 del Trattato CEE. Eppure, fu soltanto nel corso della riunione del Consiglio europeo tenutasi a Roma il 1° dicembre 1975, che i capi di Stato e di governo dei paesi membri riuscirono ad accordarsi definitivamente sulla data della **prima elezione a suffragio universale diretto del Parlamento europeo**, che venne fissata per la *primavera del 1978*.

Il complesso problema della ripartizione dei seggi tra i vari paesi membri in seno all'Assemblea fu al centro delle trattative avviate nella prima metà del 1976, e soltanto nel luglio di quello stesso anno si giunse ad un accordo definitivo.

In linea generale l'elezione a suffragio universale diretto del Parlamento europeo può essere considerata un passo avanti verso l'integrazione europea, sia per le ripercussioni che tale riforma ebbe sull'opinione pubblica dei paesi membri, sia per il nuovo vigore dato a tale organo dalla presenza di un *mandato diretto* da parte dell'elettorato degli Stati europei.

Un'altra tappa importante nel processo di integrazione fu segnata nel 1974 allorché caddero due regimi autoritari dell'Europa mediterranea: quello *portoghese*, in seguito alla *«rivoluzione dei garofani»* e quello *greco* sulla spinta della *crisi di Cipro*.

Tra il 1975 e il 1978 si compì il processo di democratizzazione della Spagna dopo quasi quaranta anni di dittatura. Il ritorno dei paesi europei mediterranei alla democrazia aprì le prospettive per un loro ingresso nella Comunità europea.

La Grecia presentò la domanda di adesione alla Comunità nel luglio 1976; il Portogallo nel marzo 1977 e la Spagna nel luglio dello stesso anno.

L'allargamento della Comunità ai paesi del Mediterraneo indubbiamente offriva nuove prospettive di sviluppo all'Unione europea; essa, però, presentava notevoli problemi in quanto si temeva potesse alterare i delicati equilibri produttivi e commerciali esistenti tra i paesi della Comunità, in particolare nel settore agricolo.

Superate queste difficoltà i tre paesi sono entrati a far parte della Comunità: la **Grecia nel 1981**, la **Spagna ed il Portogallo nel 1986**.

6. IL PROGETTO DI TRATTATO SULL'UNIONE EUROPEA

Una tappa fondamentale nel processo di unificazione politica della Comunità fu raggiunta il 14 febbraio 1984 con l'approvazione in seduta plenaria da parte del Parlamento di Strasburgo del *Progetto di Trattato* che istituiva l'*Unione europea.*

Tale approvazione, infatti, rappresentava uno dei massimi risultati del movimento federalista europeo guidato da *Altiero Spinelli* che, a partire dalla fine della seconda guerra mondiale fino alla sua scomparsa, aveva perseguito con massimo impegno l'ideale dell'Europa unita.

Il progetto di Trattato delineava una vera e propria *struttura confederale* fornita di una *cittadinanza* propria (art. 3), di un proprio *territorio* (art. 5) e di una autonoma *personalità giuridica* (art. 6).

7. L'ABBANDONO DEL PROGETTO DI TRATTATO SULL'UNIONE EUROPEA E L'ATTO UNICO EUROPEO

Il Progetto però non ricevette l'accoglienza che il Parlamento sperava da parte degli Stati membri.

Fu così che al Consiglio europeo del giugno '85, superando i contrasti esistenti fra gli Stati, fu deciso di convocare una *Conferenza intergovernativa* per elaborare un nuovo progetto di trattato, conferenza che si riunì per la prima volta a Lussemburgo il 9 settembre 1985.

I lavori si conclusero a Bruxelles il 28 febbraio 1986 con l'adozione dell'**Atto Unico Europeo**, entrato successivamente in vigore il 1° luglio 1987 a seguito della *ratifica* dei parlamenti degli Stati membri.

L'obiettivo più importante dell'Atto Unico era la **realizzazione entro il 31 dicembre 1992 del mercato interno** cioè di «*uno spazio senza frontiere interne, nel quale è assicurata la libera circolazione delle merci, delle persone, dei servizi e dei capitali*» (art. 8 del Trattato CEE, aggiunto dall'art. 13 dell'Atto unico).

Affinché il grande mercato interno potesse sfociare in un «autentico spazio economico e sociale comune, basato sulla solidarietà e dominato dalle regole del mercato ma al tempo stesso dalla cooperazione tra le istituzioni politiche e le parti sociali» erano necessari il raggiungimento di una convergenza economica e l'applicazione di politiche di accompagnamento.

Nell'Atto Unico, oltre alla *creazione* del *mercato interno* (spazio senza frontiere) era previsto:

— la *ricerca* di una **coesione economica** più stretta tra le regioni europee (riduzione delle disparità regionali attraverso la riforma dei Fondi);
— il *miglioramento* della **politica sociale**;
— il *rafforzamento* della **cooperazione monetaria**;
— l'*introduzione* nel Trattato istitutivo di **norme in materia di tutela dell'ambiente e di ricerca scientifica e tecnologica**.

Il raggiungimento dell'obiettivo più importante previsto dall'Atto Unico con l'apertura delle frontiere comunitarie a partire dal 1° gennaio 1993 ha imposto ai dodici Stati membri la necessità di procedere ad una ridefinizione dei successivi sviluppi dell'azione comunitaria. Tale volontà si è concretizzata nella firma a Maastricht il **7 febbraio 1992 del Trattato sull'Unione Europea** che delinea le tappe fondamentali del processo di integrazione europea per i prossimi anni.

IL TRATTATO DI MAASTRICHT

1. DALL'ATTO UNICO AL TRATTATO SULL'UNIONE EUROPEA

Il processo di integrazione in ambito europeo ha sempre previsto delle scadenze ben precise, raggiunte le quali si passava ad una nuova fase di collaborazione e si ponevano altri traguardi alla formazione di una vera *unione europea.*

In quest'ottica rientra anche la firma del Trattato di Maastricht: l'approssimarsi della data del 1° gennaio 1993, che segnava la definitiva realizzazione del mercato unico, poneva l'esigenza di definire nuovi obiettivi e scadenze per continuare nel processo di integrazione europea.

Il **Trattato di Maastricht** (ufficialmente noto come *Trattato sull'Unione Europea*) che viene formalmente firmato il **7 febbraio 1992** nella piccola cittadina olandese rappresenta l'ultima e finora più ambiziosa tappa di questo processo, che però trova le sue radici in progetti già elaborati in precedenza.

LE TAPPE CHE HANNO PORTATO A MAASTRICHT

27/28-6-1988: *Consiglio Europeo di Hannover.* I dodici confermano l'obiettivo della realizzazione graduale dell'Unione economica e monetaria e decidono di esaminare i mezzi per giungere a tale Unione.

4-1989: Viene presentato il rapporto del Comitato Delors (formato dai governatori delle Banche centrali della Comunità più tre esperti) che prevede tre tappe per giungere ad una moneta unica.

26/27-6-1989: *Consiglio Europeo di Madrid.* Gli Stati membri s'impegnano a proseguire sulla strada dell'Unione economica e monetaria. La prima fase partirà il 1° luglio 1990.

8/9-12-1989: *Consiglio Europeo di Strasburgo.* Viene decisa la convocazione di una conferenza intergovernativa che definisca le tappe dell'Unione economica e monetaria e apporti le necessarie modifiche al Trattato CEE.

19-4-1990: Il Presidente francese Mitterand ed il Cancelliere tedesco Kohl invitano il Consiglio Europeo a procedere ad una più stretta coesione tra i dodici anche nel campo della politica estera e di sicurezza comune.

26-4-1990: *Consiglio Europeo di Dublino.* Raccogliendo l'invito di Kohl e Mitterand viene dato mandato ai ministri degli affari esteri di elaborare proposte in vista di una conferenza intergovernativa da affiancare a quella già prevista per l'Unione economica e monetaria.

1-7-1990: Inizia la prima fase dell'Unione economica e monetaria. A partire da questa data vi è piena libertà di movimento per i capitali in ambito comunitario.

15-12-1990: Si aprono a Roma le due conferenze intergovernative sull'Unione economica e monetaria e sull'Unione politica che dovranno decidere i necessari emendamenti al Trattato CEE. A norma dell'art. 236 di questo Trattato le modifiche vanno apportate secondo la seguente procedura:

— convocazione di una conferenza intergovernativa per la revisione dei trattati;
— parere del Parlamento Europeo e della Commissione;

	— il testo dev'essere adottato dagli Stati membri; — dopo l'adozione esso va ratificato da ciascuno Stato membro secondo le proprie norme costituzionali.
9/10-12-1991:	*Consiglio Europeo di Maastricht.* Il testo dalle due conferenze intergovernative, presentato il mese precedente, riceve il consenso degli Stati membri.
11-12-1991:	Il testo è ufficialmente adottato.
7-2-1992:	Il trattato di Maastricht sull'Unione Europea viene definitivamente firmato dai rappresentanti degli Stati membri. Per entrare in vigore necessita della ratifica di tutti gli Stati membri.

2. LA STRUTTURA DEL TRATTATO DI MAASTRICHT

Il trattato che è stato firmato a Maastricht costituisce un coacervo di disposizioni alcune delle quali sono di portata estremamente innovativa mentre altre rappresentano delle integrazioni al Trattato CEE, anche se non mancano delle rilevanti novità. Allo stesso trattato sono aggiunti vari protocolli e dichiarazioni tra cui spiccano i due protocolli che definiscono lo statuto del *Sistema europeo delle banche centrali (SEBC)*, dell'*Istituto Monetario Europeo (IME)* e della *Banca Centrale Europea (BCE)*.

- **Titolo I - Disposizioni comuni**. Questa prima sezione del Trattato definisce le linee guida che ispirano l'azione comunitaria il cui compito è quello di *organizzare in modo coerente e solidale le relazioni tra gli Stati membri ed i loro popoli.*

  Nell'articolo B di questa sezione sono delineati gli obiettivi che si prefigge l'Unione:

  — promuovere un progresso economico e sociale equilibrato, mediante la creazione di uno spazio senza frontiere interne, il rafforzamento della coesione economica e sociale e l'instaura-

zione di una *unione economica e monetaria* che comporti, a termine, una *moneta unica*;
— attuare una *politica estera e di sicurezza comune* e definire a termine una *politica di difesa comune* che potrebbe, successivamente, condurre ad una difesa comune;
— rafforzare la tutela dei diritti e degli interessi dei cittadini degli Stati membri mediante l'istituzione di una *cittadinanza dell'Unione*;
— sviluppare una stretta coesione nel settore della *giustizia* e degli *affari interni*.

- **Titolo II - Modifiche al Trattato CEE per creare la Comunità Europea**. Questa sezione rappresenta la *parte più innovativa dell'intero Trattato di Maastricht* a cominciare dall'alto valore simbolico da attribuire alla disposizione che sostituisce l'espressione «*Comunità Economica Europea*» con «*Comunità Europea*» in tutto il Trattato di Roma del 1957. La modifica è un evidente segnale della volontà di non limitare più l'azione della Comunità alle sole relazioni economiche ma di estenderla anche ad altri campi finora considerati di esclusiva competenza degli Stati membri.

  Principali fondamentali di questa parte del Trattato sono:
  — l'*instaurazione di una Unione economica e monetaria*;
  — l'*istituzione di una cittadinanza europea*;
  — l'*affermazione del principio di sussidiarità*, secondo il quale la Comunità, nelle materie che non sono di sua esclusiva competenza, può intervenire soltanto qualora gli Stati membri non possono agire o quando è preferibile procedere ad un'azione comune;
  — l'*ampliamento delle politiche poste in essere dalla Comunità* (in particolare, industria, sanità publbica, educazione e cultura);
  — la *revisione dei poteri attribuiti ad alcuni organi comunitari* ed, in particolare, l'ampliamento delle funzioni del Parlamento Europeo.

- **Titoli III e IV - Modifiche ai Trattati CECA ed Euratom**. Le disposizioni contenute in questi due titoli sono largamente riproduttive di quelle contenute nel titolo precedente: essi si limitano ad estendere anche ai Trattati CECA ed Euratom le modifiche già previste per il Trattato CEE.

- **Titolo V - Disposizioni relative alla politica estera e di sicurezza comune**. Rappresenta una delle novità più importanti del Trattato di Maastricht ed è il risultato finale dei lunghi negoziati intrapresi nell'ambito della conferenza intergovernativa convocata nel 1990. Le disposizioni contenute in questo titolo non apporteranno alcuna modifica ai Trattati istitutivi delle Comunità Europee.

- **Titolo VI - Disposizioni relative alla cooperazione nei settori della Giustizia e degli Affari Esteri**. L'apertura delle frontiere tra i paesi comunitari a partire dal 1° gennaio 1993 ha inevitabilmente imposto un notevole ridimensionamento delle possibilità di controllo frontaliere. Al fine di realizzare una più efficace cooperazione in questo settore con il Trattato di Maastricht si è deciso di delineare alcune strategie comuni tra gli Stati membri, tra cui rientra anche la costituzione di un Ufficio Europeo di Polizia (Europol).

- **Titolo VII - Disposizioni finali**. La disposizione più importante di questa sezione è contenuta nel secondo comma dell'articolo N laddove prevede che nel 1996 sarà convocata una Conferenza dei Rappresentanti degli Stati Membri per valutare i risultati raggiunti fino a quella data e proporre eventuali modifiche al Trattato.

3. I PILASTRI DEL TRATTATO

Com'è esplicitamente affermato dall'articolo A del Trattato di Maastricht, l'Unione Europea si fonda su tre pilastri fondamentali:

— le **Comunità Europee** già esistenti che vedono notevolmente ampliate le proprie funzioni e le politiche da perseguire. In particolare alle Comunità è affidato il compito di procedere alle fasi successive dell'**Unione economica e monetaria** a cui vanno aggiunte le disposizioni che estendono i poteri delle Comunità e quelle che inaugurano nuove forme di cooperazione;

ESTENSIONE DEL CAMPO D'AZIONE DELLA COMUNITÀ
— Coesione economica e sociale
— Ricerca e sviluppo
— Protezione dell'ambiente
NUOVI CAMPI D'AZIONE
— Istruzione e formazione professionale
— Cultura
— Sanità pubblica
— Protezione dei consumatori
— Reti transeuropee
— Industria
— Politica sociale

— una **politica estera di sicurezza comune** e la **cooperazione nel settore della giustizia e degli affari interni** che rientrano nel processo d'**Unione politica** instaurato con il Trattato di Maastricht.

La reticenza di molti Stati a delegare competenze da sempre considerate di esclusiva competenza interna ad un organo sovranazionale ha indotto gli estensori del Trattato ad *escludere queste politiche dal quadro istituzionale delle Comunità.*
Esse saranno perseguite mediante una collaborazione a livello intergovernativo anche se la loro gestione sarà comunque affidata agli stessi organi comunitari.

4. LE DEROGHE AL TRATTATO

Già nell'ambito delle negoziazioni tra gli Stati membri la Gran Bretagna aveva manifestato il proprio *rifiuto a partecipare a qualunque politica sociale europea.* Per questo motivo in un protocollo allegato al Trattato è prevista una clausola che autorizza questo paese a non partecipare all'azione comunitaria in questo campo.

Altre deroghe al Trattato sono state previste dal vertice europeo di Edimburgo (dicembre 1992) dove è stata esaminata la posizione danese che, in seguito alla mancata ratifica del trattato, rischiava di bloccare il processo di integrazione europeo. Nell'ambito di questo vertice è stato deciso che la Danimarca potrà non partecipare all'Unione Europea per quel che riguarda:

— la cittadinanza europea;
— la creazione di una moneta unica e l'istituzione della Banca Centrale Europea;
— la politica nel settore della difesa comune;
— la cooperazione nell{ambito della giustizia e degli affari interni.

Tali esenzioni saranno valide fino al 1996: esse saranno poi ridiscusse nell'ambito di una conferenza intergovernativa.

CRONOLOGIA DELLA COMUNITÀ EUROPEA

13-4-1948	Viene istituita l'**OECE** (Organizzazione europea per la cooperazione economica) al fine di coordinare l'attuazione del Piano Marshall.
9-5-1950	È la data di nascita dell'attuale Comunità europea. Quel giorno il ministro francese degli affari esteri, **Robert Schuman** propone di mettere in comune la produzione e il consumo del carbone e dell'acciaio e di creare, a tale scopo, un'organizzazione europea tra Francia e Germania.
18-4-1951	Il Trattato che istituisce la Comunità europea del carbone e dell'acciaio (**CECA**) viene firmato a Parigi e prontamente ratificato dai parlamenti dei «Sei».
27-5-1952	I «Sei» firmano il trattato istitutivo della Comunità europea di difesa (**CED**).
30-8-1954	In occasione della Conferenza di Messina i Ministri degli esteri dei sei decidono di estendere l'integrazione europea.
1-6-1955	L'Assemblea nazionale francese rifiuta la ratifica del Trattato CED.
25-3-1957	I «Sei» firmano i Trattati di Roma che istituiscono la Comunità economica europea (**CEE**) e la Comunità europea dell'energia atomica (**CEEA** o **Euratom**).
1-1-1958	Entrano in vigore i Trattati della CEE e della CEEA.
19-3-1958	L'Assemblea europea elegge suo presidente Robert Schuman.

1-1-1959 Viene attuata una prima riduzione dei dazi doganali tra gli Stati membri.

8-6-1959
31-7-1959 Rispettivamente Grecia e Turchia chiedono di essere associate alla CEE.

4-1-1960 Convenzione di Stoccolma che istituisce l'EFTA.

31-7-1961
9-8-1961
10-8-1961 Rispettivamente l'Irlanda, la Danimarca ed il Regno Unito presentano domande di adesione alla Comunità europea.

1-9-1961 Entra in vigore il primo regolamento sulla libera circolazione dei lavoratori all'interno della Comunità.

2-11-1961 Viene reso pubblico un progetto di unione politica della commissione Fouchet, ma né questo né quelli che seguiranno saranno approvati dai «Sei».

14-1-1962 Dopo lunghi e aspri negoziati la politica agraria comunitaria vede finalmente la luce. Viene istituito il **FEOGA**.
Il Consiglio dei ministri decreta il passaggio alla seconda tappa dell'integrazione prevista dal Trattato CEE.

9-2-1962 Il governo spagnolo chiede l'apertura di negoziati in vista di un'associazione. Tre mesi più tardi il Portogallo presenta una domanda analoga.

1-11-1962 Firma tra la Comunità economica europea e la Grecia di un accordo di associazione.

14-1-1963 I primi negoziati per allargare la Comunità falliscono. Nel corso di una conferenza-stampa il generale De Gaulle, presidente della Repubblica francese, esprime i dubbi della Francia sulla volontà politica del Regno Unito di aderire alla Comunità. Alcuni giorni più tardi, il 18.1.1963, i negoziati sono sospesi con tutti i paesi candidati: il Regno Unito, l'Irlanda, la Danimarca e la Norvegia.

20-7-1963 Firma della «Convenzione di Yaoundè» tra la Comunità e 17 Stati africani.

4-5-1964 Iniziano negoziati tariffari multinazionali, chiamati **Kennedy Round**,che si svolgono nel quadro del GATT, cui la Comunità partecipa, e conducono ad una sensibile riduzione dei dazi doganali. La tariffa doganale esterna della Comunità viene ridotta del 35-40% a seconda dei prodotti (ad eccezione dei prodotti agricoli), situandosi ad un livello inferiore a quello dei grandi partner commerciali.

1-7-1964 Il Fondo europeo agricolo di orientamento e garanzia (FEOGA) comincia a funzionare. Viene istituito il Mercato comune agricolo.

8-4-1965 Viene firmato il Trattato sulla fusione degli esecutivi, istitutivo di un Consiglio ed una Commissione unici.

30-6-1965 Il rappresentante francese presso la Comunità è richiamato a Parigi. Il governo francese è in aperto disaccordo con i governi degli altri Stati circa un progetto che prevede un aumento dei poteri del Parlamento europeo e l'autonomia finanziaria della Comunità.

28/29-1-'66 La crisi del 1965 è risolta dal «**compromesso di Lussemburgo**» che dispone che, ogni qualvolta uno degli Stati membri invochi degli interessi vitali, il Consiglio dei ministri si sforzerà di raggiungere una soluzione accettabile per tutti. Al **sistema del voto a maggioranza** in seno al Consiglio si sostituisce quello del **voto all'unanimità**. La Francia riprende il suo posto in seno alle istituzioni della Comunità.

30-7-1967 Entra in vigore il Trattato sulla «fusione degli esecutivi».

1-7-1968 Entra in vigore l'**Unione doganale**.

26-7-1968 Ad Arusha viene firmato l'accordo di associazione tra la CEE ed i tre paesi ESTAF (Uganda, Tanzania, Kenya).

10-9-1968 Rapporto Werner sull'Unione Monetaria Europea.

18-12-1968 Sicco Mansholt, vicepresidente della Commissione europea, responsabile della politica agraria comune, lancia il «Piano Mansholt» che si propone l'ammodernamento delle strutture agricole.

29-7-1969 A Yaoundè viene firmata la nuova Convenzione d'associazione tra la CEE e gli Stati africani.

1/2-12-1969 I capi di Stato e di governo si riuniscono all'Aja, decretano il passaggio alla **fase definitiva** del **Trattato** di **Roma** e si pronunciano per la realizzazione di un'**unione economica e monetaria**.

22-4-1970 Firma a Lussemburgo del Trattato sulle risorse proprie della Comunità.

22-1-1972 Firma dei Trattati di **adesione del Regno Unito**, **dell'Irlanda**, **della Danimarca** e della Norvegia alla Comunità. Tuttavia in Norvegia un referendum popolare respinge il Trattato.
La nuova Comunità a «Nove» nascerà il 1° gennaio 1973.

24-4-1972	I «Sei» decidono di riportare a circa il 2,25% la variazione tra i tassi di cambio delle loro monete. Nasce il **«serpente europeo»**.
6-1972	La Sterlina inglese ed irlandese escono dal «serpente». Nel febbraio 1973 ne uscirà anche il franco francese.
7-1973	Si aprono a Helsinki i lavori della Conferenza per la sicurezza e cooperazione in Europa (**CSCE**).
1-1-1973	Entrano in vigore gli accordi di libero scambio tra la Comunità ed i paesi facenti parte della zona europea di libero scambio (EFTA), che non hanno aderito alla Comunità.
9/10-12-'74	Il «vertice» dei capi di Stato e di governo che si tiene a Parigi stabilisce l'istituzione del **Consiglio europeo** e si conviene di far eleggere a **suffragio universale** il **Parlamento europeo**.
28-2-1975	La Comunità europea e 46 paesi d'Africa, dei Caraibi e del Pacifico (ACP) firmano la **Convenzione di Lomè**, che sostituisce le convenzioni di Yaoundè firmate rispettivamente nel 1963 e nel 1969 tra la Comunità ed i 18 SAMA (Stati africani e malgascio associati) e quella di Arusha.
7-8-1975	Si concludono a Helsinki i lavori della Conferenza al vertice dei capi di Stato e di governo per la firma degli atti finali nell'ambito della CSCE.
12-6-1975	La Grecia presenta domanda di adesione alla CEE.
22-7-1975	Istituzione della **Corte dei Conti Europea**.
1-8-1975	Atto finale della Conferenza di Helsinki (CSCE).
16-2-1976	Iniziano i negoziati tra la Comunità ed il Comecon per la conclusione di accordi-quadro.
4-'76/1-'77	La Comunità conclude degli accordi con i paesi del Maghreb (Algeria, Marocco, Tunisia) nell'aprile 1976 e con i paesi del Maschrak (Egitto, Siria, Giordania, Libano) nel gennaio 1977. Con questi accordi, che si aggiungono a quello concluso con Israele l'11 maggio 1975, la Comunità inaugura una **politica mediterranea** impostata globalmente.
28-3-1977	Il Portogallo chiede di entrare a far parte della CEE.
28-7-1977	La Spagna presenta domanda di adesione alla CEE.
4-1978	La Comunità firma un accordo commerciale con la Cina.
9/10-3-1979	Il Consiglio europeo riunito a Parigi istituisce il **Sistema monetario europeo (SME)**.

28-5-1979 La **Grecia** e la Comunità europea firmano ad Atene il **Trattato di adesione** della Grecia, che diverrà, a partire dal 1° gennaio 1981, il decimo membro della Comunità.

7/10-6-1979 I cittadini dei nove Stati membri eleggono per la prima volta direttamente il **Parlamento europeo**, composto da 410 deputati. Il primo presidente del Parlamento, eletto dai deputati al secondo turno, è la sig.ra Simone Weil, ex ministro francese della sanità e della famiglia.

17-7-1979 Prima riunione a Pechino della Commissione mista prevista dall'accordo commerciale con la **Cina**.

17/20-7-'79 Prima sessione a Strasburgo del **Parlamento europeo eletto a suffragio universale**.

31-10-1979 Firma della II **Convenzione di Lomè**.

8-3-1980 Firma dell'accordo di cooperazione CEE-ASEAN (Paesi del Sud-est asiatico).

20-7-1980 Firma dei due accordi CEE-Romania sul commercio di prodotti industriali e sull'istituzione di una Commissione mista.

18-9-1980 Firma dell'accordo di cooperazione col Brasile.

1-1-1981 La **Grecia** entra a far parte della Comunità.
Entra in vigore la II **Convenzione di Lomè**.

23-6-1981 Firma di un accordo di cooperazione con l'**India**.

25-3-1982 25° anniversario della firma dei Trattati di Roma.

22-6-1982 Comunicazione della Commissione al Consiglio sulla realizzazione della **politica mediterranea** da parte della Comunità ampliata.

25-1-1983 Accordo sulla politica comune della **pesca**.

17/19-6-'83 Consiglio europeo di Stoccarda: i capi di Stato e di governo sottoscrivono la dichiarazione solenne sull'**Unione europea**.

6/7-10-'83 Apertura dei negoziati per il rinnovo della Convenzione di Lomè.

14-2-1984 Il Parlamento europeo in seduta plenaria approva il progetto di Trattato che istituisce l'**Unione europea**.

28-2-1984 Adozione del programma ESPRIT (cooperazione nel campo della ricerca).

17-6-1984 Elezioni per il Parlamento europeo.

8-12-1984 Firma della III Convenzione di Lomè.

1-1-1985 La **Groelandia** lascia la Comunità e resta associata ad essa come territorio d'oltremare.

12-6-1985 Firma degli atti relativi all'**adesione di Spagna e Portogallo**.

14-6-1985 La Commissione trasmette al Consiglio dei ministri il suo «**Libro Bianco**» sul completamento del mercato interno.

23-7-1985 Il Consiglio adotta il reg. n. 2088 istitutivo dei Programmi Integrati Mediterranei.

16/17-12-'85 I ministri degli esteri degli Stati membri adottano **l'Atto unico europeo**.

1-1-1986 **Spagna** e **Portogallo** entrano a far parte della Comunità. Entrata in vigore della **III Convenzione di Lomè**.

17-2-1986 Cerimonia di firma dell'**Atto unico** di riforma dei Trattati europei. Italia, Grecia, e Danimarca non hanno firmato.

28-2-1986 Italia, Grecia e Danimarca firmano l'Atto unico.

23-5-1986 Si spegne Altiero Spinelli, padre dell'europeismo.

14-4-1987 La Turchia propone la propria candidatura alla CEE.

30-5-1987 La Spagna aderisce allo SME.

1-7-1987 Entra **in vigore l'Atto Unico Europeo**.

18-6-1988 Terza elezione per il Parlamento Europeo.

24-6-1989 Il Consiglio adotta il regolamento-quadro per la riforma dei fondi strutturali.

24-10-1988 Istituzione del *Tribunale di prima istanza*.

19-12-1988 Il Consiglio adotta i regolamenti di attuazione della riforma dei fondi strutturali.

21-12-1988 Emanazione della direttiva sul Sistema generale di riconoscimento dei diplomi di istruzione superiore.

1-1-1989	Entra in vigore la normativa relativa alla riforma dei fondi strutturali.
21-12-1989	Il Consiglio adotta il regolamento sul controllo della concentrazione di imprese.
29-5-1990	Firma degli accordi istitutivi della Banca europea di ricostruzione e sviluppo (**BERS**).
12-6-1990	Firma degli **accordi di Schengen** che sopprimono ogni formalità di frontiera per la libera circolazione dei cittadini di alcuni Stati membri.
1-7-1990	Inizio della **prima fase per la creazione dell'Unione economica e monetaria**.
3-10-1990	Riunificazione delle due Germanie.
9-1990	La sterlina inglese entra nel Sistema Monetario Europeo.
21-11-1990	Viene firmata, nell'ambito della CSCE, la Carta di Parigi.
15-12-1990	Si aprono a Roma le due **conferenze intergovernative** che dovranno definire i nuovi orientamenti **in materia di Unione economica e monetaria e Unione politica**.
1-7-1991	Si scioglie il Patto di Varsavia. La Svezia chiede l'adesione alla CEE.
21-10-1991	Accordo politico tra i paesi CEE ed i paesi EFTA per la creazione di uno **Spazio Economico Europeo**.
9/10-12-1991	**Vertice europeo di Maastricht** che approva il progetto di Trattato sull'Unione Europea.
7-2-1992	Viene firmato a Maastricht il **Trattato che istituisce l'Unione Europea**.
6-4-1992	L'escudo portoghese aderisce allo SME.
2-5-1992	Firma a Porto dell'accordo sullo **Spazio Economico Europeo**.
2-6-1992	Un referendum in Danimarca rifiuta la ratifica del Trattato di Maastricht (50,7% contrari).
18-6-1992	L'Irlanda ratifica il Trattato in seguito alla pronuncia favorevole dei suoi cittadini (68,7% a favore).
2-7-1992	Il Parlamento lussemburghese ratifica il Trattato di Maastricht.

31-7-1992	Il Parlamento greco ratifica il Trattato Maastricht.
20-9-1992	La Francia ratifica mediante referendum il Trattato di Maastricht (51,04% a favore).
29-10-1992	L'Italia ratifica il Trattato di Maastricht.
4-11-1992	Il Belgio ratifica il Trattato di Maastricht.
25-11-1992	La Spagna ratifica il Trattato di Maastricht.
6-12-1992	La Svizzera si pronuncia contro l'adesione allo Spazio Economico Europeo in seguito a referendum.
10-12-1992	Il Portogallo ratifica il Trattato di Maastricht.
11/12-12-1992	Vertice Europeo di Edimburgo. La Danimarca ottiene alcune esenzioni per il Trattato di Maastricht: non partecipare alla politica di cittadinanza europea, all'ultima fase dell'UEM, alla politica di difesa comune e a quella di giustizia e sicurezza interna.
16-12-1992	I Paesi Bassi ratificano il Trattato di Maastricht.
18-12-1992	La Germania ratifica il Trattato di Maastricht.
1-1-1993	Nasce il **Mercato Unico Europeo**. Cadono tutte le barriere tra i dodici paesi membri delle Comunità.
1-2-1993	Vengono avviate le trattative per l'adesione, a partire dal 1995 o dal 1996, dell'Austria, della Svezia e della Finlandia.

CAPITOLO TERZO

GLI ORGANI DELLE COMUNITÀ EUROPEE

Sommario: 1. Le istituzioni comunitarie. - 2. Il Consiglio Europeo. - 3. Il Consiglio dei Ministri. - 4. La Commissione. - 5. Il Parlamento Europeo. - 6. Altri organi comunitari. - 7. Il principio di sussidiarietà.

1. LE ISTITUZIONI COMUNITARIE

Il conseguimento degli obiettivi fissati dai Trattati istitutivi delle Comunità e dalle nuove politiche previste dal Trattato di Maastricht è affidato:

— al **Consiglio Europeo** che fissa gli orientamenti generali delle politiche comunitarie;
— al **Consiglio dei Ministri** che esercita il potere normativo;
— alla **Commissione** cui compete la funzione esecutiva;
— al **Parlamento Europeo** che svolge essenzialmente funzioni consultive anche se il Trattato di Maastricht ha notevolmente ampliato i suoi poteri.

2. IL CONSIGLIO EUROPEO

Il Consiglio Europeo è nato inizialmente come un *organo informale di cooperazione politica* che riuniva almeno due volte l'anno i Capi di Stato e di Governo dei diversi Stati membri.

Non era un organo previsto dai Trattati istitutivi delle Comunità e doveva originariamente svolgere un ruolo di **stimolo per le più importanti iniziative politiche della Comunità** nonché **dirimere le controversie di notevole rilevanza politica ed economica** sorte in seno al Consiglio dei Ministri. Le riunioni di questo organo erano molto informali: soltanto in seguito esse hanno assunto una ben definita cadenza (che in genere coincide con la fine della presidenza semestrale di ciascuno Stato membro) e rappresentano ormai un appuntamento molto importante nella definizione delle linee d'azione della Comunità.

Il Trattato di Maastricht ha affidato al Consiglio Europeo il compito di assumere in futuro due importanti decisioni:

— **nel 1997** dovrà decidere sull'opportunità o meno di passare alla terza fase dell'Unione economica e monetaria.
Nel caso in cui tale decisione fosse rimandata al 1999 toccherà sempre al Consiglio decidere quali Stati soddisfano le condizioni necessarie per il passaggio alla fase che prevede l'adozione di una moneta unica;
— **nel settore della politica estera e di sicurezza comune** sarà proprio quest'organo a fornire l'impulso decisivo per le decisioni che dovranno poi essere assunte dal Consiglio dei Ministri.

DATE E LUOGHI DEI CONSIGLI EUROPEI

Conferenze dei Capi di Stato e di Governo

Parigi, 10-11 febbraio 1961
Bonn, 17-19 luglio 1961
Roma, 29-30 maggio 1967
L'Aia, 1-2 dicembre 1969
Parigi, 19-21 ottobre 1972
Copenaghen, 9-10 dicembre 1974

Consigli europei

Dublino, 10-11 marzo 1975
Bruxelles, 16-17 luglio 1975
Roma, 1-2 dicembre 1975
Lussemburgo, 1-2 aprile 1976
Bruxelles, 12-13 luglio 1976
L'Aia, 29-30 novembre 1976
Roma, 25-26 marzo 1977
Londra, 29-30 giugno 1977
Bruxelles, 5-6 dicembre 1977
Copenaghen, 7-8 aprile 1978
Brema, 6-7 luglio 1978
Bruxelles, 4-5 dicembre 1978
Parigi, 12-13 marzo 1979
Strasburgo, 21-22 giugno 1979
Dublino, 29-30 novembre 1979
Lussemburgo, 27-28 aprile 1980
Venezia, 12-13 giugno 1980
Lussemburgo, 1-2 dicembre 1980
Maastricht, 23-24 marzo 1981
Lussemburgo, 29-30 giugno 1981
Londra, 26-27 novembre 1981
Bruxelles, 29-30 marzo 1982
Bruxelles, 28-29 giugno 1982
Copenaghen, 3-4 dicembre 1982
Bruxelles, 21-22 marzo 1983
Stoccarda, 17-19 giugno 1983
Atene, 5-6 dicembre 1983
Bruxelles, 19-20 marzo 1984
Fontainebleu, 25-26 giugno 1984
Dublino, 3-4 dicembre 1984
Bruxelles, 29-30 marzo 1985
Milano, 28-29 giugno 1985
Lussemburgo, 2-3 dicembre 1985
L'Aia, 26-27 giugno 1986
Londra, 5-6 dicembre 1986
Bruxelles, 29-30 giugno 1987
Copenaghen, 4-5 dicembre 1987
Bruxelles, 11-12 febbraio 1988
Hannover, 27-28 giugno 1988
Rodi, 2-3 dicembre 1988
Madrid, 26-27 giugno 1989
Strasburgo, 8-9 dicembre 1989
Dublino, 28 aprile 1990
Dublino, 25-26 giugno 1990
Roma, 13-14 dicembre 1990
Lussemburgo, 28-29 giugno 1991
Maastricht, 9-11 dicembre 1991
Lisbona, 26-27 giugno 1992
Edimburgo, 11-12 dicembre 1992

3. IL CONSIGLIO DEI MINISTRI

Il Consiglio dei Ministri è l'*organo decisionale delle Comunità Europee* a cui è demandata dai diversi Trattati il **compito di adottare tutti i provvedimenti normativi necessari per sviluppare le politiche comunitarie.**

Esso è composto dai rappresentanti degli Stati membri ed è attualmente formato da 12 membri (quanti sono gli Stati aderenti alla Comunità). Il Ministro di ciascuno Stato che partecipa alle riunioni di questo organo può variare a seconda dell'oggetto all'ordine del giorno (per cui se si discute di politica agricola parteciperanno i dodici Ministri dell'agricoltura dei paesi membri, se l'argomento in discussione è l'armonizzazione fiscale saranno presenti i Ministri delle finanze e così via). La *presidenza è esercitata a turno, per sei mesi, da ciascuno dei paesi membri* seguendo l'ordine alfabetico dei loro nomi nelle rispettive lingue nazionali.

L'ordine di successione alla Presidenza è per un primo ciclo di sei anni il seguente: **Belgio** (Belgie, Belgique); **Danimarca** (Danmark); **Germania federale** (Deutschland-BDR); **Grecia** (Ellas); **Spagna** (España); **Francia** (France); **Irlanda** (Ireland); **Italia**; **Lussemburgo** (Luxembourg); **Paesi Bassi** (Nederland); **Portogallo** (Portugal); **Regno Unito** (United Kingdom).

Il successivo ciclo di sei anni è corretto invertendo gli Stati a coppie (e cioè: Danimarca, Belgio, Grecia, Germania, Francia, Spagna, Italia, Irlanda, Paesi Bassi, Lussemburgo, Regno Unito, Portogallo) in modo che a ciascuno Stato tocchi la presidenza nel semestre diverso da quello in cui l'ha esercitata nel primo ciclo.

Il Consiglio Europeo adotta gli atti comunitari, seguendo una procedura di codecisione o cooperazione con il Parlamento Europeo, votando:

— all'**umanità**, nel caso in cui è richiesto il voto di tutti i paesi membri della Comunità;

— a **maggioranza qualificata**, quando è richiesto un certo numero di voti per far passare un atto. Il voto di ciascuno Stato membro non è tuttavia uguale perché le votazioni avvengono con il *sistema del voto ponderato*: in altre parole a ciascun paese viene attribuito un certo numero di voti che variano a seconda della sua importanza demografica e politica all'interno della Comunità. Gli atti saranno adottati con 54 voti a favore su 76.

La novità più importante del Trattato di Maastricht che riguarda il Consiglio dei Ministri è proprio l'*estensione dei casi in cui questo organo può votare a maggioranza qualificata*, tra cui rientrano molte delle nuove politiche previste dal Trattato stesso.

Ponderazione dei voti in seno al Consiglio dei Ministri	
Germania	10
Francia	10
Italia	10
Regno Unito	10
Spagna	8
Belgio	5
Paesi Bassi	5
Portogallo	5
Grecia	5
Danimarca	3
Irlanda	3
Lussemburgo	2
Maggioranza qualificata	**54**

4. LA COMMISSIONE

La Commissione è un organo di fondamentale importanza per la promozione e lo sviluppo delle iniziative comunitarie: per il ruolo ricoperto nell'ambito della struttura istituzionale delle Comunità può essere considerata come il «*governo delle Comunità Europee*». I Trattati istitutivi le assegnano il compito di:

— *promuovere l'adozione di atti comunitari* presentando le relative proposte al Consiglio;
— *vigilare sull'esatta esecuzione dei Trattati*;
— porre in essere tutte le *azioni necessarie per l'applicazione delle norme comunitarie*;
— *rappresentare le Comunità* sia all'interno degli Stati membri sia presso Stati terzi o organizzazioni internazionali.

La Commissione è attualmente nominata di comune accordo dai governi degli Stati membri ed è formata da 17 membri: due per la

Francia, l'Italia, il Regno Unito, la Germania e la Spagna e uno per gli altri Stati. Dura in carica quattro anni.

I Presidenti della Commissione	
• Walter Hallstein (D) (1958-1967)	• François-Xavier Ortoli (F) (1973-1977)
• Jean Rey (B) (1967-1970)	• Roy Jenkins (UK) (1977-1981)
• Franco Maria Malfatti (I) (1970-1972)	• Gaston Thorn (L) (1981-1985)
• Sicco Mansholt (NL) (1972-1973)	• Jacques Delors (F) (1985)

Le novità del Trattato di Maastricht che interessano quest'organo sono:

— la **durata in carica** che a partire dal 1995 sarà di 5 anni (e non più 4). Questa modifica è stata voluta al fine di far coincidere il periodo di durata in carica della Commissione con quella del Parlamento Europeo;

— la **nuova procedura di nomina**. Dal 1995 la Commissione sarà nominata secondo questa procedura:

  — gli Stati membri designeranno il Presidente previa consultazione del Parlamento Europeo che dovrà esprimersi a maggioranza semplice;

  — gli Stati membri ed il Presidente nominato procederanno alla designazione degli altri membri della Commissione;

  — la nomina di questi ultimi sarà sottoposta all'approvazione del Parlamento Europeo.

5. IL PARLAMENTO EUROPEO

Il Parlamento Europeo (o Assemblea) è un organo previsto da tutti i Trattati istitutivi delle Comunità Europee (articoli 138 CEE, 107 Euratom e 20 CECA) anche se già con la firma dei Trattati di Roma fu deciso di istituire una assemblea unica per le tre Comunità.

Esso **esercita sia poteri deliberativi** (intesi come partecipazione alla formazione degli atti comunitari) **che poteri di controllo**.

I suoi 518 membri (ripartiti tra i vari Stati secondo la loro importanza dal punto di vista demografico) sono eletti dal 1979 a suffragio universale diretto in ogni Stato membro e durano in carica 5 anni. I Capi di Stato e di Governo riuniti nel vertice europeo di Edimburgo del dicembre 1992 hanno deciso di portare il numero dei membri del Parlamento a 567, al fine di tener conto dei mutamenti demografici avvenuti in Germania in seguito alla riunificazione tedesca.

Tale modifica avrà effetto a partire dalle prossime elezioni che si terranno nel 1994.

Parlamento europeo Numero dei rappresentanti per Stato		
Stato	Seggi	Seggi dal 1994
Germania	81	99
Francia	81	87
Italia	81	87
Gran Bretagna	81	87
Spagna	60	64
Paesi Bassi	25	31
Belgio	24	25
Grecia	24	25
Portogallo	24	25
Danimarca	16	16
Irlanda	15	15
Lussemburgo	6	6

A lungo il ruolo del Parlamento Europeo è stato di scarsa rilevanza nell'adozione degli atti comunitari: soltanto con l'Atto Unico Europeo e ancor più con il Trattato di Maastricht la funzione di questo organo è stata notevolmente valorizzata con l'instaurazione di tre diverse procedure di adozione degli atti comunitari che lo vedono a vario titolo coinvolto; la *procedura di cooperazione*, la *procedura di codecisione* e la *procedura di parere conforme.*

• La procedura di cooperazione

Questa procedura prevede che, qualora venga presentata una proposta inerente il ravvicinamento delle legislazioni nazionali, il Parlamento la esamina attraverso un procedimento a doppia lettura.

Dopo la prima lettura esso può dare la sua opinione sulla proposta, suggerendo eventuali modifiche di cui la Commissione può tenere conto nella formazione della versione definitiva da sottoporre al Consiglio dei Ministri. Quest'ultimo, dopo una attenta discussione, raggiunge una posizione comune sul testo proposto dalla Commissione, apportando eventuali modifiche.

In seconda lettura il Parlamento ha tre opzioni:

— approvare la posizione comune adottata in seno al Consiglio, nel qual caso il testo può essere adottato a maggioranza qualificata;
— respingere il testo adottato dal Consiglio dei Ministri con un voto a maggioranza assoluta dei propri membri; a questo punto il Consiglio può comunque adottare il testo originario ma soltanto se viene raggiunta l'unanimità;
— può riproporre emendamenti inseriti in prima lettura e bocciati dal Consiglio. In questo caso la Commissione elabora una nuova proposta da sottoporre al Consiglio, la quale non deve necessariamente tener conto degli emendamenti proposti dal Parlamento. Il Consiglio può approvare la nuova proposta della Commissione entro tre mesi, a maggioranza qualificata e senza modifiche; qualora decidesse di apportare degli emendamenti, il testo deve essere approvato all'unanimità.

Il Trattato di Maastricht ha notevolmente ampliato i settori nei quali è richiesta l'adozione di questa procedura.

SETTORI PER I QUALI È PREVISTA LA PROCEDURA DI COOPERAZIONE DAL TRATTATO DI MAASTRICHT

- Trasporti
- Procedure per l'attuazione della politica economica
- Procedure relative al Fondo Sociale Europeo
- Cooperazione con i paesi in via di sviluppo nel campo della formazione professionale
- Programmi pluriennali di ricerca
- Misure nel settore dell'ambiente
- Misure nel settore della cooperazione allo sviluppo
- L'accordo sulla politica sociale ad undici
- Le reti transeuropee

• La procedura di codecisione

Il Trattato di Maastricht ha introdotto questa nuova procedura per l'adozione degli atti comunitari in alcuni settori, in particolare i nuovi campi d'azione previsti dallo stesso Trattato.

Con la procedura di codecisione per la prima volta il *Parlamento Europeo ed il Consiglio sono posti allo stesso livello*: spetterà sempre a quest'ultimo adottare gli atti comunitari ma non potrà più farlo senza il parere favorevole del Parlamento.

A differenza della procedura di cooperazione, secondo la quale il Consiglio poteva comunque adottare l'atto deliberando all'unanimità nonostante il parere contrario del Parlamento, **con la procedura di codecisione il mancato accordo delle due istituzioni fa decadere ogni proposta**.

SETTORI NEI QUALI È PREVISTA
LA PROCEDURA DI CODECISIONE

- Libera circolazione dei lavoratori
- Libertà d'insediamento
- Mutuo riconoscimento dei diplomi
- Programmi di ricerca
- Ambiente
- Consumatori
- Accesso alle attività non salariate
- Completamento del mercato unico
- Reti transeuropee
- Educazione, cultura e sanità pubblica

Le diverse fasi previste da questa procedura sono:

— **1ª lettura**. Il Consiglio, su proposta della Commissione, raggiunge a maggioranza qualificata una posizione comune su un atto comunitario, che verrà sottoposto all'approvazione del Parlamento.

Questi può, entro tre mesi:

— *approvare l'atto* che sarà così definitivamente adottato;
— *emendare l'atto*. In questo caso il Consiglio può approvare l'atto se concorda con gli emendamenti proposti dal Parlamento o avviare una procedura di conciliazione;

— *rifiutare l'atto*, nel qual caso è prevista l'istituzione di un **Comitato di conciliazione** formato da rappresentanti del Parlamento e del Consiglio;

— **2ª lettura**. Il Comitato di conciliazione, a cui partecipa anche la Commissione con funzioni di mediatore, tenta di elaborare un testo comune che rappresenti un compromesso tra le parti. Se non è possibile giungere ad un testo comune l'atto è definitivamente abbandonato: nel caso contrario esso sarà sottoposto all'approvazione del Parlamento e del Consiglio.

Si potranno avere due situazioni:

— il testo comune è adottato dal Consiglio (a maggioranza qualificata) e dal Parlamento (a maggioranza assoluta);
— non vi è accordo tra le due istituzioni per cui il testo non è adottato;

— **3ª lettura**. Un ultimo tentativo può essere promosso dal Consiglio per l'adozione dell'atto: riprendendo la sua posizione comune iniziale il Consiglio può inserire degli emendamenti che tengano conto delle osservazioni del Parlamento. Se quest'ultimo concorda sul testo elaborato dal Consiglio l'atto è approvato e sarà firmato dal Presidente del Parlamento Europeo e da quello del Consiglio.

LA PROCEDURA DI COOPERAZIONE (art. 189 C)

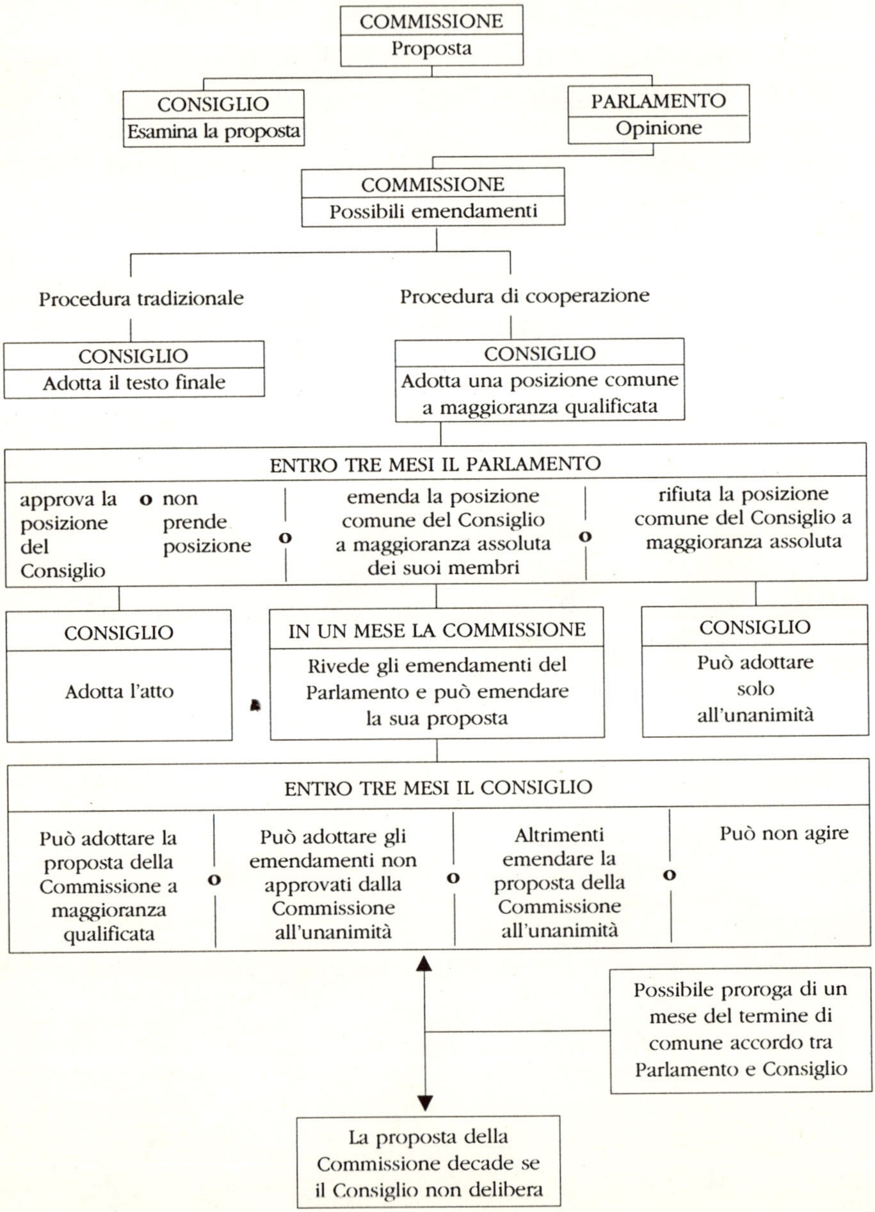

LA PROCEDURA DI CODECISIONE (art. 189 B)

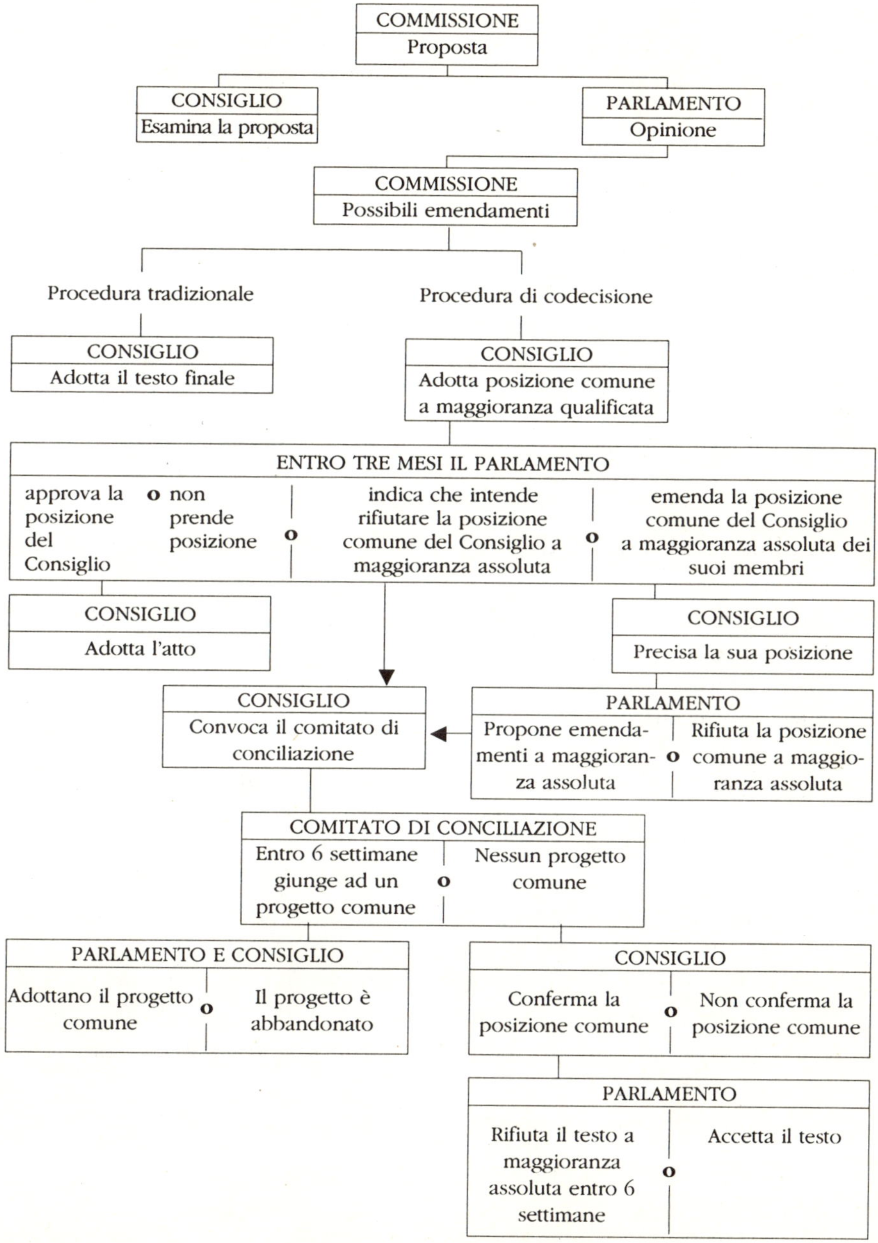

• La procedura di parere conforme

La procedura di parere conforme impone al Consiglio l'*obbligo di ricevere dal Parlamento Europeo un parere che confermi la posizione adottata in merito all'approvazione di determinati accordi e regole procedurali.* Il mancato parere favorevole del Parlamento impedisce l'azione del Consiglio.

La procedura è stata introdotta dall'Atto Unico ed interessava soltanto due settori:

— l'allargamento della Comunità a nuovi Stati;
— la conclusione di accordi di associazione con Stati terzi o organizzazioni internazionali.

Il Trattato di Maastricht ha esteso i settori in cui è necessario un parere conforme del Parlamento Europeo. Questi sono:

— modifiche al diritto di soggiorno e trasferimento dei cittadini dell'Unione;
— creazione del Fondo di coesione e misure relative alla riforma dei fondi strutturali;
— elaborazione di procedure uniformi di voto per l'elezione del Parlamento Europeo;
— ammissione di nuovi Stati;
— modifiche dello Statuto del Sistema Europeo di Banche Centrali;

— accordi conclusi dalla Comunità che:
  — creano un'associazione caratterizzata da diritti ed obblighi reciproci ed instaurano procedure particolari (es.: associazione di Lomè con i paesi africani);
  — creano uno specifico quadro istituzionale e prevedono delle particolari misure di cooperazione;
  — impongono degli impegni di spesa considerevoli da parte della Comunità;
  — modificano atti approvati mediante procedura di codecisione.

• Altre attribuzioni al Parlamento Europeo

Il Trattato di Maastricht contiene delle disposizioni che ampliano i poteri attribuiti al Parlamento Europeo anche in altri settori. I più importanti sono:

— la possibilità di costituire una **Commissione d'inchiesta** incaricata di esaminare le denunce di infrazioni o di cattiva amministrazione nell'applicazione del diritto comunitario;
— la facoltà di nominare un **Mediatore** (il difensore civico europeo) abilitato a ricevere le denunce dei cittadini, persone fisiche o giuridiche, riguardanti casi di cattiva amministrazione nell'azione degli organi comunitari;
— la possibilità di ricevere **petizioni** su materie che rientrano nel campo di attività della Commissione e che riguardano anche il Parlamento;
— un **rafforzamento del controllo sul bilancio comunitario** che prevede una consultazione da parte del Consiglio nella definizione delle risorse proprie delle Comunità; il Parlamento potrà anche richiedere alla Commissione delle spiegazioni in merito all'esecuzione delle spese e al funzionamento del sistema di controllo finanziario.

Il Mediatore

Figura introdotta con il Trattato di Maastricht, il *Mediatore* è nominato dopo ogni elezione del Parlamento europeo per la durata della legislatura e dispone di un mandato rinnovabile.
Egli esercita le sue funzioni in piena indipendenza e la sua nomina spetta al Parlamento europeo; per tutta la durata del suo mandato egli non può esercitare alcuna altra attività professionale.
Il Mediatore è abilitato a ricevere le denunce — di qualsiasi persona fisica o giuridica che risieda o abbia sede in uno Stato membro e di qualsiasi cittadino dell'Unione — riguardanti i casi di cattiva amministrazione da parte degli organi comunitari, salvo comunque l'esercizio delle funzioni giurisdizionali da parte della Corte di giustizia e del Tribunale di prima istanza. Di propria iniziativa, ovvero sulla base delle denunce presentategli direttamente o tramite un membro del Parlamento europeo, il Mediatore compie le indagini necessarie e, qualora constati un caso di cattiva amministrazione, egli ne investe l'autorità interessata che — entro 3 mesi — dovrà pronunciarsi con un parere.
Il Mediatore trasmette quindi una relazione al Parlamento europeo ed all'istituzione interessata, mentre la persona che ha sporto denuncia viene informata dei risultati dell'indagine; annualmente inoltre il Mediatore presenta al Parlamento europeo una relazione sui risultati delle sue indagini.

I PRINCIPALI ORGANI COMUNITARI			
ORGANO	**MEMBRI**	**ELEZIONE**	**COMPETENZE**
Parlamento Europeo	518 (*)	A suffragio universale diretto	Poteri deliberativi e di controllo
Consiglio	12	Ogni Stato designa il proprio rappresentante	Emanazione di atti normativi Formazione e approvazione del bilancio Conclusione di accordi con Stati terzi
Commissione	17	Nominati di comune accordo dagli Stati membri	Funzioni di proposta, esecutive, di vigilanza e di rappresentanza

(*) Dal 1994 i membri del Parlamento Europeo saranno 567.

6. ALTRI ORGANI COMUNITARI

CORTE DI GIUSTIZIA: assicura il rispetto del diritto comunitario nell'interpretazione e nell'applicazione dei Trattati e degli atti normativi derivati.
È formata da 13 giudici e 6 avvocati generali nominati di comune accordo dagli Stati membri ed eletti per un periodo di sei anni.

I compiti della Corte riguardano in particolare:

— *competenza in tema di inadempimento degli Stati.* I ricorsi sono proponibili dalla Commissione e dagli Stati membri;
— *controllo di legittimità sugli atti comunitari.* Tale controllo è limitato agli atti vincolanti del Consiglio e della Commissione: se riconosciuti illegittimi sono annullati *ex tunc*;
— *competenza in tema di questioni pregiudiziali.* Qualora davanti ad un giudice ordinario sia sollevata una questione di interpretazione del Trattato CEE o di atti vincolanti, il giudice può, o deve se di ultima istanza, sospendere il processo e chiedere una pronuncia della Corte. La pronuncia è vincolante nel giudizio in questione e per tutte le eventuali interpretazioni successive.

Comitato Economico e Sociale: organismo consultivo previsto dai Trattati CEE ed Euratom; nella CECA esiste, con funzioni simili, un *Comitato consultivo della Commissione*.

La consultazione del Comitato può essere *obbligatoria* o *facoltativa*, a seconda se sia prevista o meno dai trattati; i *pareri non sono mai vincolanti*, sono invece *tecnici e più specifici* rispetto a quelli dell'Assemblea, che hanno carattere essenzialmente politico.

È composto da 189 membri, che rappresentano gli imprenditori, i lavoratori e le altre categorie economiche e sociali, e la cui nomina avviene ad opera del *Consiglio* all'unanimità. Il Consiglio ha lo scopo di far giungere il parere delle parti sociali sulle proposte della *Commissione*.

Corte dei Conti: organo istituito con il Trattato di Bruxelles del 22 luglio 1975; è attualmente composto da 12 membri, nominati dal *Consiglio* all'unanimità, dopo consultazione del Parlamento, che restano in carica per 6 anni.

Alla Corte è stata attribuita una competenza di controllo generale: essa esamina i conti di tutte le entrate e le spese della Comunità. Generalmente si tratta di un controllo formale di legittimità, anche se talvolta esercita anche un controllo di tipo sostanziale o di efficienza sulla gestione finanziaria considerata nel suo insieme.

Comitato delle Regioni: organo a carattere consultivo previsto dal Trattato di Maastricht e composto di rappresentanti delle collettività regionali e locali nominati, su proposta dei rispettivi Stati membri, per quattro anni dal Consiglio che delibera all'unanimità.

Il Comitato è convocato dal Presidente, che dura in carica per 3 anni, su richiesta del Consiglio o della Commissione, ma può anche riunirsi di propria iniziativa. Nel consultare il Comitato il Consiglio e la Commissione fissano, qualora lo ritengano opportuno, un termine per la presentazione del suo parere; tale termine non può essere inferiore ad un mese a decorrere dalla data della comunicazione inviata a tal fine al Presidente. Il Comitato, qualora lo ritenga utile, può formulare un parere di propria iniziativa.

7. IL PRINCIPIO DELLA SUSSIDIARIETÀ

Una importante delimitazione tra il campo d'azione delle istituzioni comunitarie e quelle nazionali è riaffermata nell'articolo 3B introdotto dal Trattato di Maastricht secondo il quale «*la Comunità interviene ... soltanto se e nella misura in cui gli obiettivi dell'azione prevista non possono essere sufficientemente realizzati dagli Stati membri e possono dunque ... essere realizzati meglio a livello comunitario*».

Come è evidente questo principio rappresenta una notevole limitazione all'azione degli organi comunitari che non possono adottare delle azioni comuni laddove l'intervento degli Stati membri è reputato più efficace.

Il principio di sussidiarietà si applica per quelle politiche che non sono di esclusiva competenza degli organi comunitari: non è quindi ricompresa la politica agricola o le misure per la realizzazione del Mercato Unico che sono di esclusiva competenza della Comunità. A contrario vi rientrano molte politiche introdotte o rafforzate dal Trattato sull'Unione Europea come l'istruzione e la formazione professionale, la cultura, la sanità pubblica, la protezione dei consumatori, le reti transeuropee e la politica industriale, settori nei quali il trattato sottolinea il ruolo di coordinamento più che d'iniziativa svolto dalla Comunità.

CAPITOLO QUARTO

L'UNIONE ECONOMICA E MONETARIA (UEM)

1. CHE COS'È L'UEM?

Gli elementi fondamentali dell'UEM sono stati individuati nell'aprile 1989 dal «*Rapporto Delors*» ovvero il documento elaborato dal Comitato per lo studio dell'Unione economica e monetaria.

Per quanto riguarda l'**unione economica**, essi consistono:
— nel mercato unico;
— nel coordinamento delle politiche economiche degli Stati membri;
— nelle politiche strutturali e di sviluppo regionale;
— in più incisive politiche della concorrenza;
— in una più oculata gestione dei bilanci.

L'**unione monetaria**, da parte sua, si fonda essenzialmente:
— sulla fissazione irrevocabile di parità di cambio;
— sulla totale convertibilità delle monete;
— sulla liberalizzazione dei movimenti di capitale;
— sull'integrazione dei mercati finanziari, fino all'adozione di una moneta unica;
— sulla creazione di un unico Istituto Monetario (allora, nel 1989, considerato ancora una ipotesi).

Presentato al vertice di Madrid nel 1989, il «Rapporto Delors» ha rappresentato la base di tutte le ulteriori trattative svolte dai Dodici sull'argomento. Pur rivisto, qui e là, esso è stato però sostanzialmente recepito dal Trattato di Maastricht, che ne ha adottato anche la suddivisione del processo di integrazione economica in 3 fasi con rigide scadenze cronologiche.

2. LE RAGIONI DELLA UEM

L'Atto Unico Europeo (entrato in vigore il 1° luglio 1987) prevedeva la realizzazione entro il 31 dicembre 1992 del mercato interno, di uno spazio, cioè, «*senza frontiere interne, nel quale è assicurata la libera circolazione delle merci, delle persone, dei servizi e dei capitali*» (art. 8A del Trattato CEE). Risultò comunque subito evidente a tutti che se l'abolizione dalle frontiere interne non fosse stata accompagnata da una serie di misure tese alla progressiva convergenza fra le economie dei Dodici, l'instaurazione del mercato unico avrebbe provocato non pochi problemi e distorsioni fra le diverse economie nazionali, soprattutto in campo monetario e sociale.

Che tali timori non fossero infondati è diventato drammaticamente chiaro nell'ottobre 1992, quando una tempesta monetaria senza precedenti ha gravemente indebolito le strutture dello SME, rivelandone tutte le debolezze.

Lo **SME (Sistema Monetario Europeo)** era nato per assicurare una relativa *stabilità dei cambi in una situazione di pari sovranità monetaria fra i paesi aderenti*. Tale indipendenza, però, era solo teorica per le monete più deboli del sistema. In realtà era praticamente impossibile seguire politiche monetarie diverse da quelle adottate dalla *Bundesbank*; era, infatti, la Banca centrale tedesca a stabilire i movimenti dei tassi d'interesse, mentre alle altre banche centrali non restava che adeguarsi cercando di conciliare due opposte esigenze: conservare la parità con il marco e mantenere un livello dei tassi di interesse adeguato alla congiuntura economica nazionale. Fino a che le diverse economie dei Dodici hanno viaggiato nello stesso senso, lo SME ha retto. Quando, però, dopo la riunificazione le esigenze deflazionistiche tedesche si sono scontrate con quelle espansive degli altri paesi, le tensioni sono venute allo scoperto, portando all'uscita della lira e della sterlina.

La tempesta monetaria dell'autunno 1992 è stata, dunque, la prova più lampante che la Comunità si trova nel mezzo di un guado e che è assolutamente necessario non limitare l'integrazione economica alla sola caduta delle frontiere. Occorre, cioè, una *politica economica comune* basata sullo stretto coordinamento delle politiche economiche degli Stati membri.

3. LE TRE FASI DELLA UEM

Come si è già accennato in precedenza, il Trattato di Maastricht, rifacendosi al già citato «Rapporto Delors», ha individuato **3 fasi per il completamento dell'Unione economica e monetaria**.

• La prima fase

Quando il Trattato di Maastricht è stato firmato, nel febbraio 1992, la **prima fase** era già iniziata: il vertice di Madrid del 1989, infatti, aveva individuato la data del **1° luglio 1990**, come punto di partenza dell'UEM. Essa è caratterizzata dalla realizzazione giuridica e di fatto del mercato unico (eliminazione delle barriere fisiche, fiscali, tecniche) e dalla progressiva convergenza delle politiche macroeconomiche degli Stati membri. A questo scopo viene prevista la cosiddetta *sorveglianza multilaterale* che rappresenta il primo strumento operativo dell'UEM: sulla base di una relazione periodica della Commissione, il Consiglio dei Ministri può destinare raccomandazioni nei confronti di quei paesi la cui politica economica si discosti dai livelli di convergenza prefissati.

• La seconda fase

Un anno dopo il completamento giuridico del mercato unico, e cioè il **1° gennaio 1994**, dovrebbe partire la **seconda fase** dell'UEM. In essa la convergenza fra le economie dei paesi membri dovrebbe farsi più stretta, sulla base, soprattutto, di 4 indicatori.

Gli indicatori del rispetto dei **criteri di convergenza** stabiliti dal protocollo allegato al Trattato di Maastricht (che fa riferimento all'art. 109J dello stesso Trattato) sono:

— l'*inflazione*. Il tasso d'inflazione rilevato in tutti gli Stati membri non può superare di 1,5% quello dei tre Stati membri con il più basso tasso d'inflazione rilevato su base annua;

— le *finanze pubbliche*. Il disavanzo pubblico non deve essere superiore al 3% del PIL, inoltre l'indebitamento dello Stato non deve superare il 60% del PIL;

— i *tassi d'interesse*. I tassi d'interesse a lungo termine di ciascuno Stato membro non devono essere superiori del 2% rispetto a quelli adottati dai paesi che possono vantare la migliore *performance* in termini di stabilità dei prezzi;

— la *moneta*. Nei due anni che precedono la verifica dei criteri di convergenza la moneta nazionale deve aver rispettato il proprio margine di oscillazione nell'ambito dello *SME* e, quindi, non deve aver subìto *svalutazioni* volontarie.

	ITALIA 1991	CRITERI DI CONVERGENZA 1991
INFLAZIONE	6,4	Francia 3 - Germania e Irlanda 3,5
DISAVANZO PUBBLICO (% PIL)	– 10,7	non oltre 3%
DEBITO PUBBLICO (% PIL)	102,5	non oltre 60%
TASSO D'INTERESSE	11,4	Germania 8,5 - Lussemburgo 8,2 - Olanda 8,8

La verifica del rispetto dei criteri di convergenza è affidato all'**Istituto Monetario Europeo** (IME), un organismo monetario composto da un Presidente e dei Governatori delle Banche centrali nazionali, inteso come embrione della futura Banca Centrale Europea.

Compito dell'IME sono: il rafforzamento del coordinamento delle politiche monetarie degli Stati membri per garantire la stabilità dei prezzi, il controllo del funzionamento del sistema monetario europeo, l'agevolazione dell'impiego dell'*ECU* e la supervisione sul suo sviluppo. Al più tardi il 31 dicembre 1996 l'IME dovrà poi specificare il quadro regolamentare, organizzativo e logistico necessario perché il SEBC (e cioè il Sistema Europeo di Banche Centrali, di cui parleremo tra poco) assolva i suoi compiti nella *terza fase* del processo dell'UEM.

- **La terza fase**

Il passaggio alla **terza fase** dovrà essere deciso a maggioranza qualificata dal Consiglio Europeo **entro la fine del 1996**.

La data sarà fissata solo se almeno 7 degli Stati membri risponderanno a tutti i requisiti. Si aprono a questo punto altre 2 possibilità: se meno di sette paesi soddisfano i criteri di convergenza, un nuovo Consiglio Europeo si riunirà nel 1998 e deciderà quali paesi possono raggiungere l'unione monetaria, ma nessun paese potrà essere costretto ad aderire all'unione monetaria completa. D'altra parte, se un paese, pur non avendo i requisiti richiesti, chiede di partecipare alla 3ª fase dell'UEM, gli sarà accordato uno statuto derogatorio di 2 o 3 anni.

Dal punto di vista delle istituzioni, la terza fase dell'UEM vedrà la nascita del SEBC e della BCE.

Il **SEBC** (o **Sistema Europeo di Banche Centrali**) è un organo comunitario la cui istituzione è prevista per il 1997 nell'ambito dell'avvio della terza fase del processo di *unione economica e monetaria*; compito di questo organo sarà quello di definire ed attuare la politica monetaria delle Comunità.

Il suo obiettivo primario è il mantenimento della stabilità dei prezzi. Il Tratto sull'Unione Europea firmato a Maastricht affida al SEBC altri importanti compiti tra cui:

— definire e attuare la politica monetaria delle Comunità;
— svolgere operazioni sui cambi;
— detenere e gestire riserve ufficiali in valuta estera degli Stati membri;
— promuovere il regolare funzionamento dei sistemi di pagamento;
— contribuire alla vigilanza prudenziale sugli enti creditizi e alla stabilità del sistema finanziario.

Il SEBC sarà composto dalla BCE, la cui istituzione è anch'essa prevista per il 1997, e dalle Banche centrali nazionali.

La **BCE** (o **Banca Centrale Europa**) è l'altro organo previsto dal Trattato di Maastricht per il 1997 nell'ambito della *terza fase* del processo di completa Unione economica e monetaria.

Secondo le disposizioni del trattato la BCE è parte integrante, insieme alle banche centrali nazionali, del Sistema europeo di banche centrali; il suo compito principale è quello di *autorizzare l'emissione di banconote all'interno della Comunità e*, insieme alle banche nazionali, *procedere essa stessa all'emissione di biglietti di banca.*

La BCE, inoltre, può formulare raccomandazioni e pareri e dovrà trasmettere una relazione annuale agli altri organi comunitari sull'attività del SEBC e sulla politica monetaria dell'anno precedente e di quella in corso.

Gli organi decisionali della BCE sono il *Consiglio direttivo* (composto dai membri del comitato esecutivo della BCE e dai governatori delle banche centrali nazionali) ed il *Comitato esecutivo* (composto da un presidente, un vicepresidente e quattro membri).

Alla BCE è garantita dal trattato l'indipendenza e l'autonomia sia dagli organi comunitari che dai governi nazionali.

LE TAPPE VERSO L'UNIONE ECONOMICA E MONETARIA

1 luglio 1990 (*1ª fase*)	Liberalizzazione dei movimenti di capitali
1 gennaio 1994 (*2ª fase*)	Nasce l'IME (Istituto Monetario Europeo)
1 gennaio 1997 (*3ª fase*)	Il Consiglio Europeo valuta, in seguito ad un rapporto dell'IME e della Commissione, se almeno 7 Stati rispettano i criteri di convergenza. **Sì**: passaggio alla 3a fase (moneta unica) e istituzione del SEBC e della BCE **No**: tutto rimandato al 1999
1 gennaio 1999	Gli Stati che rispettano i criteri di convergenza passano alla 3ª fase indipendentemente dal numero - Nasce il SEBC e la BCE

4. LE POLITICHE ECONOMICHE IN VISTA DELL'UEM

Per quanto riguarda la convergenza delle *politiche* economiche degli Stati membri il Trattato di Maastricht prevede meccanismi di programmazione, di controllo e di intervento.

Ai fini di una «*sorveglianza multilaterale*», gli Stati membri trasmettono alla Commissione le informazioni concernenti le misure da essi adottate nell'ambito della loro politica economica, mentre il Consiglio sorveglia l'evoluzione economica in ciascuno degli Stati membri e nella Comunità.

Qualora si accerti che le politiche economiche di uno Stato membro non sono coerenti con gli indirizzi di massima fissati dal Consiglio o rischiano di compromettere il corretto funzionamento dell'Unione economica e monetaria il Consiglio stesso può rivolgere allo Stato membro in questione le necessarie raccomandazioni.

Qualora uno Stato membro si trovi in difficoltà o sia seriamente minacciato da gravi difficoltà a causa di circostanze eccezionali che sfuggono al suo controllo, il Consiglio può concedere a determinate condizioni un'assistenza finanziaria comunitaria allo Stato membro interessato.

Vietata, risulta, invece, la concessione di scoperti di conto o di altre facilitazioni creditizie da parte della Banca centrale europea o delle Banche centrali nazionali ad istituzioni della Comunità, enti regionali o altri enti pubblici, imprese pubbliche degli Stati membri; è altresì vietato l'acquisto diretto presso di essi di titoli di debito da parte della Banca centrale europea o delle Banche centrali nazionali.

L'aspetto più significativo del Trattato dell'Unione in materia di politica economica appare, comunque, l'invito rivolto agli Stati membri ad evitare disavanzi pubblici eccessivi. In particolare, la Commissione sorveglia l'evoluzione della situazione di bilancio e dell'entità del debito pubblico degli Stati, al fine di individuare errori rilevanti.

Qualora tali errori vengono riscontrati, la Commissione prepara una relazione, che tiene conto anche dell'eventuale differenza tra il disavanzo pubblico e la spesa pubblica per gli investimenti nonché di tutti gli altri fattori significativi (compresa la posizione economica e di bilancio a medio termine dello Stato membro). La Commissione, se ritiene che in uno Stato membro esista o possa determinarsi in futuro un disavanzo eccessivo, trasmette un parere al Consiglio il quale — una volta accertata l'esistenza del disavanzo — formula raccomandazioni allo Stato membro al fine di far cessare tale situazione entro un determinato periodo.

Qualora le raccomandazioni vengono disattese, il Consiglio può decidere di intimarne l'adozione allo Stato membro nonché di esaminare gli sforzi compiuti da tale Stato per rimediare alla situazione; ne può conseguire una richiesta allo Stato membro di ulteriori informazioni ed alla Banca europea per gli investimenti di riconsiderare la sua politica dei prestiti verso lo Stato membro, nonché l'invito allo Stato membro di costituire un deposito infruttifero di importo adeguato presso la Comunità fino a quando, a parere del Consiglio, il disavanzo eccessivo non sia stato corretto.

5. L'EUROPA A PIÙ VELOCITÀ

Nel marzo 1991 l'allora presidente della Bundesbank, K. Pöhl, espresse seri dubbi sulla capacità di tutti gli Stati membri di partecipare a pieno titolo alla fase finale della UEM. Il governatore tedesco propose, pertanto, di *procedere dapprima ad un'integrazione che riguardasse solo le monete più forti e stabili dello SME* (in sostanza marco, franco e fiorino); a questo nucleo si sarebbero poi aggiunte via via le altre divise attraverso accessi successivi al sistema. Si obiettò, però, che ciò avrebbe portato ad una inaccettabile subordinazione dei paesi più deboli alle decisioni del gruppo più forte a moneta unica.

D'altra parte le obiezioni ad una moneta unica per sistemi economici profondamente diversi non erano infondate: ecco perché, come già detto, il trattato ha previsto le possibilità di adesioni successive alla terza fase. L'ingresso degli Stati in condizioni di deroga, però, sarà deciso dal Consiglio nel suo complesso a maggioranza qualificata.

Purtroppo, la possibilità di un'«Europa a più velocità» è, dopo la tempesta monetaria dell'autunno '92, molto meno remota di quanto appariva appena pochi mesi prima, al momento dell'accordo di Maastricht. L'uscita della lira e della sterlina dalla SME, i problemi inflazionistici tedeschi e la generale sfavorevole congiuntura economica, non fanno ben sperare per il rispetto delle scadenze fissate a Maastricht.

CAPITOLO QUINTO

L'UNIONE POLITICA

Sommario: 1. Una Comunità non soltanto economica. - 2. La politica estera e di sicurezza comune (PESC). - 3. La cittadinanza europea. - 4. Cooperazione nel settore della giustizia e degli affari interni.

1. UNA COMUNITÀ NON SOLTANTO ECONOMICA

Le Comunità Europee sono state spesso accusate di curare soltanto la dimensione economica dell'integrazione tralasciando aspetti della vita politica e sociale dei dodici paesi membri. In realtà per molti anni l'obiettivo principale dell'Unione Europea è stato quello di giungere nel più breve tempo possibile ad una *completa liberalizzazione degli scambi e all'abolizione di tutte le frontiere interne.* Raggiunto questo traguardo dal gennaio 1993, i rappresentanti dei paesi membri hanno deciso con il Trattato di Maastricht di delineare **nuovi sviluppi al processo di integrazione europeo che tenesse conto anche di aspetti politici e non soltanto economici**. È chiaro che in questo campo le resistenze dei paesi membri sono molto forti in quanto le questioni politiche, sociali e militari sono sempre state considerate questioni di esclusivo interesse degli Stati membri. Ma i recenti eventi nell'est europeo ed il progressivo disimpegno statunitense in Europa, impongono alla Comunità l'obbligo di sviluppare una politica estera comune e di far valere il proprio peso (economico) anche in settori finora non rientranti nelle finalità della Comunità.

2. LA POLITICA ESTERA E DI SICUREZZA COMUNE (PESC)

Troppo spesso di fronte a gravi crisi internazionali gli Stati membri della Comunità Europea non hanno saputo o non hanno voluto assumere una posizione comune e quindi adottare delle decisioni che riflettessero la volontà di tutti i paesi comunitari (e l'esempio lampante viene dalla recente crisi nell'ex Jugoslavia). Per coordinare le politiche estere dei vari Stati membri, anche in seno alle diverse organizzazioni internazionali, con il Trattato di Maastricht si è deciso di perseguire in futuro una **politica estera e di sicurezza comune** che porti all'adozione da parte dei dodici di *azioni comuni.*

Per azione comune s'intende la *convergenza delle posizioni assunte dai vari Stati membri che porti alla definizione di una strategia attribuibile alla Comunità nel suo insieme* e non più ai singoli Stati membri.

• Evoluzione della politica di sicurezza comune

L'idea di una politica di sicurezza comune nasce nel 1952 con il progetto di una Comunità di difesa europea (CED). Mentre il progetto falliva, in seguito a contrasti franco-britannici, le discussioni si succedevano. A partire dalla firma dell'Atto finale di Helsinki nel 1975, le questioni della difesa comune e della sicurezza accentrarono larga parte delle energie dei Capi di Governo e dei ministri riuniti in periodici vertici.

Nell'Atto Unico Europeo è quasi del tutto assente un riferimento ad una politica di sicurezza comune. Soltanto l'articolo 30 tenta di creare una blanda forma di cooperazione in materia di politica estera tra i dodici paesi membri, senza peraltro definire una rigorosa procedura per la sua messa in atto.

Soltanto con il Trattato di Maastricht saranno chiaramente delineate le linee guida della politica estera e di sicurezza comune. Con questa definizione si fa riferimento a tutte quelle **questioni che attengono alla sicurezza dell'Unione Europea e alla definizione e realizzazione a termine di una politica di difesa comune**.

• Gli obiettivi della PESC

Gli obiettivi della PESC previsti dal Trattato di Maastricht ed elencati all'articolo J.1 sono:

— la *salvaguardia dei valori comuni, degli interessi fondamentali e dell'indipendenza dell'Unione*;

— il *rafforzamento con ogni misura possibile dell'Unione e dei suoi Stati membri*;

— il *mantenimento della pace ed il rafforzamento della sicurezza internazionale*, conformemente alla Carta delle Nazioni Unite nonché ai principi dell'Atto finale di Helsinki e agli obiettivi della Carta a Parigi;
— la *promozione della cooperazione internazionale*;
— lo *sviluppo ed il consolidamento della democrazia e dello Stato di diritto*, nonché il rispetto dei diritti dell'uomo e delle libertà fondamentali.

- **Gli organi che gestiscono la PESC**

La gestione della PESC è principalmente di **competenza del Consiglio dei Ministri della Comunità riunito a livello di Ministri degli Affari Esteri**. Tuttavia nel processo decisionale intervengono quasi tutti gli organi comunitari, secondo questa procedura:

— il *Consiglio Europeo definisce i principi e gli orientamenti della PESC* ai quali il Consiglio dei Ministri è tenuto ad uniformarsi;
— il Consiglio dei Ministri opera a due livelli:
  — **1° livello**: decide all'unanimità quali questioni sono oggetto di un'azione comune da parte dell'Unione Europea. Il Trattato di Maastricht non fa menzione delle questioni che formano oggetto di un'azione comune, ma il Consiglio Europeo riunito a Maastricht nel dicembre 1991 ha indicato una lista di settori in cui è possibile l'adozione di un'azione comune;

QUESTIONI CHE RICHIEDONO UN'AZIONE COMUNE SECONDO LE INDICAZIONI DEL CONSIGLIO EUROPEO DI MAASTRICHT DEL DICEMBRE 1991

- Cooperazione nel quadro dell'OCSE
- Politica di disarmo e di controllo degli armamenti in Europa
- Non proliferazione delle armi nucleari
- Aspetti economici della sicurezza europea
- Relazioni con i Paesi dell'Est
- Rafforzamento della posizione comunitaria nell'ambito delle Nazioni Unite

— **2° livello**: stabilisce i mezzi, le procedure, le condizioni e la durata per l'attuazione delle azioni comuni in precedenza definite;

— la *Presidenza* del Consiglio, a cui è affidato il compito di rappresentare l'Unione nella sfera internazionale.
È responsabile dell'attuazione dell'azione comune ed esprime la posizione comune nelle organizzazioni e conferenze internazionali. Nel quadro del Consiglio di Sicurezza delle NU i suoi compiti sono affidati alla Francia o alla Gran Bretagna in qualità di Stati membri della Comunità e di membri permanenti del Consiglio;

— il *Comitato Politico*, che deve formulare pareri su ogni situazione internazionale e controllare l'attuazione delle politiche comunitarie in questo campo.

COME VIENE GESTITA LA PESC

Consiglio Europeo	➔	Decide gli orientamenti generali
		↓
Consiglio dei Ministri (all'unanimità)	➔	Questioni oggetto di un'azione comune
		↓
Consiglio dei Ministri (a maggioranza qualificata)	➔	Definisce le procedure per l'attuazione dell'azione comune

Molto limitato è in questo settore il ruolo della Commissione e del Parlamento Europeo. La prima è responsabile del coordinamento delle politiche comunitarie con la PESC ed è tenuta ad informare il Parlamento sugli sviluppi di tale politica: il Parlamento è consultato dalla Presidenza del Consiglio in merito ad ogni decisione fondamentale in materia di PESC ma non può emettere pareri vincolanti.

• La difesa comune

L'art. J.4 del Trattato di Maastricht afferma che la PESC comprende tutte le questioni relative alla sicurezza dell'Unione Europea, **ivi compresa la definizione a termine di una politica di difesa comune**, che potrebbe successivamente portare ad una difesa comune.

Questo articolo rappresenta un progresso notevole nel processo di integrazione europeo perché per la prima volta viene affermato il *principio che tra gli obiettivi comunitari rientra, anche se a lunga scadenza, quello della predisposizione di un meccanismo di difesa comune.*

L'attuazione concreta di questa politica è, però, rimandata al futuro e più precisamente:

— **al 1996** quando è prevista la convocazione di una conferenza che dovrà valutare i progressi compiuti nel campo della PESC ed eventualmente definire le procedure per l'adozione di una politica di difesa comune;
— **al 1998** quando scadrà il Trattato che istituisce l'UEO, che diventerà il braccio operativo della Comunità.

Per quella data sarà considerata la possibilità di una fusione dell'UEO con la Comunità ed una intensificazione dei suoi rapporti nei settori della logistica, del trasporto, dell'addestramento e del controllo strategico con la NATO.

UEO [sigla di UNIONE EUROPEA OCCIDENTALE]
Organizzazione internazionale istituita in base al Trattato di Parigi del 23-10-1954, per *coordinare* la *politica difensiva degli Stati membri* promuovendone l'integrazione in campo militare e la collaborazione in quello economico e sociale. Dell'UEO fanno parte Belgio, Francia, Gran Bretagna, Italia, Lussemburgo, Paesi Bassi, Portogallo, Spagna, Germania. Suoi organi principali sono il *Consiglio* (formato dai Mini-

NATO [sigla di NORTH ATLANTIC TREATY ORGANIZATION]
L'organizzazione del Patto del Nord-Atlantico è un'organizzazione politico-militare di difesa istituita in base al Trattato di Washington del 4 aprile 1949 che comporta la mutua difesa obbligatoria dalle aggressioni esterne e la composizione diplomatica delle controversie interne. Di essa fanno parte: Belgio, Canada, Danimarca, Francia (che nel 1966 ha lasciato l'Organizzazione militare integrata ma rimane in quella politica),

stri degli esteri dei Paesi membri) e l'*Assemblea* (formata da parlamentari eletti dai parlamentari nazionali).
Pur se istituita con programmi molto ambiziosi (il Prot. I afferma l'intenzione dei contraenti di promuovere l'unità europea), l'appartenenza di tutti i membri alla NATO, al Consiglio d'Europa e all'OECE riduceva, implicitamente, la reale efficacia dell'UEO, che però è stata ampiamente rivalutata nell'ambito del Trattato di Maastricht.

Germania, Grecia, Gran Bretagna, Islanda, Italia, Lussemburgo, Norvegia, Olanda, Portogallo, Spagna, Turchia e USA. Organo supremo è il Consiglio Atlantico che riunisce i rappresentanti degli Stati membri ed ha sede a Bruxelles.
Con il vertice di Roma del novembre 1991 è stata decisa la riduzione del numero delle *armi nucleari* e *convenzionali* e la fine della c.d. *difesa avanzata*, in virtù della quale era previsto in Europa centrale un fronte continuo costituito da corpi armati mononazionali.

3. LA CITTADINANZA EUROPEA

Il Trattato di Maastricht attribuisce la cittadinanza dell'Unione a tutti coloro che sono cittadini di uno Stato membro; ciò non implica la scomparsa della cittadinanza attribuita da ciascun paese ma va ad aggiungersi a quest'ultima e comporta una serie di diritti per il «**cittadino dell'Europa**».

I diritti previsti dal Trattato sono:
— la *libertà di circolare e soggiornare liberamente nell'ambito delle Comunità*;
— il *diritto di voto e di eleggibilità alle elezioni comunali dello Stato in cui risiede*, nel caso in cui sia cittadino di un altro Stato;
— la *facoltà di proporre petizioni al Parlamento Europeo*;
— il *diritto di rivolgersi al mediatore*;
— qualora si trovi in uno Stato terzo e nel quale non esiste una rappresentanza diplomatica del proprio Stato può godere *anche della tutela delle autorità diplomatiche e consolari di un altro Stato membro dell'Unione.*

La nozione di cittadinanza europea rappresenta una tappa importante nella definizione di una «*identità europea*» che potrà essere ulteriormente delineata con la procedura prevista dal Trattato stesso. Questo, infatti, prevede che, su relazione del Consiglio Economico e Sociale, il Consiglio può, deliberando all'unanimità su proposta della Commissione e previa consultazione del Parlamento, ampliare il ventaglio dei diritti sopra elencati.

4. COOPERAZIONE NEL SETTORE DELLA GIUSTIZIA E DEGLI AFFARI INTERNI

• Le questioni d'interesse comune

Già prima dell'apertura delle frontiere a partire dal gennaio 1993 molti Stati membri avevano manifestato il timore che la libera circolazione all'interno della Comunità, in mancanza di un efficace coordinamento tra gli organi investigativi dei diversi Stati, potesse condurre ad una indiscriminata proliferazione di attività illegali nel continente europeo.

Per questo motivo il Trattato di Maastricht ha previsto che in alcuni settori sia istituita una procedura di cooperazione che permetta un efficace **controllo e repressione delle attività illegali e incentivi lo scambio di informazioni anche in altri settori**. Le questioni considerate di interesse comune sono:

— la politica di asilo;
— le norme che disciplinano l'attraversamento delle frontiere esterne degli Stati membri da parte delle persone;
— la politica di immigrazione e la politica da seguire nei confronti dei cittadini dei paesi terzi;
— la lotta contro la tossicodipendenza;
— la lotta contro la frode su scala internazionale;
— la cooperazione giudiziaria in materia civile ed in materia penale;
— la cooperazione doganale;
— la cooperazione di polizia ai fini della prevenzione e della lotta contro il terrorismo, il traffico illecito di droga ed altre gravi forme di criminalità internazionale, compresi — se necessario — taluni aspetti di cooperazione doganale connessi con l'organizzazione a livello dell'Unione di un sistema di scambio di informazioni in seno ad un ufficio europeo di polizia (Europol).

• I poteri delle istituzioni comunitarie

Nei settori indicati dal trattato compito degli Stati membri sarà quello di informarsi e consultarsi reciprocamente.

Il Consiglio può, tuttavia, su iniziativa di uno Stato membro o della Commissione e deliberando all'unanimità:

— stabilire una *posizione comune*, espressione della volontà comune della Comunità in seno alle organizzazioni internazionali;

— *adottare delle azioni comuni* nel caso in cui reputi insufficiente l'azione del singolo Stato o sia preferibile agire a livello comunitario. In questa sede il Consiglio può anche decidere l'adozione delle misure di applicazione a maggioranza qualificata;

— *predisporre convenzioni* che saranno poi sottoposte alla ratifica degli Stati membri conformemente alle rispettive norme costituzionali.

CAPITOLO SESTO

ESTENSIONE DEL CAMPO D'AZIONE DELLA COMUNITÀ

1. LA COESIONE ECONOMICA E SOCIALE (artt. 130 A, B, C, D, E)

L'obiettivo principale della politica di coesione economica e sociale (la politica regionale della CEE) è quello di **ridurre il divario tra i livelli di sviluppo delle diverse regioni e favorire lo sviluppo economico delle aree meno favorite**. Il rafforzamento dei poteri comunitari in questo settore è il risultato delle pressioni esercitate dagli Stati mediterranei (Spagna e Grecia in particolare) per giungere ad una più efficace azione della Comunità. D'altra parte i dodici hanno sempre considerato il riequilibrio del livello di sviluppo delle diverse regioni della Comunità come un obiettivo prioritario per poter beneficiare pienamente dei vantaggi che l'integrazione europea può apportare.

In questo settore l'azione comunitaria si esplica attraverso:

— la creazione, entro il 31 dicembre 1993, di un «**Fondo di coesione**» volto a finanziare i progetti nei settori della protezione dell'ambiente e delle infrastrutture per i trasporti nei paesi più poveri della Comunità (cioè quei paesi il cui prodotto interno lordo è inferiore al 90% della media comunitaria: in pratica la Spagna, il Portogallo, la Grecia e l'Irlanda);
— una redifinizione degli obiettivi e delle modalità di intervento dei fondi già operanti in questo settore (FESR, FSE e FEOGA);
— l'istituzione di altri fondi che dovessero risultare necessari.

Il vertice europeo di Edimburgo del dicembre 1992 ha deciso di creare il **Fondo europeo di investimenti (FEI)** che potrà contare su circa 18 miliardi di ECU che serviranno come garanzia a prestiti bancari chiesti dalle piccole e medie aziende per progetti approvati dalla Banca Europea per gli Investimenti (BEI).

IL FESR, IL FSE ED IL FEOGA

FESR (*Fondo Europeo di Sviluppo Regionale*). Costituito nel 1975 ha come obiettivo principale quello di concedere finanziamenti volti a correggere i principali squilibri in ambito comunitario. I fondi erogati dal FESR finanziano:

— programmi posti in essere dalla stessa Comunità per l'adeguamento strutturale delle regioni in ritardo;
— programmi nazionali d'interesse comune che, pur essendo elaborati dagli Stati membri interessati, possono favorire una maggiore coesione economica e sociale.

FSE (*Fondo Sociale Europeo*). Fondo creato nel 1958 per risolvere i problemi di occupazione suscitati dalla stessa integrazione europea.

Esso partecipa al finanziamento di corsi di formazione professionale e di aiuti ai disoccupati. Tali sovvenzioni devono far parte di piani elaborati dalle regioni a sviluppo ritardato, colpite dalla riconversione industriale o agricola, oppure integrarsi con le azioni nazionali a favore dell'inserimento professionale dei giovani al di sotto dei 25 anni o dei disoccupati da molto tempo.

FEOGA (*Fondo Europeo di Orientamento e Garanzia Agricola*). Strumento finanziario della CEE istituito nel 1962 per finanziare la politica agricola comune.

Il FEOGA è articolato in due sezioni; la prima si occupa del *finanziamento integrale delle misure di sostegno dei prezzi e di stabilizzazione dei mercati* (Sezione «*Garanzia*»), l'altra contribuisce al finanziamento dei progetti pubblici di miglioramento delle strutture di produzione, di trasformazione e di vendita dei prodotti agricoli (Sezione «*Orientamento*»). Quest'ultimo finanziamento è concesso a condizione che tali progetti rispondano ad una serie di criteri generali, in particolare a quello di inserirsi nel quadro dei programmi o azioni della politica agricola comune.

2. RICERCA E SVILUPPO TECNOLOGICO (artt. 130 F, G, H, I, J, K, L, M, N, O, P)

In materia di ricerca la Comunità si propone l'obiettivo di **rafforzare le basi scientifiche e tecnologiche dell'industria all'interno dell'Unione, di favorire lo sviluppo della sua competitività internazionale e di promuovere le azioni di ricerca ritenute necessarie**.

Nel perseguire tali obiettivi la Comunità svolge talune azioni che integrano quelle intraprese dagli Stati membri, e che risultino dirette all'attuazione di programmi di ricerca, alla promozione della cooperazione in materia di ricerca e sviluppo tecnologico con i paesi terzi e le organizzazioni internazionali, alla diffusione dei risultati delle attività in materia di ricerca e sviluppo tecnologico e all'impulso alla formazione e mobilità dei lavoratori della Comunità.

In particolare il Consiglio adotta un programma quadro pluriennale che comprende l'insieme delle azioni della Comunità e viene attuato mediante programmi specifici sviluppati nell'ambito di ciascuna nazione. Tali programmi specifici sono adottati dal Consiglio con deliberazione a maggioranza qualificata su proposta dalla Commissione e previa consultazione del Parlamento europeo e del Comitato economico e sociale.

All'inizio di ogni anno la Commissione presenta una relazione al Parlamento europeo ed al Consiglio avente per oggetto le attività svolte in materia di ricerca e sviluppo tecnologico e di divulgazione dei risultati durante l'anno precedente nonché sul programma di lavoro dell'anno in corso.

3. L'AMBIENTE (artt. 130 R, S, T)

In materia di tutela dell'ambiente (politica inaugurata dall'Atto Unico Europeo) la Comunità persegue i seguenti obiettivi:

— *salvaguardia, tutela e miglioramento della qualità dell'ambiente*;
— *protezione della salute umana*;
— *utilizzazione accorta e razionale delle risorse naturali*;
— *promozioni sul piano internazionale di misure destinate a risolvere i problemi dell'ambiente a livello regionale o mondiale.*

Le azioni della Comunità in questo settore sono promosse dal Consiglio (a maggioranza qualificata) che opera in stretta collaborazione con il Parlamento europeo. Gli Stati membri sono comunque autorizzati ad adottare propri provvedimenti di tutela ambientale che devono essere notificati alla Commissione al fine di perseguire un necessario coordinamento tra politiche comunitarie e nazionali.

I principi che ispirano l'azione comunitaria sono:

— il *principio dell'azione preventiva*, secondo il quale è necessario predisporre tutte le misure volte ad evitare dei danni ambientali;
— il *principio della correzione* (soprattutto alla fonte) *dei danni causati all'ambiente*. Questo principio impone un'immediata rimozione della fonte di inquinamento ambientale;
— il *principio «chi inquina paga»*, in base al quale chi produce danni all'ambiente è tenuto al risarcimento della collettività;
— il *principio della precauzione*. Esso impone a tutti coloro che svolgono attività potenzialmente dannose per l'ambiente, la ricerca di rimedi atti a scongiurare un tale evento.

CAPITOLO SETTIMO

NUOVI CAMPI D'AZIONE DELLA COMUNITÀ

1. L'ISTRUZIONE E LA FORMAZIONE PROFESSIONALE (artt. 126 e 127)

La Comunità Europea è da tempo impegnata in questo settore soprattutto per quel che concerne la mobilità degli studenti e degli insegnanti su tutto il continente con alcuni programmi ormai conosciutissimi a livello universitario (Erasmus, Lingua, etc.).

Pur nel rispetto delle diversità culturali e linguistiche, con l'instaurazione di una politica di **istruzione** la Comunità intende contribuire ulteriormente allo sviluppo della cooperazione tra gli Stati membri. Gli obiettivi di questa politica enunciati dal Trattato di Maastricht sono:

— *sviluppare la dimensione europea dell'istruzione*, con l'apprendimento e la diffusione delle lingue degli Stati membri;
— *favorire la mobilità degli studenti e degli insegnanti*, promuovendo tra l'altro il *riconoscimento accademico dei diplomi e dei periodi di studio*;
— *promuovere la cooperazione tra gli istituti di insegnamento*;
— *favorire lo sviluppo degli scambi di giovani e di animatori di attività socio-educative*;
— *incoraggiare lo sviluppo dell'istruzione a distanza.*

L'azione della Comunità esclude qualunque intervento volto ad armonizzare i sistemi scolastici degli Stati membri che continueranno ad essere di esclusiva competenza di questi ultimi; i programmi comunitari mirano più modestamente ad affiancare ed integrare il corso di studi di ciascuno Stato.

Le decisioni in questo settore saranno prese dal Consiglio a maggioranza qualificata.

Nel settore della **formazione professionale** gli obiettivi comunitari mirano invece a:

— migliorare la formazione professionale iniziale e la formazione permanente per facilitare l'inserimento ed il reinserimento professionale sul mercato del lavoro;
— facilitare l'adeguamento alle trasformazioni industriali, in particolare attraverso la formazione e la riconversione professionale;
— facilitare l'accesso alla formazione professionale e favorire la mobilità degli istruttori e delle persone in formazione;
— stimolare la cooperazione in materia di formazione tra istituti di insegnamento o di formazione professionale ed imprese;
— sviluppare lo scambio di informazioni e di esperienza sui problemi comuni dei sistemi di formazione degli Stati membri.

2. LA CULTURA (art. 128)

Pur nel rispetto delle diversità nazionale e regionali, la Comunità intende svolgere un ruolo attivo per **promuovere la specificità culturale europea e valorizzare il retaggio culturale comune**.

La sua azione è intesa ad incoraggiare la cooperazione tra Stati membri e, se necessaria, ad appoggiare ed integrare la loro azione rivolta:

— al miglioramento della conoscenza e della diffusione della cultura e della storia dei popoli europei;
— alla conservazione e salvaguardia del patrimonio culturale di importanza europea;
— all'incentivazione di scambi culturali non commerciali;
— alla tutela della creazione artistica e letteraria, compreso il settore audiovisivo.

La Comunità e gli Stati membri favoriscono la cooperazione con i paesi terzi e le organizzazioni internazionali competenti in materia di cultura, in particolare con il Consiglio d'Europa.

3. LA SANITÀ PUBBLICA (art. 129)

La Comunità contribuisce a **garantire un livello elevato di protezione della salute umana**, incoraggiando la cooperazione tra gli Stati membri e, se necessario, sostenendone l'azione.

L'azione della Comunità si indirizza, anzitutto, alla **prevenzione delle malattie**, in particolare dei grandi flagelli compresa la tossicodipendenza, **favorendo la ricerca sulle loro cause e sulla loro propagazione**, **nonché l'informazione e l'educazione in materia sanitaria**.

Gli Stati membri coordinano tra loro, in collegamento con la Commissione, le rispettive politiche ed i rispettivi programmi, e la Commissione può prendere ogni iniziativa utile a promuovere tale coordinamento. Inoltre, la Comunità e gli Stati membri favoriscono la cooperazione con i paesi terzi e con le organizzazioni internazionali competenti in materia di sanità pubblica. Per contribuire alla realizzazione degli obiettivi citati il Consiglio adotta azioni di incentivazione — ad esclusione di qualsiasi armonizzazione delle disposizioni legislative e regolamentari degli Stati membri — e raccomandazioni.

4. LA PROTEZIONE DEI CONSUMATORI (art. 129A)

L'azione della Comunità volta «al **conseguimento di un livello elevato di protezione del consumatore**» si esplica mediante:

— l'*adozione di misure previste dall'art. 100A del Trattato CEE* che attribuisce alla Comunità la facoltà di emanare disposizioni che mirano ad armonizzare le diverse discipline nazionali in materia;

— *azioni specifiche della Comunità*. Queste devono assicurare un'adeguata tutela della salute, della sicurezza e degli interessi economici del consumatore nonché garantire loro un'adeguata informazione sui prodotti acquistati.

Le azioni adottate a livello comunitario non impediscono agli Stati membri di mantenere o prendere misure di protezione più rigorose che dovranno tuttavia essere comunicate alla Commissione.

5. LE RETI TRANSEUROPEE (artt. 129 B, C, D)

Per consentire ai cittadini dell'Unione, agli operatori ed alle collettività regionali e locali di beneficiare pienamente dei vantaggi derivanti dall'instaurazione di uno spazio senza frontiere interne, la Commissione concorre alla costituzione e sviluppo di reti transeuropee nei settori delle infrastrutture dei trasporti, delle telecomunicazioni e della energia.

L'azione mira a **favorire l'interconnessione e l'interoperabilità delle reti nazionali**, nonché l'accesso a tali reti e tiene conto in particolare della necessità di collegare alle regioni centrali della Comunità le regioni insulari prive di sbocchi al mare e periferiche.

La politica comunitaria in questo settore è ulteriormente rafforzata mediante:

— l'armonizzazione delle norme tecniche;
— l'erogazione di finanziamenti per progetti volti a migliorare il trasporto tra i paesi membri;
— la cooperazione con altri paesi al fine di garantire l'integrazione delle reti di trasporto e la realizzazione di progetti d'interesse comune.

6. LA POLITICA INDUSTRIALE (art. 130)

Merito del Trattato di Maastricht è anche quello di aver potenziato la *politica industriale comunitaria.*

L'art. 130, infatti, prevede che, la Comunità e gli Stati membri provvedono affinché siano assicurate le condizioni necessarie alla competitività dell'industria comunitaria. A tal fine, la loro azione è rivolta ad *accelerare l'adattamento dell'industria alle trasformazioni strutturali, a promuovere un ambiente favorevole all'iniziativa ed allo sviluppo delle imprese di tutta la Comunità (ed in particolare delle piccole e medie), a promuovere un ambiente favorevole alla cooperazione tra imprese ed a favorire un migliore sfruttamento del potenziale industriale delle politiche di innovazione, di ricerca e di sviluppo tecnologico.*

La Comunità contribuisce alla realizzazione di tali obiettivi attraverso politiche ed azioni comuni il Consiglio (deliberando all'unanimità su proposta della Commissione e previa consultazione del Parlamento europeo e del Comitato economico e sociale) può decidere misure specifiche destinate a sostenere le azioni svolte negli Stati membri.

Questi ultimi si consultano reciprocamente in collegamento con la Commissione e, per quanto è necessario, coordinano le loro azioni.

7. LA POLITICA SOCIALE (artt. 123 e 125)

Già nel Trattato di Roma erano previste una serie di disposizioni che riguardavano la politica sociale intesa come azione comune dei paesi membri volta a «**promuovere il miglioramento delle condizioni di vita e di lavoro della mano d'opera che consenta la loro parificazione nel progresso**».

Tuttavia queste disposizioni sono rimaste a lungo inattuate per due motivi:

— la regola che imponeva l'*adozione da parte del Consiglio di qualunque misura in questo ambito soltanto all'unanimità*;
— la ferma *opposizione del Regno Unito* che non intende procedere con gli altri Stati nel campo della politica sociale.

In occasione del Consiglio Europeo di Strasburgo del dicembre 1989 fu adottata da undici paesi membri (ne restava esclusa la Gran Bretagna) una **Carta comunitaria dei diritti sociali fondamentali dei lavoratori**, che avrebbe dovuto fornire le indicazioni per lo sviluppo della futura politica sociale delle Comunità.

L'importanza della Carta risiede nella volontà espressa dagli Stati membri che l'hanno approvata di conferire al mercato unico quella *dimensione sociale* non sufficientemente messa in luce attraverso l'Atto Unico. Sulla scorta della Carta l'azione delle istituzioni in campo sociale ha ricevuto un nuovo impulso che si è tradotto in numerose proposte di direttive formulate dalla Commissione.

Il Trattato di Maastricht ha ulteriormente snellito le procedure previste per l'adozione delle proposte della Commissione ampliando i settori in cui l'atto può essere approvato a maggioranza qualificata.

L'opposizione del Regno Unito per le disposizioni riguardanti la politica sociale non è mancata nemmeno in questa occasione: per questo motivo ogni atto adottato in questo settore non coinvolgerà questo paese che ha ottenuto una speciale clausola derogatoria (*opting-out*) per tutte le questioni riguardanti questa materia.

Resta comunque la possibilità per il Regno Unito di rientrare in futuro se desidera farlo.

La mancata partecipazione del Regno Unito alle politiche della Comunità in questo settore impongono l'adozione degli atti comunitari:

— a maggioranza assoluta degli undici Stati membri;
— a maggioranza qualificata degli Undici per cui sono richiesti 44 voti su 66.

LA POLITICA SOCIALE

- **Settori in cui è richiesta la maggioranza assoluta degli Undici**

— sicurezza sociale
— protezione sociale dei lavoratori;
— protezione dei lavoratori in caso di licenziamento;
— rappresentanza e difesa collettiva dei lavoratori e dei datori di lavoro;
— condizioni d'impiego dei lavoratori extracomunitari;
— contributi finanziari per la creazione di posti di lavoro.

- **Settori in cui è richiesta la maggioranza qualificata degli Undici (44 voti su 66)**

— miglioramento dell'ambiente di lavoro (sanità e sicurezza);
— condizioni di lavoro;
— informazioni e consultazione dei lavoratori;
— parità tra uomini e donne;
— integrazione delle persone escluse dal mercato del lavoro.

- **Settori esclusi da qualunque azione comune**

— retribuzioni;
— diritto sindacale;
— diritto di sciopero e serrata.

LE DATE DELLA COSTRUZIONE EUROPEA DOPO IL TRATTATO DI MAASTRICHT

gennaio 1994	Seconda fase dell'UEM - Nasce l'IME
giugno 1994	Viene eletto il nuovo Parlamento Europeo
dicembre 1994	Viene nominata la nuova Commissione per il periodo 1995-1999
gennaio 1995	Probabile adesione di Svezia, Austria e Finlandia
gennaio 1996	Convocazione di una nuova Conferenza intergovernativa per la revisione del Trattato di Maastricht (difesa europea e poteri del Parlamento Europeo)
gennaio 1997	Avvio della 3ª fase dell'UEM se 7 paesi rispettano i criteri di convergenza - Nasce il SEBC e la BCE
dicembre 1998	Scade il Trattato UEO - Probabile fusione con la Comunità
gennaio 1999	Sicuro avvio della 3a fase dell'UEM - Creazione di una moneta unica europea: l'ECU
giugno 1999	Elezioni per la nomina del nuovo Parlamento Europeo
gennaio 2000	Insediamento della nuova Commissione

I PAESI MEMBRI DELLE COMUNITÀ

BELGIO

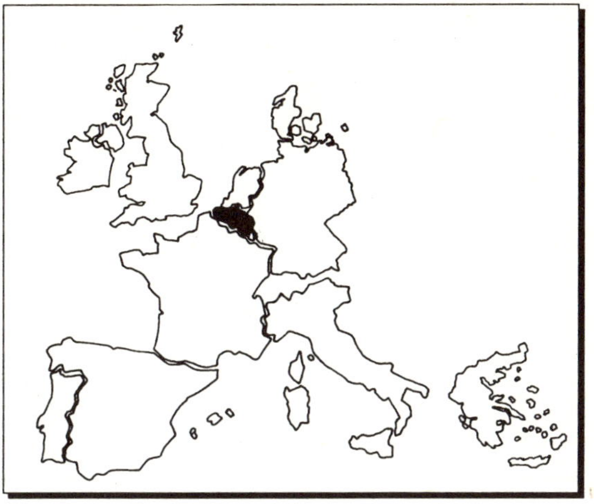

ABITANTI: 9,9 milioni

SUPERFICIE: 30.518 km^2

CAPITALE: Bruxelles

FORMA DI GOVERNO: monarchia costituzionale

LINGUA UFFICIALE: francese (vallone) neerlandese (fiammingo)

MONETA: franco belga

MEMBRO DELLE COMUNITÀ: dalla fondazione (1951-1957)

MEMBRI ELETTI AL PARLAMENTO EUROPEO: 24 (25 dal 1994)

MEMBRI DELLA COMMISSIONE: 1 (Karel Van Miert)

PESO DEI VOTI IN CONSIGLIO: 5

RISULTATI ELEZIONI POLITICHE
(24 novembre 1991)

PARTITO	%
CVP (cristiani fiamminghi)	16,7
PS (socialisti francofoni)	13,6
SP (socialisti fiamminghi)	12
PW (liberali fiamminghi)	11,9
PRL (liberali francofoni)	8,2
PSC (cristiani francofoni)	7,8
Vlaams Blok (nazionalisti fiamminghi)	6,6
Volksunie (federalisti fiamminghi)	5,9
Ecolo (ecologisti francofoni)	5,1
Agalev (ecologisti fiamminghi)	4,9
Lista Van Rossem (ultra liberali fiamminghi)	3,2
FDF (francofoni di Bruxelles)	1,5
Fronte Nazionale	1,5

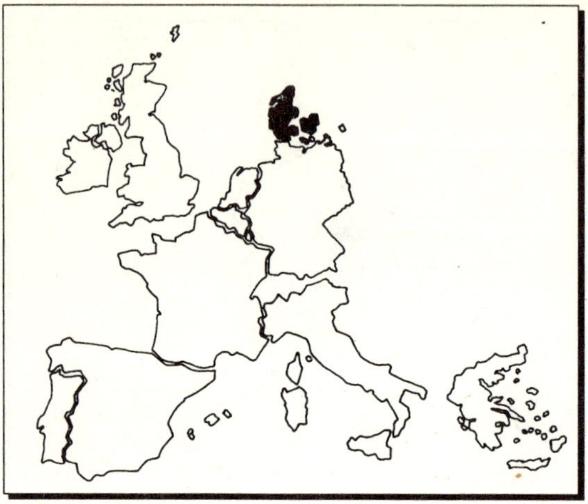

DANIMARCA

ABITANTI: 5,1 milioni

SUPERFICIE: 43.092 km^2

CAPITALE: Copenaghen

FORMA DI GOVERNO: monarchia costituzionale

LINGUA UFFICIALE: danese

MONETA: corona danese

MEMBRO DELLE COMUNITÀ: dal 1973

MEMBRO ELETTI AL PARLAMENTO EUROPEO: 16

MEMBRI DELLA COMMISSIONE: 1 (Henning Christophersen)

PESO DEI VOTI IN CONSIGLIO: 3

RISULTATI ELEZIONI POLITICHE
(12 dicembre 1990)

Partito	%
SD (socialisti-democratici)	37,4
KF (conservatori)	16
V (liberali)	15,8
SF (socialisti)	8,3
FP (partito del progresso)	6,4
CD (centro democratico)	5,1
RV (radicali-liberali)	3,6
KRF (cristiano-popolari)	2,3

FRANCIA

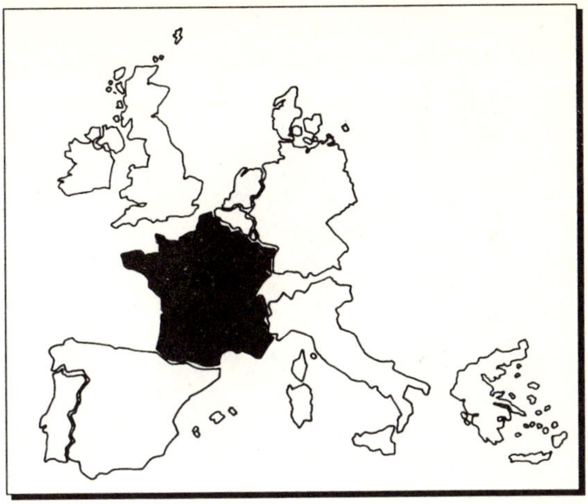

ABITANTI: 56,6 milioni

SUPERFICIE: 543.965 km^2

CAPITALE: Parigi

FORMA DI GOVERNO: repubblica parlamentare

LINGUA UFFICIALE: francese

MONETA: franco francese

MEMBRO DELLE COMUNITÀ: della fondazione (1951-1957)

MEMBRI ELETTI AL PARLAMENTO EUROPEO: 81 (87 dal 1994)

MEMBRI DELLA COMMISSIONE: 2 (Jacques Delors-Christiane Scrivener)

PESO DEI VOTI IN CONSIGLIO: 10

RISULTATI ELEZIONI POLITICHE
(21-28 marzo 1993)

Partito	%
RPR (neo-gollisti)	28,27
PSF (socialisti)	28,25
UDF (centristi)	25,84
PCF (comunisti)	4,61
Indipendenti di destra	3,56
Socialisti indipendenti	2,17
Radicali	1,15

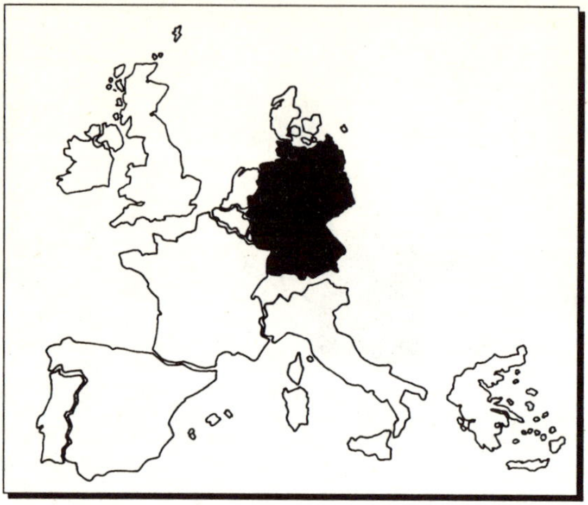

GERMANIA

ABITANTI: 80 milioni

SUPERFICIE: 356.954 km^2

CAPITALE: Berlino

FORMA DI GOVERNO: repubblica federale

LINGUA UFFICIALE: tedesco

MONETA: marco

MEMBRO DELLE COMUNITÀ: dalla fondazione (1951-1957)

MEMBRI ELETTI AL PARLAMENTO EUROPEO: 81 (99 dal 1994)

MEMBRI DELLA COMMISSIONE: 2 (Peter Schmidhuber - Martin Bangemann)

PESO DEI VOTI IN CONSIGLIO: 10

RISULTATI ELEZIONI POLITICHE
(2 dicembre 1990)

PARTITO	%
CDU-CSU (democristiani)	43,8
SPD (socialdemocratici)	33,5
FDP (liberali)	11
PSD (ex comunisti)	2,4
Alleanza	90 1,2

GRECIA

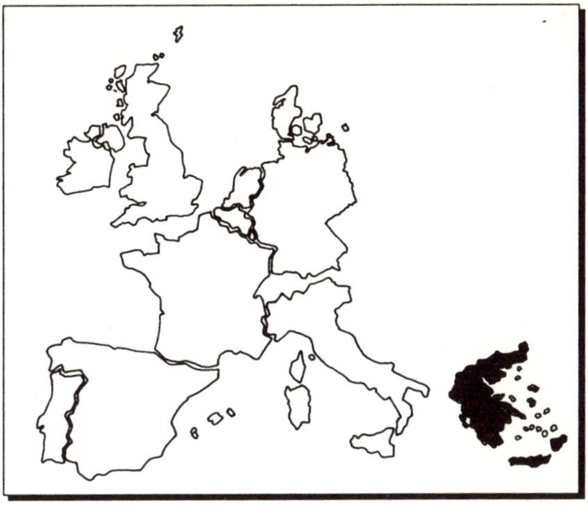

ABITANTI: 10 milioni

SUPERFICIE: 131.944 km^2

CAPITALE: Atene

FORMA DI GOVERNO: repubblica parlamentare

LINGUA UFFICIALE: greco

MONETA: dracma

MEMBRO DELLE COMUNITÀ: dal 1981

MEMBRO ELETTI AL PARLAMENTO EUROPEO: 24 (25 dal 1944)

MEMBRI DELLA COMMISSIONE: 1 (Yannis Paleocrassas)

PESO DEI VOTI IN CONSIGLIO: 5

RISULTATI ELEZIONI POLITICHE
(8 aprile 1990)

PARTITO	%
ND (Nuova democrazia)	46,8
Pasok (socialisti)	38,6
Synaspismos (sinistra)	10,2
Altri	2,1

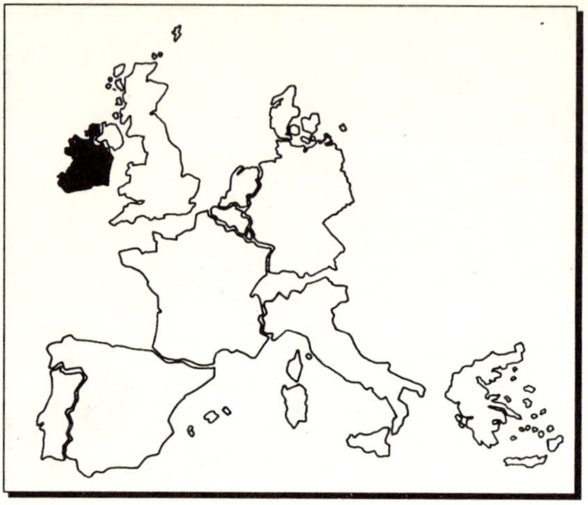

IRLANDA

Abitanti: 3,5 milioni

Superficie: 70.283 km²

Capitale: Dublino

Forma di governo: repubblica parlamentare

Lingua ufficiale: irlandese - inglese

Moneta: sterlina irlandese

Membro delle Comunità: dal 1973

Membri eletti al Parlamento Europeo: 15

Membri della Commissione: 1 (Padraig Flynn)

Peso dei voti in Consiglio: 3

RISULTATI ELEZIONI POLITICHE
(15 giugno 1989)

Partito	%
Fianna Fáil	44,1
Fine Gael	29,3
Partito laburista	9,5
Partito democratico progressista	5,5
Partito dei lavoratori	5
Verdi	1,5

ITALIA

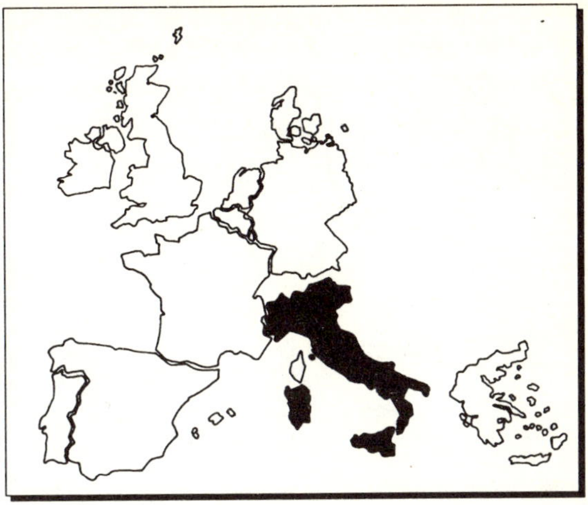

ABITANTI: 57,7 milioni

SUPERFICIE: 301.230 km^2

CAPITALE: Roma

FORMA DI GOVERNO: repubblica parlamentare

LINGUA UFFICIALE: italiano

MONETA: lira

MEMBRO DELLE COMUNITÀ: dalla fondazione (1951-1957)

MEMBRI ELETTI AL PARLAMENTO EUROPEO: 81 (87 dal 1994)

MEMBRI DELLA COMMISSIONE: 2 (Raniero Vanni D'Archirafi - Antonio Ruberti)

PESO DEI VOTI IN CONSIGLIO: 10

RISULTATI ELEZIONI POLITICHE
(5-6 aprile 1992)

PARTITO	%
DC	29,5
PDS	16,1
PSI	13,6
Lega	8,8
Rifondazione comunista	5,6
MSI	5,3
PRI	4,4
PLI	2,8
Verdi	2,8
PSDI	2,7
Rete	1,9
Lista Pannella	1,2
Altri	4,1

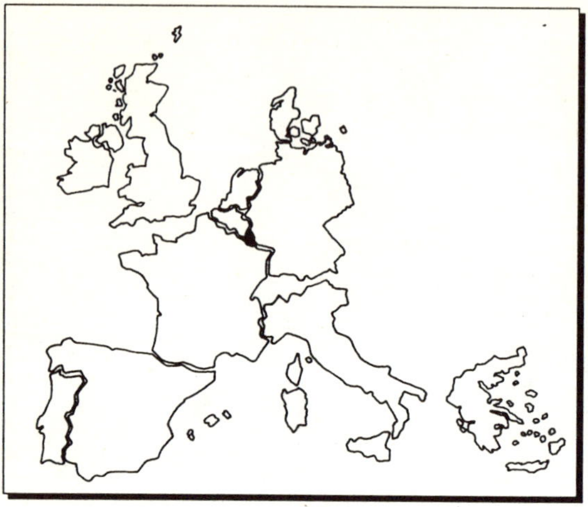

LUSSEMBURGO

ABITANTI: 0,38 milioni

SUPERFICIE: 2.586 km^2

CAPITALE: Lussemburgo

FORMA DI GOVERNO: monarchia costituzionale (granducato)

LINGUA UFFICIALE: francese

MONETA: franco lussemburghese

MEMBRO DELLE COMUNITÀ: dalla fondazione (1951-1957)

MEMBRI ELETTI AL PARLAMENTO EUROPEO: 6

MEMBRI DELLA COMMISSIONE: 1 (René Steichen)

PESO DEI VOTI IN CONSIGLIO: 2

RISULTATI ELEZIONI POLITICHE
(18 giugno 1989)

PARTITO	seggi
PCS (partito cristiano sociale)	22
POSL (laburisti)	18
Partito democratico	11
Comitato d'azione 5/6	4
Verdi alternativi	2
Verdi ecologisti	2
Partito comunista	1

PAESI BASSI

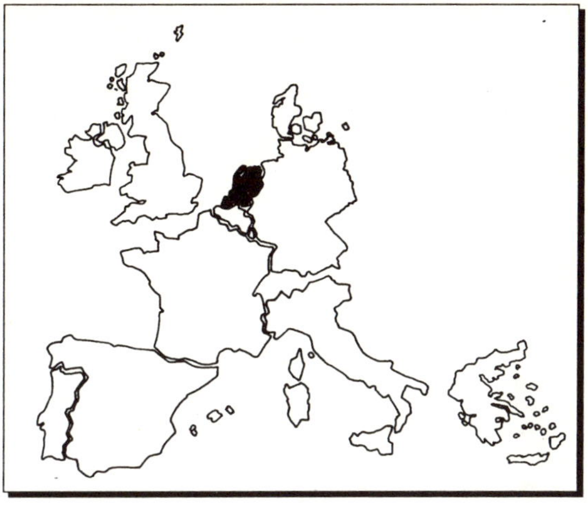

ABITANTI: 15 milioni

SUPERFICIE: 41.864 km^2

CAPITALE: Amsterdam

FORMA DI GOVERNO: monarchia costituzionale

LINGUA UFFICIALE: olandese

MONETA: fiorino olandese

MEMBRO DELLE COMUNITÀ: dalla fondazione (1951-1957)

MEMBRI ELETTI AL PARLAMENTO EUROPEO: 25 (31 dal 1994)

MEMBRI DELLA COMMISSIONE: 1 (Hans Van Den Broek)

PESO DEI VOTI IN CONSIGLIO: 5

RISULTATI ELEZIONI POLITICHE
(6 settembre 1989)

PARTITO	%
CDA (cristiano-democratici)	35,4
PVDA (laburisti)	31
WD (Partito popolare per la libertà e la democrazia)	14,7
Democratici 66	7
Alleanza Verdi-Sinistra	4
Altri	4,1
Estrema destra	0,9

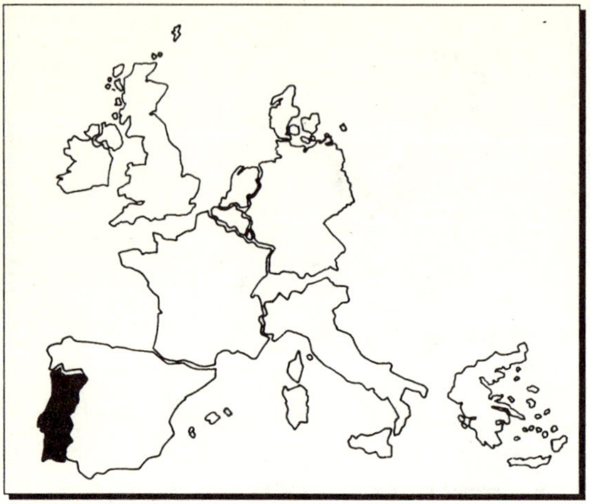

PORTOGALLO

ABITANTI: 10,3 milioni

SUPERFICIE: 92.389 km^2

CAPITALE: Lisbona

FORMA DI GOVERNO: repubblica parlamentare

LINGUA UFFICIALE: portoghese

MONETA: escudo

MEMBRO DELLE COMUNITÀ: dal 1986

MEMBRO ELETTI AL PARLAMENTO EUROPEO: 24 (25 dal 1994)

MEMBRI DELLA COMMISSIONE: 1 (Joao De Deus Pinheiro)

PESO DEI VOTI IN CONSIGLIO: 5

RISULTATI ELEZIONI POLITICHE
(6 ottobre 1991)

PARTITO	%
PSD (social democratici)	50,4
PSP (socialisti)	29,2
CDU (sinistra ed ecologisti)	8,8
CDS (centro democratico e sociale)	4,4

REGNO UNITO DI GRAN BRETAGNA E IRLANDA DEL NORD

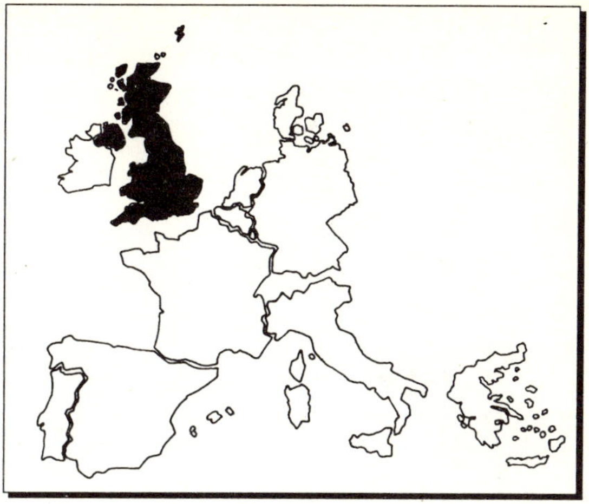

ABITANTI: 57,5 milioni

SUPERFICIE: 224.110 km^2

CAPITALE: Londra

FORMA DI GOVERNO: monarchia costituzionale

LINGUA UFFICIALE: inglese

MONETA: sterlina inglese

MEMBRO DELLE COMUNITÀ: dal 1973

MEMBRI ELETTI AL PARLAMENTO EUROPEO: 81 (87 dal 1994)

MEMBRI DELLA COMMISSIONE: 2 (Bruce Millan - Leon Brittan)

PESO DEI VOTI IN CONSIGLIO: 10

RISULTATI ELEZIONI POLITICHE
(9 aprile 1992)

PARTITO	%
Conservatori	41,9
Laburisti	34,4
Democratici-liberali	17,8
Nazionalisti scozzesi e gallesi	2,4
Unionisti (protestanti dell'Irlanda del Nord)	1,2
SDLP (cattolici dell'Irlanda del Nord)	0,5

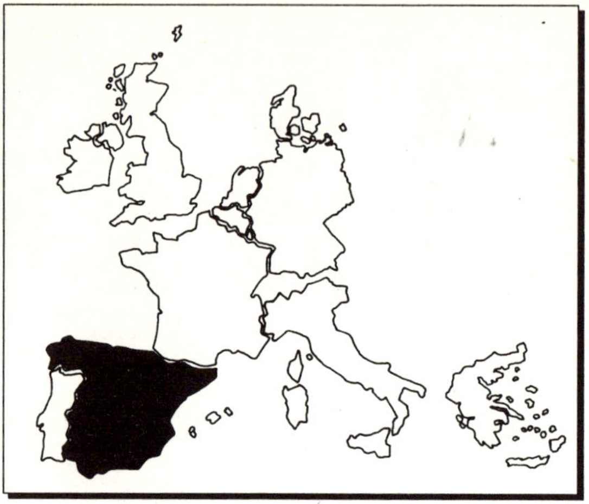

SPAGNA

ABITANTI: 39,3 milioni

SUPERFICIE: 504.782 km^2

CAPITALE: Madrid

FORMA DI GOVERNO: monarchia costituzionale

LINGUA UFFICIALE: spagnolo

MONETA: peseta

MEMBRO DELLE COMUNITÀ: dal 1986

MEMBRI ELETTI AL PARLAMENTO EUROPEO: 60 (64 dal 1994)

MEMBRO DELLA COMMISSIONE: 2 (Manuel Marin Gonzalez - Abel Matutes)

PESO DEI VOTI IN CONSIGLIO: 8

RISULTATI ELEZIONI POLITICHE
(28 ottobre 1989)

PARTITO	%
PSOE (socialisti)	39,5
Partito popolare	25,8
UI (unità di sinistra)	9
CDS (centro democratico e sociale)	7,9
CIU (regionalisti della Catalogna)	5
PNV (regionalisti baschi)	1,25
Herri Batasuna (regionalisti baschi)	1
Euskadiko Eskerra (regionalisti baschi)	0,5
Eusko Alkartasuna (regionalisti baschi)	0,6
Partito andaluso	1
Altri partiti regionalisti	1,3

TRATTATO ISTITUTIVO DELLA COMUNITÀ ECONOMICA EUROPEA CON LE MODIFICHE APPORTATE DAL TRATTATO SULL'UNIONE EUROPEA

TRATTATO CE

Trattato che istituisce la Comunità Europea del 25 marzo 1957 (reso esecutivo con la legge di ratifica ed esecuzione 14 ottobre 1957, n. 1203) (1).

---

(1) In G.U. del 23-12-1957, n. 317 (suppl. *Lex* 1958, l. 14). Il 1° gennaio 1986 è entrato in vigore il Trattato di adesione di Spagna e Portogallo firmato a Madrid e a Lisbona il 12-6-1985 (l. 11-12-1985, n. 775).

Il testo del trattato è aggiornato con le modifiche introdotte dall'Atto Unico Europeo firmato a Lussemburgo il 17-2-1986 ed entrato in vigore il 1° luglio 1987 (l. 23-12-1986, n. 909) in suppl. G.U. del 29-12-1986, n. 300 e dal Trattato sull'Unione Europea ratificato in Italia con l. 3 novembre 1992 n. 454: G.U. 24 novembre 1992, n. 277, suppl. ord.

Parte I

Principi

1. Con il presente Trattato, le Alte Parti Contraenti istituiscono tra loro una Comunità europea (1).

---

(1) Articolo così modificato dal Trattato sull'Unione Europea.

2. La Comunità ha il compito di promuovere, mediante l'instaurazione di un mercato comune e di un'unione economica e monetaria e mediante l'attuazione delle politiche e delle azioni comuni di cui agli articoli 3 e 3A, uno sviluppo armonioso ed equilibrato delle attività economiche nell'insieme della Comunità, una crescita sostenibile, non inflazionistica e che rispetti l'ambiente, un elevato grado di convergenza dei risultati economici, un elevato livello di occupazione e di protezione sociale, il miglioramento del tenore e della qualità della vita, la coesione economica e sociale e la solidarietà tra gli Stati membri (1).

---

(1) Articolo così sostituito dal Trattato sull'Unione Europea.

3. Ai fini enunciati all'articolo 2, l'azione della Comunità importa, alle condizioni e secondo il ritmo previsto dal presente Trattato:

a) l'abolizione fra gli Stati membri dei dazi doganali e delle restrizioni quantitative all'entrata e all'uscita delle merci, come pure di tutte le altre misure di effetto equivalente;

b) una politica commerciale comune;

c) un mercato interno caratterizzato dall'eliminazione, fra gli Stati membri, degli ostacoli alla libera circolazione delle merci, delle persone, dei servizi e dei capitali;

d) misure relative all'entrata e alla circolazione delle persone nel mercato interno, come previsto dall'articolo 100 C;

e) una politica comune nei settori dell'agricoltura e della pesca;

f) una politica comune nel settore dei trasporti;

g) un regime inteso a garantire che la concorrenza non sia falsata nel mercato interno;

h) il ravvicinamento delle legislazioni nazionali nella misura necessaria al funzionamento del mercato comune;

i) una politica nel settore sociale comprendente un Fondo sociale europeo;

j) il rafforzamento della coesione economica e sociale;

k) una politica nel settore dell'ambiente;

l) il rafforzamento della competitività dell'industria comunitaria;

m) la promozione della ricerca e dello sviluppo tecnologico;

n) l'incentivazione della creazione e dello sviluppo di reti transeuropee;

o) un contributo al conseguimento di un elevato livello di protezione della salute;

p) un contributo ad un'istruzione e ad una formazione di qualità e al pieno sviluppo delle culture degli Stati membri;

q) una politica nel settore della cooperazione allo sviluppo;

r) l'associazione dei paesi e territori d'oltremare, intesa ad incrementare gli scambi e proseguire in comune nello sforzo di sviluppo economico e sociale;

s) un contributo al rafforzamento della protezione dei consumatori;

t) misure in materia di energia, protezione civile e turismo (1).

---

(1) Articolo così sostituito dal Trattato sull'Unione Europea.

3 A. — 1. Ai fini enunciati all'articolo 2, l'azione degli Stati membri e della Comunità comprende, alle condizioni e secondo il ritmo previsti dal presente trattato, l'adozione di una politica economica che è fondata sullo stretto coordinamento delle politiche economiche degli Stati membri, sul mercato interno e sulla definizione di obiettivi comuni, condotta conformemente al principio di un'economia di mercato aperta e in libera concorrenza.

2. Parallelamente, alle condizioni e secondo il ritmo e le procedure previsti dal presente trattato, questa azione comprende la fissazione irrevocabile dei tassi di cambio che comporterà l'introduzione di una moneta unica, l'ECU, nonché la definizione e la conduzione di una politica monetaria e di una politica del cambio uniche, che abbiano l'obiettivo principale di mantenere la stabilità dei prezzi e, fatto salvo questo obiettivo, di sostenere le politiche economiche generali nella Comunità conformemente al principio di un'economia di mercato aperta e in libera concorrenza.

3. Queste azioni degli Stati membri e della Comunità implicano il rispetto dei seguenti principi direttivi: prezzi stabili, finanze pubbliche e condizioni monetarie sane nonché bilancia dei pagamenti sostenibile (1).

---

(1) Articolo aggiunto dal Trattato sull'Unione Europea.

3 B. La Comunità agisce nei limiti delle competenze che le sono conferite e degli obiettivi che le sono assegnati dal presente trattato.

Nei settori che non sono di sua esclusiva competenza la Comunità interviene secondo il principio della sussidiarietà, soltanto se e nella misura in cui gli obiettivi dell'azione prevista non possono essere sufficientemente realizzati dagli Stati membri e, a motivo delle dimensioni o degli effetti dell'azione in questione, possono essere realizzati meglio a livello comunitario.

L'azione della Comunità non va al di là di quanto necessario per il raggiungimento degli obiettivi del presente trattato (1).

---

(1) Articolo aggiunto dal Trattato sull'Unione Europea.

4. 1. L'esecuzione dei compiti affidati alla Comunità è assicurata da:

— un Parlamento europeo;

— un Consiglio;

— una Commissione;

— una Corte di Giustizia;

— una Corte dei Conti.

Ciascuna istituzione agisce nei limiti delle attribuzioni che le sono conferite dal presente Trattato.

2. Il Consiglio e la Commissione sono assistiti da un Comitato economico e sociale e da un Comitato delle Regioni che svolgono funzioni consultive (1).

---

(1) Articolo così sostituito dal Trattato sull'Unione Europea.

4A. Sono istituiti, secondo le procedure previste dal presente trattato, un Sistema europeo di banche centrali (in appresso denominato SEBC) e una Banca centrale europea (in appresso denominata BCE), che agiscono nei limiti dei poteri loro conferiti dal presente trattato e dallo statuto del SEBC e della BCE (in appresso denominato «statuto del SEBC») allegati al trattato stesso (1).

---

(1) Articolo aggiunto dal Trattato sull'Unione Europea.

4 B. È istituita una Banca europea per gli investimenti, che agisce nei limiti delle attribuzioni che le sono conferite dal presente trattato e dallo statuto allegato a quest'ultimo (1).

---

(1) Articolo aggiunto dal Trattato sull'Unione Europea.

5. Gli Stati membri adottano tutte le misure di carattere generale o particolare atte ad assicurare l'esecuzione degli obblighi derivanti dal presente Trattato ovvero determinati dagli atti delle istituzioni della Comunità.

Essi facilitano quest'ultima nell'adempimento dei propri compiti.

Essi si astengono da qualsiasi misura che rischi di compromettere la realizzazione degli scopi del presente Trattato.

6. Nel campo di applicazione del presente Trattato, e senza pregiudizio delle disposizioni particolari dallo stesso previste, è vietata ogni discriminazione effettuata in base alla nazionalità.

Il Consiglio, deliberando in conformità della procedura di cui all'art. 189C, può stabilire tutte le regolamentazioni intese a vietare tali discriminazioni (1).

---

(1) Già art. 7 del Trattato CEE così modificato dal Trattato sull'Unione Europea.

7. 1. Il mercato comune è progressivamente instaurato nel corso di un periodo transitorio di dodici anni.

Il periodo transitorio è diviso in tre tappe, di quattro anni ciascuna, la cui durata può essere modificata alle condizioni previste qui di seguito.

2. Per ciascuna tappa è previsto un complesso di azioni che devono essere intraprese e condotte insieme.

3. Il passaggio dalla prima alla seconda tappa è condizionato alla constatazione che l'essenziale degli obiettivi, specificatamente fissati dal presente Trattato per la prima tappa, sia stato effettivamente raggiunto e che, fatte salve le eccezioni e procedure previste dal Trattato stesso, gli impegni siano stati mantenuti.

Tale constatazione è effettuata alla fine del quarto anno dal Consiglio che delibera all'unanimità sulla relazione della Commissione. Tuttavia, l'unanimità non può essere ostacolata da uno Stato membro che faccia valere il mancato adempimento dei propri obblighi. Ove non sia raggiunta l'unanimità, la prima tappa è automaticamente prolungata di un anno.

Alla fine del quinto anno, la constatazione è effettuata dal Consiglio alle stesse condizioni. Ove non sia raggiunta l'unanimità, la prima tappa è automaticamente prolungata di un altro anno.

Alla fine del sesto anno, la constatazione è effettuata dal Consiglio, che delibera a maggioranza qualificata sulla relazione della Commissione.

4. Nel termine di un mese da quest'ultima votazione, ogni Stato membro rimasto in minoranza ovvero, quando la maggioranza richiesta non sia raggiunta, tutti gli Stati membri hanno il diritto di domandare al Consiglio la designazione di un organo arbitrale la cui decisione è vincolante per tutti gli Stati membri e le istituzioni della Comunità.

Detto organo arbitrale è composto di tre membri designati dal Consiglio, che delibera all'unanimità su proposta della Commissione.

In caso di mancata designazione da parte del Consiglio nel termine di un mese dalla richiesta, i membri dell'organo arbitrale sono designati dalla Corte di Giustizia entro un nuovo termine di un mese.

L'organo arbitrale designa esso stesso il suo presidente.

Esso emette la sua sentenza in un termine di sei mesi a decorrere dalla data della votazione del Consiglio di cui all'ultimo comma del paragrafo 3.

5. La seconda e terza fase non possono essere prolungate o abbreviate se non in virtù di una decisione adottata dal Consiglio, che delibera all'unanimità su proposta della Commissione.

6. Le disposizioni dei paragrafi precedenti non possono avere per effetto di prolungare il periodo transitorio al di là di una durata complessiva di quindici anni a decorrere dall'entrata in vigore del presente Trattato.

7. Fatte salve le eccezioni o deroghe previste dal presente Trattato, la fine del periodo transitorio costituisce il termine ultimo per l'entrata in vigore del complesso di norme previste e per l'attuazione dell'insieme delle realizzazioni richieste dall'istituzione del mercato comune (1).

---

(1) Già art. 8 del Trattato CEE: numerazione così modificata dal Trattato sull'Unione Europea.

7 A. La Comunità adotta le misure destinate all'instaurazione progressiva del mercato interno nel corso di un periodo che scade il 31 dicembre 1992, conformemente alle disposizioni del presente articolo e degli articoli 7 B, 7 C e 28, dell'articolo 57, paragrafo 2, dell'articolo 59, dell'articolo 70, paragrafo 1 e degli articoli 84, 99, 100 A e 100 B e senza pregiudizio delle altre disposizioni del presente trattato.

Il mercato interno comporta uno spazio senza frontiere interne, nel quale è assicurata la libera circolazione delle merci, delle persone, dei servizi e dei capitali secondo le disposizioni del presente trattato (1).

(1) Articolo aggiunto dall'art. 13 dell'Atto unico europeo. Già art. 8 A del Trattato CEE: numerazione così modificata dal Trattato sull'Unione Europea.

7 B. La Commissione riferisce al Consiglio anteriormente al 31 dicembre 1988 ed al 31 dicembre 1990 sullo stato di avanzamento dei lavori per la realizzazione del mercato interno entro il termine stabilito all'articolo 7 A.

Il Consiglio, deliberando a maggioranza qualificata, su proposta della Commissione, definisce gli orientamenti e le condizioni necessari per garantire un progresso equilibrato nell'insieme dei settori interessati (1).

(1) Articolo aggiunto dall'art. 14 dell'Atto unico europeo. Già art. 8 B del Trattato CEE: numerazione così modificata dal Trattato sull'Unione Europea.

7 C. Nella formulazione delle proprie proposte intese a realizzare gli obiettivi dell'articolo 7 A, la Commissione tiene conto dell'ampiezza dello sforzo che dovrà essere sopportato, nel corso del periodo di instaurazione del mercato interno, da talune economie che presentano differenze di sviluppo e può proporre le disposizioni appropriate.

Se queste disposizioni assumono la forma di deroghe, esse debbono avere un carattere temporaneo ed arrecare meno perturbazioni possibili al funzionamento del mercato comune (1).

(1) Articolo aggiunto dall'art. 15 dell'Atto unico europeo. Già art. 8 C del Trattato CEE: numerazione così modificata dal Trattato sull'Unione Europea.

PARTE II (1)

Cittadinanza dell'Unione

(1) Parte aggiunta dal Trattato sull'Unione Europea.

8. 1. È istituita una cittadinanza dell'Unione.

È cittadino dell'Unione chiunque abbia la cittadinanza di uno Stato membro.

2. I cittadini dell'Unione godono dei diritti e sono soggetti ai doveri previsti dal presente trattato.

8 A. 1. Ogni cittadino dell'Unione ha il diritto di circolare e di soggiornare liberamente nel territorio degli Stati membri, fatte salve le limitazioni e le condizioni previste dal presente trattato e dalle disposizioni adottate in applicazione dello stesso.

2. Il Consiglio può adottare disposizioni intese a facilitare l'esercizio dei diritti di cui al paragrafo 1, salvo diversa disposizione del presente trattato, esso delibera all'unanimità su proposta della Commissione e previo parere conforme del Parlamento europeo.

8 B. 1. Ogni cittadino dell'Unione residente in uno Stato membro di cui non è cittadino ha il diritto di voto e di eleggibilità alle elezioni comunali nello Stato membro in cui risiede, alle stesse condizioni dei cittadini di detto Stato. Tale diritto sarà esercitato con riserva delle modalità che il Consiglio, deliberando all'unanimità su proposta della Commissione e previa consultazione del Parlamento europeo, dovrà adottare entro il 31 dicembre 1994; tali modalità possono comportare disposizioni derogatorie ove problemi specifici di uno Stato membro lo giustifichino.

2. Fatte salve le disposizioni dell'articolo 138, paragrafo 3 e le disposizioni adottate in applicazione di quest'ultimo, ogni cittadino dell'Unione residente in uno Stato membro di cui non è cittadino ha il diritto di voto e di eleggibilità alle elezioni del Parlamento europeo nello Stato membro in cui risiede, alle stesse condizioni dei cittadini di detto Stato. Tale diritto sarà esercitato con riserva delle modalità che il Consiglio, deliberando all'unanimità su proposta della Commissione e previa consultazione del Parlamento europeo, dovrà adottare entro il 31 dicembre 1993; tali modalità possono comportare disposizioni derogative ove problemi specifici di uno Stato membro lo giustifichino.

8 C. Ogni cittadino dell'Unione gode, nel territorio di un paese terzo nel quale lo Stato membro di cui ha la cittadinanza non è rappresentato, della tutela da parte delle autorità diplomatiche e consolari di qualsiasi Stato membro, alle stesse condizioni dei cittadini di detto Stato. Entro il 31 dicembre 1993, gli Stati membri stabiliranno tra loro le disposizioni necessarie e avvieranno i negoziati internazionali richiesti per garantire detta tutela.

8 D. Ogni cittadino dell'Unione ha il diritto di petizione dinanzi al Parlamento europeo conformemente all'articolo 138 D.

Ogni cittadino dell'Unione può rivolgersi al Mediatore istituito conformemente all'articolo 138 E.

8 E. La Commissione riferisce al Parlamento europeo, al Consiglio e al Comitato economico e sociale, entro il 31 dicembre 1993 e in seguito ogni tre anni, in merito all'applicazione delle disposizioni della presente Parte. Tale relazione tiene conto dello sviluppo dell'Unione. Su questa base, lasciando impregiudicate le altre disposizioni del presente trattato, il Consiglio, deliberando all'unanimità su proposta della Commissione e previa consultazione del Parlamento europeo, può adottare disposizioni intese a completare i diritti previsti nella presente Parte, di cui raccomanderà l'adozione da parte degli Stati membri, conformemente alle loro rispettive norme costituzionali.

Parte III (1)

Politiche della Comunità

(1) Parte così modificata dal Trattato sull'Unione Europea.

Titolo I

Libera circolazione delle merci

9. 1. La Comunità è fondata sopra una unione doganale che si estende al complesso degli scambi di merci e importa il divieto, fra gli Stati membri, dei dazi doganali all'importazione e all'esportazione e di qualsiasi tassa di effetto equivalente, come pure l'adozione di una tariffa doganale comune nei loro rapporti con i paesi terzi.

2. Le disposizioni del capo I, sezione prima, e del capo II del presente titolo si applicano ai prodotti originari degli Stati membri, e ai prodotti provenienti da paesi terzi che si trovano in libera pratica negli Stati membri.

10. 1. Sono considerati in libera pratica in uno Stato membro i prodotti provenienti da paesi terzi per i quali siano state adempiute in tale Stato le formalità di importazione e riscossi i dazi doganali e le tasse di effetto equivalente esigibili e che non abbiano beneficiato di un ristorno totale o parziale di tali dazi e tasse.

2. La Commissione, entro la fine del primo anno a decorrere dall'entrata in vigore del presente Trattato, determina i metodi di collaborazione amministrativa per l'applicazione dell'art. 9, paragrafo 2, avendo riguardo alla necessità di attenuare, quanto più è possibile, le formalità imposte al commercio.

Entro la fine del primo anno a decorrere dall'entrata in vigore del presente Trattato, la Commissione determina le disposizioni applicabili, nel traffico tra Stati membri, alle merci originarie da un altro Stato membro, per la fabbricazione delle quali siano stati usati prodotti che non sono stati sottoposti ai dazi doganali né alle tasse di effetto equivalente loro applicabili nello Stato membro esportatore, ovvero che abbiano beneficiato di un ristorno totale o parziale di tali dazi o tasse.

Nello stabilire tali disposizioni, la Commissione prende in considerazione le norme previste per l'abolizione dei dazi doganali all'interno della Comunità e per la progressiva applicazione della tariffa doganale comune.

11. Gli Stati membri adottano tutte le disposizioni atte a consentire ai governi l'esecuzione, nei termini stabiliti, degli obblighi loro incombenti in materia di dazi doganali in virtù del presente Trattato.

Capo I

Unione doganale

Sezione I

Abolizione dei dazi doganali fra gli Stati membri

12. Gli Stati membri si astengono dall'introdurre tra loro nuovi dazi doganali all'importazione e all'esportazione o tasse di effetto equivalente e dall'aumentare quelli che applicano nei loro rapporti commerciali reciproci.

13. 1. I dazi doganali all'importazione, in vigore tra gli Stati membri, sono progressivamente aboliti ad opera di questi, durante il periodo transitorio, secondo le modalità previste dagli articoli 14 e 15.

2. Le tasse di effetto equivalente ai dazi doganali all'importazione, in vigore tra gli Stati membri, sono progressivamente abolite ad opera di questi, durante il periodo transitorio. La Commissione determina, mediante direttive, il ritmo di tale abolizione. Essa s'ispira alle norme previste dall'art. 14, paragrafi 2 e 3, e alle direttive stabilite dal Consiglio in applicazione del citato paragrafo 2.

14. 1. Per ogni prodotto, il dazio di base su cui vanno operate le successive riduzioni è costituito dal dazio applicato al 1 gennaio 1957.

2. Il ritmo delle riduzioni è determinato come segue:

a) durante la prima tappa, si opera la prima riduzione un anno dopo l'entrata in vigore del presente trattato; la seconda diciotto mesi dopo; la terza alla fine del quarto anno a decorrere dall'entrata in vigore del trattato;

b) durante la seconda tappa, si opera una riduzione diciotto mesi dopo l'inizio di tale tappa; una seconda riduzione a diciotto mesi dalla precedente; si opera una terza riduzione un anno dopo;

c) le riduzioni ancora da realizzare sono applicate durante la terza tappa; il ritmo di tali riduzioni è determinato, mediante direttive, dal Consiglio, che delibera a maggioranza qualificata su proposta della Commissione.

3. Al momento della prima riduzione, gli Stati membri mettono in vigore tra loro, sui singoli prodotti, un dazio uguale al dazio di base diminuito del 10%.

Ad ogni ulteriore riduzione, ogni Stato membro deve abbassare l'insieme dei suoi dazi in modo che il gettito totale dei dazi doganali, qual è definito dal paragrafo 4, sia diminuito del 10%, restando inteso che la riduzione per ogni prodotto deve essere almeno pari al 5% del dazio di base.

Tuttavia, per i prodotti sui quali gravi un dazio ancora superiore al 30%, ogni riduzione deve essere almeno pari al 10% del dazio di base.

4. Per ogni Stato membro il gettito totale dei dazi doganali di cui al paragrafo 3 si calcola moltiplicando i dazi di base per il valore delle importazioni effettuate in provenienza dagli Stati membri durante l'anno 1956.

5. I problemi particolari sollevati dall'applicazione dei paragrafi precedenti sono regolati mediante direttive del Consiglio, che delibera a maggioranza qualificata su proposta della Commissione.

6. Gli Stati membri rendono conto alla Commissione delle modalità seguite nell'applicazione delle norme summenzionate per la riduzione dei dazi. Essi procurano di ottenere che la riduzione applicata ai dazi per i singoli prodotti raggiunga:

— almeno il 25% del dazio di base, al termine della prima tappa;

— almeno il 50% del dazio di base, al termine della seconda tappa.

La Commissione rivolge loro ogni utile raccomandazione quando, a suo giudizio, possa essere compromesso il raggiungimento degli obiettivi definiti dall'art. 13 e delle percentuali fissate dal presente paragrafo.

7. Le disposizioni del presente articolo possono essere modificate dal Consiglio, che delibera all'unanimità su proposta della Commissione e previa consultazione del Parlamento europeo.

15. 1. A prescindere dalle disposizioni dell'art. 14, ogni Stato membro, durante il periodo transitorio, può sospendere interamente o parzialmente la riscossione di dazi applicati sui prodotti importati dagli altri Stati membri e ne rende edotti questi ultimi e la Commissione.

2. Gli Stati membri si dichiarano disposti a ridurre i loro dazi doganali nei confronti degli altri Stati membri secondo un ritmo più rapido di quello previsto all'art. 14, quando ciò sia loro consentito dalla loro situazione economica generale e dalla situazione del settore interessato.

La Commissione rivolge raccomandazioni a tal fine agli Stati membri interessati.

16. Gli Stati membri aboliscono tra loro, al più tardi alla fine della prima tappa, i dazi doganali all'esportazione e le tasse di effetto equivalente.

17. 1. Le disposizioni degli articoli da 9 a 15, paragrafo 1, sono applicabili ai dazi doganali di carattere fiscale. Tuttavia, questi dazi non sono presi in considerazione per il calcolo del gettito totale dei dazi doganali né per quello dell'abbassamento dell'insieme dei dazi, di cui all'art. 14, paragrafi 3 e 4.

Tali dazi sono abbassati, ad ogni stadio di riduzione, di almeno il 10% dei dazi di base. Gli Stati membri possono ridurli secondo un ritmo più rapido di quello previsto dall'art. 14.

2. Gli Stati membri comunicano alla Commissione, entro la fine del primo anno a decorrere dall'entrata in vigore del presente trattato, i loro dazi doganali di carattere fiscale.

3. Gli Stati membri conservano la facoltà di sostituire tali dazi con una imposta interna conforme alle disposizioni dell'art. 95.

4. Quando la Commissione constata che la sostituzione di un dazio doganale di carattere fiscale incontra in uno Stato membro gravi difficoltà, essa autorizza lo Stato in questione a mantenere tale dazio, sempreché lo Stato lo abolisca al più tardi entro sei anni dall'entrata in vigore del presente Trattato. L'autorizzazione deve essere richiesta entro la fine del primo anno a decorrere dall'entrata in vigore del Trattato.

SEZIONE II

Fissazione della tariffa doganale comune

18. Gli Stati membri si dichiarano disposti a contribuire allo sviluppo del commercio internazionale e alla riduzione degli intralci agli scambi, mediante la conclusione di accordi intesi, su di una base di reciprocità e di mutuo vantaggio, a ridurre i dazi doganali al disotto del livello generale che sarebbe consentito agli Stati stessi dall'istituzione di una unione doganale tra loro.

19. 1. Alle condizioni e nei limiti qui di seguito previsti, i dazi della tariffa doganale comune si stabiliscono al livello della media aritmetica dei dazi applicati nei quattro territori doganali compresi nella Comunità.

2. I dazi considerati per il calcolo di tale media sono quelli applicati dagli Stati membri al 1° gennaio 1957.

Tuttavia, per quanto riguarda la tariffa italiana, il dazio applicato va inteso ad esclusione della riduzione temporanea del 10%. Inoltre, per le voci ove tale tariffa prevede un dazio convenzionale, si sostituisce quest'ultimo al dazio applicato testé definito, a condizione di non superarlo di oltre il 10%. Quando il dazio convenzionale supera il dazio applicato così definito di oltre il 10%, per il calcolo della media aritmetica viene considerato quest'ultimo, maggiorato del 10%.

Per quanto concerne le posizioni enumerate nell'elenco A, i dazi ivi contemplati sono sostituiti ai dazi applicati per il calcolo della media aritmetica.

3. I dazi della tariffa doganale comune non possono essere superiori a:

a) 3% per i prodotti contemplati dalle posizioni tariffarie enumerate nell'elenco B;

b) 10% per i prodotti contemplati dalle posizioni tariffarie enumerate nell'elenco C;

c) 15% per i prodotti contemplati dalle posizioni tariffarie enumerate nell'elenco D;

d) 25% per i prodotti contemplati dalle posizioni tariffarie enumerate nell'elenco E; quando per tali prodotti la tariffa dei paesi del Benelux stabilisca un dazio non superiore al 3%, tale dazio è portato al 12% per il calcolo della media aritmetica.

4. L'elenco F stabilisce i dazi applicabili ai prodotti ivi enumerati.

5. Gli elenchi delle posizioni tariffarie di cui al presente articolo e all'articolo 20 costituiscono l'oggetto dell'allegato I del presente trattato.

20. I dazi applicabili sui prodotti dell'elenco G sono stabiliti mediante negoziati fra gli Stati membri. Ogni Stato membro può aggiungere altri prodotti a tale elenco nel limite del 2% del valore totale delle sue importazioni in provenienza dai paesi terzi durante l'anno 1956.

La Commissione prende ogni opportuna iniziativa perché tali negoziati vengano intrapresi prima della fine del secondo anno a decorrere dall'entrata in vigore del presente trattato e conclusi non oltre la fine della prima tappa.

Qualora, per determinati prodotti, non fosse raggiunto un accordo nei termini suddetti, il Consiglio, deliberando su proposta della Commissione, all'unanimità fino al termine della seconda tappa ed in seguito a maggioranza qualificata, stabilisce i dazi della tariffa doganale comune.

21. 1. Le difficoltà tecniche che potrebbero presentarsi nell'applicazione degli articoli 19 e 20 sono regolate, nei due anni successivi all'entrata in vigore del presente trattato, mediante direttive del Consiglio, che delibera a maggioranza qualificata su proposta della Commissione.

2. Entro la fine della prima tappa, o al più tardi al momento di fissare i dazi, il Consiglio, deliberando a maggioranza qualificata su proposta della Commissione, decide i ritocchi che l'armonia interna della tariffa doganale comune richiede in seguito all'applicazione delle norme di cui agli articoli 19 e 20, avendo particolare riguardo al grado di lavorazione delle varie merci cui la tariffa stessa va applicata.

22. La Commissione, nei due anni successivi all'entrata in vigore del presente trattato, determina in quale misura i dazi doganali di carattere fiscale, contemplati dall'articolo 17, paragrafo 2, debbano essere presi in considerazione per il calcolo della media aritmetica prevista dall'articolo 19, paragrafo 1. La Commissione tiene conto dell'aspetto protettivo che tali dazi possono avere.

Non più tardi di sei mesi dopo tale decisione, ogni Stato membro può domandare, per il prodotto di cui trattasi, l'applicazione della procedura contemplata dall'articolo 20, senza che sia opponibile nei suoi confronti il limite previsto dall'articolo stesso.

23. 1. Ai fini dell'instaurazione progressiva della tariffa doganale comune, gli Stati membri modificano le loro tariffe applicabili nei confronti dei paesi terzi secondo le modalità seguenti:

a) per le posizioni tariffarie ove i dazi effettivamente applicati al 1° gennaio 1957 non si discostano di oltre il 15% in più o in meno dei dazi della tariffa doganale comune, questi ultimi vengono applicati alla fine del quarto anno a decorrere dall'entrata in vigore del trattato;

b) negli altri casi, ogni Stato membro applica alla stessa data un dazio che riduca del 30% lo scarto fra il tasso effettivamente applicato al 1° gennaio 1957 e quello della tariffa doganale comune;

c) tale scarto è nuovamente ridotto del 30% alla fine della seconda tappa;

d) per quanto riguarda le posizioni tariffarie per le quali non fossero noti, al termine della prima tappa, i dazi della tariffa doganale comune, ogni Stato membro applica, entro sei mesi dacché il Consiglio ha deliberato conformemente all'articolo 20, i dazi che risulterebbero dall'applicazione delle norme del presente paragrafo.

2. Lo Stato membro che ha ottenuto l'autorizzazione prevista dall'articolo 17, paragrafo 4, è dispensato dall'applicare le disposizioni precedenti durante il periodo di validità di tale autorizzazione, per quanto riguarda le posizioni tariffarie che ne formano l'oggetto. Allo scadere dell'autorizzazione, esso applica il dazio che sarebbe risultato dall'applicazione delle norme del paragrafo precedente.

3. La tariffa doganale comune è integralmente applicata al più tardi allo spirare del periodo transitorio.

24. Per allinearsi sulla tariffa doganale comune, gli Stati membri restano liberi di modificare i loro dazi doganali con un ritmo più rapido di quello previsto dall'articolo 23.

25. 1. Ove la Commissione constati che la produzione negli Stati membri di determinati prodotti contemplati negli elenchi B, C e D non è sufficiente all'approvvigionamento di uno Stato membro e che tale approvvigionamento dipende tradizionalmente, per una parte considerevole, da importazioni provenienti dai paesi terzi, il Consiglio, deliberando a maggioranza qualificata su proposta della Commissione, concede dei contingenti tariffari a dazio ridotto o senza dazio a favore dello Stato membro interessato.

Tali contingenti non possono superare i limiti oltre i quali vi sarebbe motivo di temere trasferimenti di attività a detrimento di altri Stati membri.

2. Per quanto riguarda i prodotti dell'elenco E come pure quelli dell'elenco G i cui tassi saranno stati fissati secondo la procedura prevista dall'articolo 20, terzo comma, la Commissione concede a favore di qualsiasi Stato membro interessato, a richiesta di questo, dei contingenti tariffari a dazio ridotto o senza dazio quando un cambiamento nelle fonti di approvvigionamento ovvero un approvvigionamento insufficiente nella Comunità siano

tali da provocare conseguenze pregiudizievoli per le industrie trasformatrici dello Stato membro interessato.

Questi contingenti non possono superare i limiti oltre i quali vi sarebbe motivo di temere trasferimenti di attività a detrimento di altri Stati membri.

3. Per quanto riguarda i prodotti elencati nell'allegato II del presente trattato, la Commissione può autorizzare ogni Stato membro a sospendere interamente o in parte la riscossione dei dazi applicabili ovvero può concedere a suo favore contingenti tariffari a dazio ridotto o senza dazio, sempreché non abbiano a risultarne gravi turbamenti sul mercato dei prodotti di cui trattasi.

4. La Commissione procede periodicamente all'esame dei contingenti tariffari concessi in applicazione del presente articolo.

26. La Commissione può autorizzare uno Stato membro che debba affrontare particolari difficoltà a differire l'abbassamento o l'aumento da effettuare in virtù dell'articolo 23, per i dazi di talune posizioni della sua tariffa.

L'autorizzazione non potrà essere accordata che per un periodo limitato e soltanto per un insieme di posizioni tariffarie che non rappresentino per lo Stato in questione più del 5% del valore delle importazioni dallo stesso effettuate in provenienza dai paesi terzi durante l'ultimo anno per il quale siano disponibili i dati statistici.

27. Entro la fine della prima tappa, gli Stati membri procedono, nella misura necessaria, al ravvicinamento delle loro disposizioni legislative, regolamentari e amministrative in materia doganale. La Commissione rivolge agli Stati membri a tal fine tutte le raccomandazioni del caso.

28. Qualsiasi modifica o sospensione autonoma dei dazi della tariffa doganale comune è decisa dal Consiglio, che delibera a maggioranza qualificata su proposta della Commissione (1).

---

(1) Articolo così sostituito dall'art. 16, paragrafo 1 dell'Atto unico europeo.

29. Nell'adempimento dei compiti che le sono affidati ai sensi della presente sezione, la Commissione s'ispira:

a) alla necessità di promuovere gli scambi commerciali fra gli Stati membri e i paesi terzi;

b) all'evoluzione delle condizioni di concorrenza all'interno della Comunità, nella misura in cui tale evoluzione avrà per effetto di accrescere la capacità di concorrenza delle imprese;

c) alla necessità di approvvigionamento della Comunità in materie prime e semiprodotti, pur vigilando a che non vengano falsate fra gli Stati membri le condizioni di concorrenza sui prodotti finiti;

d) alla necessità di evitare gravi turbamenti nella vita economica degli Stati membri e di assicurare uno sviluppo razionale della produzione e una espansione del consumo nella Comunità.

Capo II

Abolizione delle restrizioni quantitative tra gli Stati membri

30. Senza pregiudizio delle disposizioni che seguono, sono vietate fra gli Stati membri le restrizioni quantitative all'importazione nonché qualsiasi misura di effetto equivalente.

31. Gli Stati membri si astengono dall'introdurre tra loro nuove restrizioni quantitative e misure di effetto equivalente.

Tuttavia, tale obbligo non si applica che al livello di liberalizzazione attuato in applicazione delle decisioni del consiglio dell'Organizzazione europea di cooperazione economica in data 14 gennaio 1955. Gli Stati membri notificano alla Commissione, al più tardi sei mesi dopo l'entrata in vigore del presente Trattato, i loro elenchi dei prodotti liberalizzati in applicazione di tali decisioni. Gli elenchi così notificati sono consolidati fra gli Stati membri.

32. Gli Stati membri si astengono, nei loro scambi reciproci, dal rendere più restrittivi i contingentamenti e le misure di effetto equivalente esistenti alla data dell'entrata in vigore del presente Trattato.

Tali contingentamenti devono essere soppressi al più tardi al termine del periodo transitorio. Essi sono gradatamente eliminati durante tale periodo secondo le modalità qui di seguito definite.

33. 1. Un anno dopo l'entrata in vigore del presente trattato, ciascuno degli Stati membri trasforma i contingenti bilaterali aperti agli altri Stati membri in contingenti globali accessibili senza discriminazione a tutti gli altri Stati membri.

Alla stessa data, gli Stati membri aumentano l'insieme dei contingenti globali così determinati in modo da raggiungere, rispetto all'anno precedente, un accrescimento pari ad almeno il 20% del loro valore totale. Tuttavia, ciascuno dei contingenti globali per i singoli prodotti è aumentato del 10% almeno.

Ogni anno, i contingenti sono aumentati secondo le stesse norme e nelle stesse proporzioni, rispetto all'anno precedente.

Si opera il quarto aumento alla fine del quarto anno a decorrere dall'entrata in vigore del presente trattato; il quinto, un anno dopo l'inizio della seconda tappa.

2. Quando, per un prodotto non liberalizzato, il contingente globale non raggiunge il 3% della produzione nazionale dello Stato in questione, un contingente pari al 3% almeno di tale produzione sarà stabilito al più tardi un anno dopo l'entrata in vigore del presente trattato. Il contingente è portato al 4% dopo il secondo anno, al 5% dopo il terzo anno. In seguito, lo Stato membro interessato aumenta di anno in anno il contingente del 15% almeno.

Qualora non esista una produzione nazionale, la Commisione, mediante decisioni, determina un contingente adeguato.

3. Alla fine del decimo anno ogni contingente deve essere almeno pari al 20% della produzione nazionale.

4. Quando la Commissione constati con una decisione che le importazioni di un prodotto, durante due anni consecutivi, sono state inferiori al contingente aperto, tale contingente globale non può essere preso in considerazione ai fini del calcolo del valore complessivo dei contingenti globali. In tal caso, lo Stato membro abolisce il contingentamento di tale prodotto.

5. Per i contingenti che rappresentino più del 20% della produzione nazionale del prodotto di cui trattasi, il Consiglio, deliberando a maggioranza qualificata su proposta della Commissione, può abbassare la percentuale minima del 10% prescritta dal paragrafo 1. Tale modificazione lascia tuttavia impregiudicato l'obbligo di un accrescimento annuale del 20% del valore complessivo dei contingenti globali.

6. Gli Stati membri che siano andati oltre quanto era loro obbligo nei riguardi del livello di liberalizzazione, attuato in applicazione delle decisioni del consiglio dell'Organizzazione europea di cooperazione economica in data 14 gennaio 1955, sono autorizzati a considerare l'ammontare delle importazioni liberalizzate in via autonoma nel calcolo dell'aumento complessivo annuo del 20% previsto dal paragrafo 1. Tale calcolo è sottoposto alla preventiva approvazione della Commissione.

7. Mediante direttive della Commissione sono stabiliti la procedura e il ritmo d'abolizione tra gli Stati membri delle misure di effetto equivalente a contingentamenti, esistenti alla data dell'entrata in vigore del presente trattato.

8. Qualora la Commissione constati che l'applicazione delle disposizioni del presente articolo, e in particolare quelle relative alle percentuali, non consente di assicurare il carattere graduale dell'eliminazione di cui all'articolo 32, comma secondo, il Consiglio, deliberando su proposta della Commissione, all'unanimità durante la prima fase e a maggioranza qualificata in seguito, può modificare la procedura prevista dal presente articolo e in particolare procedere all'aumento delle percentuali stabilite.

34. 1. Sono vietate fra gli Stati membri le restrizioni quantitative all'esportazione e qualsiasi misura di effetto equivalente.

2. Gli Stati membri aboliscono, al più tardi al termine della prima tappa, le restrizioni quantitative all'esportazione e qualsiasi misura di effetto equivalente esistenti al momento dell'entrata in vigore del presente Trattato.

35. Gli Stati membri si dichiarano disposti a eliminare, nei confronti degli altri Stati membri, le restrizioni quantitative all'importazione e all'esportazione secondo un ritmo più rapido di quello previsto dagli articoli precedenti, quando ciò sia loro consentito dalla loro situazione economica generale e dalla situazione del settore interessato.

La Commissione rivolge raccomandazioni a tal fine agli Stati membri interessati.

36. Le disposizioni degli articoli da 30 a 34 inclusi lasciano impregiudicati i divieti o restrizioni all'importazione, all'esportazione e al transito giustificati da motivi di moralità pubblica, di ordine pubblico, di pubblica sicurezza, di tutela della salute e della vita delle persone e degli animali o di preservazione dei vegetali, di protezione del patrimonio artistico, storico o archeologico nazionale, o di tutela della proprietà industriale e commerciale. Tuttavia, tali divieti o restrizioni non devono costituire un mezzo di discriminazione arbitraria, né una restrizione dissimulata al commercio tra gli Stati membri.

37. 1. Gli Stati membri procedono a un progressivo riordinamento dei monopoli nazionali che presentano un carattere commerciale, in modo che venga esclusa, alla fine del periodo transitorio, qualsiasi discriminazione fra i cittadini degli Stati membri per quanto riguarda le condizioni relative all'approvvigionamento e agli sbocchi.

Le disposizioni del presente articolo si applicano a qualsiasi organismo per mezzo del quale uno Stato membro, de jure o de facto, controlla dirige o influenza sensibilmente, direttamente o indirettamente, le importazioni o le esportazioni fra gli Stati membri. Tali disposizioni si applicano altresì ai monopoli di Stato delegati.

2. Gli Stati membri si astengono da qualsiasi nuova misura contraria ai principi enunciati nel paragrafo 1 o tale da limitare la portata degli articoli relativi all'abolizione dei dazi doganali e delle restrizioni quantitative fra gli Stati membri.

3. Il ritmo delle misure di cui al paragrafo 1 deve essere adattato all'eliminazione delle restrizioni quantitative per gli stessi prodotti, prevista dagli articoli da 30 a 34 inclusi.

Qualora un prodotto non sia soggetto che in un solo Stato membro o in più Stati membri a un monopolio nazionale a carattere commerciale, la Commissione può autorizzare gli altri Stati membri ad applicare misure di salvaguardia di cui essa determina le condizioni e modalità, fino a quando non sia stato realizzato il riordinamento previsto dal paragrafo 1.

4. Nel caso di un monopolio a carattere commerciale che comporti una regolamentazione destinata ad agevolare lo smercio o la valorizzazione di prodotti agricoli, è opportuno assicurare, nell'applicazione delle norme del presente articolo, garanzie equivalenti per l'occupazione e il tenore di vita dei produttori interessati, avuto riguardo al ritmo degli adattamenti possibili e delle specializzazioni necessarie.

5. D'altra parte, gli obblighi degli Stati membri sussistono solo in quanto compatibili con gli accordi internazionali esistenti.

6. La Commissione formula, fin dalla prima tappa, raccomandazioni in merito alle modalità e al ritmo da seguire nell'attuazione del riordinamento di cui al presente articolo.

Titolo II

Agricoltura

38. 1. Il mercato comune comprende l'agricoltura e il commercio dei prodotti agricoli. Per prodotti agricoli si intendono i prodotti del suolo, dell'allevamento e della pesca, come pure i prodotti di prima trasformazione che sono in diretta connessione con tali prodotti.

2. Salvo contrarie disposizioni degli articoli da 39 a 46 inclusi, le norme previste per l'instaurazione del mercato comune sono applicabili ai prodotti agricoli.

3. I prodotti cui si applicano le disposizioni degli articoli da 39 a 46 inclusi sono enumerati nell'elenco che costituisce l'allegato II del presente trattato. Tuttavia, nel termine di due anni a decorrere dall'entrata in vigore del trattato, il Consiglio, su proposta della Commissione, decide a maggioranza qualificata circa i prodotti che devono essere aggiunti a tale elenco.

4. Il funzionamento e lo sviluppo del mercato comune per i prodotti agricoli devono essere accompagnati dall'instaurazione di una politica agricola comune degli Stati membri.

39. 1. Le finalità della politica agricola comune sono:

a) incrementare la produttività dell'agricoltura, sviluppando il progresso tecnico, assicurando lo sviluppo razionale della produzione agricola come pure un impiego migliore dei fattori di produzione, in particolare della mano d'opera;

b) assicurare così un tenore di vita equo alla popolazione agricola, grazie in particolare al miglioramento del reddito individuale di coloro che lavorano nell'agricoltura;

c) stabilizzare i mercati;

d) garantire la sicurezza degli approvvigionamenti;

e) assicurare prezzi ragionevoli nelle consegne ai consumatori.

2. Nell'elaborazione della politica agricola comune e dei metodi speciali che questa può implicare, si dovrà considerare:

a) il carattere particolare dell'attività agricola che deriva dalla struttura sociale dell'agricoltura e dalle disparità strutturali e naturali fra le diverse regioni agricole;

b) la necessità di operare gradatamente gli opportuni adattamenti;

c) il fatto che, negli Stati membri, l'agricoltura costituisce un settore intimamente connesso all'insieme dell'economia.

40. 1. Gli Stati membri sviluppano gradatamente la politica agricola comune durante il periodo transitorio e la instaurano al più tardi alla fine di tale periodo.

2. Per raggiungere gli obiettivi previsti dall'articolo 39, sarà creata una organizzazione comune dei mercati agricoli.

A seconda dei prodotti, tale organizzazione assume una delle forme qui sotto specificate:

a) regole comuni in materia di concorrenza;

b) un coordinamento obbligatorio delle diverse organizzazioni nazionali del mercato;

c) una organizzazione europea del mercato.

3. L'organizzazione comune in una delle forme indicate al paragrafo 2 può comprendere tutte le misure necessarie al raggiungimento degli obiettivi definiti all'articolo 39, e in particolare regolamentazioni dei prezzi, sovvenzioni sia alla produzione che alla distribuzione dei diversi prodotti, sistemi per la costituzione di scorte e per il riporto, meccanismi comuni di stabilizzazione all'importazione o all'esportazione.

Essa deve limitarsi a perseguire gli obiettivi enunciati nell'articolo 39 e deve escludere qualsiasi discriminazione fra produttori o consumatori della Comunità.

Un'eventuale politica comune dei prezzi deve essere basata su criteri comuni e su metodi di calcolo uniformi.

4. Per consentire all'organizzazione comune di cui al paragrafo 2 di raggiungere i suoi obiettivi, potranno essere creati uno o più fondi agricoli d'orientamento e di garanzia.

41. Per consentire il raggiungimento degli obiettivi definiti dall'articolo 39, può essere in particolare previsto nell'ambito della politica agricola comune:

a) un coordinamento efficace degli sforzi intrapresi nei settori della formazione professionale, della ricerca e della divulgazione dell'agronomia, che possono comportare progetti o istituzioni finanziate in comune;

b) azioni comuni per lo sviluppo del consumo di determinati prodotti.

42. Le disposizioni del capo relativo alle regole di concorrenza sono applicabili alla produzione e al commercio dei prodotti agricoli soltanto nella misura determinata dal Consiglio, nel quadro delle disposizioni e conformemente alla procedura di cui all'articolo 43, paragrafi 2 e 3, avuto riguardo agli obiettivi enunciati nell'articolo 39.

Il Consiglio può in particolare autorizzare la concessione di aiuti:

a) per la protezione delle aziende sfavorite da condizioni strutturali o naturali;

b) nel quadro di programmi di sviluppo economico.

43. 1. Per tracciare le linee direttrici di una politica agricola comune, la Commissione convoca, non appena entrato in vigore il trattato, una conferenza degli Stati membri per procedere al raffronto delle loro politiche agricole, stabilendo in particolare il bilancio delle loro risorse e dei loro bisogni.

2. La Commissione, avuto riguardo ai lavori della conferenza prevista al paragrafo 1, dopo aver consultato il Comitato economico e sociale, presenta, nel termine di due anni a decorrere dall'entrata in vigore del trattato, delle proposte in merito all'elaborazione e all'attuazione della politica agricola comune, ivi compresa la sostituzione alle organizzazioni nazionali di una delle forme d'organizzazione comune previste dall'articolo 40,

paragrafo 2, come pure l'attuazione delle misure specificate nel presente titolo.

Tali proposte devono tener conto dell'interdipendenza delle questioni agricole menzionate nel presente titolo.

Su proposta della Commissione, previa consultazione del Parlamento europeo, il Consiglio, deliberando all'unanimità durante le due prime tappe e a maggioranza qualificata in seguito, stabilisce regolamenti o direttive, oppure prende decisioni, senza pregiudizio delle raccomandazioni che potrebbe formulare.

3. L'organizzazione comune prevista dall'articolo 40, paragrafo 2, può essere sostituita alle organizzazioni nazionali del mercato, alle condizioni previste dal paragrafo precedente, dal Consiglio, che delibera a maggioranza qualificata:

a) quando l'organizzazione comune offra agli Stati membri che si oppongono alla decisione e dispongono essi stessi di una organizzazione nazionale per la produzione di cui trattasi garanzie equivalenti per l'occupazione ed il tenore di vita dei produttori interessati, avuto riguardo al ritmo degli adattamenti possibili e delle specializzazioni necessarie, e

b) quando tale organizzazione assicuri agli scambi all'interno della Comunità condizioni analoghe a quelle esistenti in un mercato nazionale.

4. Qualora un'organizzazione comune venga creata per talune materie prime senza che ancora esista un'organizzazione comune per i prodotti di trasformazione corrispondenti, le materie prime di cui trattasi, utilizzate per i prodotti di trasformazione destinati all'esportazione verso i paesi terzi, possono essere importate dall'esterno della Comunità.

44. 1. Nel corso del periodo transitorio, sempreché la progressiva abolizione dei dazi doganali e delle restrizioni quantitative tra gli Stati membri sia suscettibile di condurre a prezzi tali da compromettere gli obiettivi fissati dall'articolo 39, ciascuno Stato membro ha facoltà di applicare per determinati prodotti, in modo non discriminatorio e in sostituzione dei contingentamenti, in misura che non ostacoli l'espandersi del volume degli scambi previsti dall'articolo 45, paragrafo 2, un sistema di prezzi minimi al disotto dei quali le importazioni possono essere:

— temporaneamente sospese o ridotte;

— ovvero sottoposte alla clausola che tali importazioni avvengano a un prezzo superiore al prezzo minimo fissato per il prodotto in questione.

Nel secondo caso, i prezzi minimi sono fissati a prescindere dai dazi doganali.

2. I prezzi minimi non devono avere per effetto una riduzione degli scambi esistenti fra gli Stati membri al momento dell'entrata in vigore del presente trattato, né ostacolare un progressivo estendersi di questi scambi. I prezzi minimi non devono essere applicati in modo da ostacolare lo sviluppo di una preferenza naturale tra gli Stati membri.

3. Non appena entrato in vigore il presente trattato, il Consiglio, su proposta della Commissione, definisce dei criteri obiettivi per l'instaurazione di sistemi di prezzi minimi e per la fissazione di questi prezzi.

Tali criteri tengono particolarmente conto dei costi nazionali medi nello Stato membro che applica il prezzo minimo, della situazione delle diverse imprese in riguardo a questi costi medi e parimenti della necessità di promuovere il graduale miglioramento dello sfruttamento agricolo e gli adattamenti e specializzazioni necessari all'interno del mercato comune.

La Commissione propone egualmente una procedura di revisione di tali criteri, per tener conto del progresso tecnico e renderlo più celere nonché per ravvicinare progressivamente i prezzi all'interno del mercato comune.

Questi criteri, come pure la procedura di revisione, devono essere determinati all'unanimità dal Consiglio nel corso dei primi tre anni successivi all'entrata in vigore del presente trattato.

4. Fino a quando non abbia effetto la decisione del Consiglio, i prezzi minimi potranno essere fissati dagli Stati membri, a condizione d'informarne preventivamente la Commissione e gli altri Stati membri, per consentire loro di presentare le proprie osservazioni.

Una volta presa la decisione del Consiglio, i prezzi minimi vengono fissati dagli Stati membri in base ai criteri stabiliti alle condizioni di cui sopra.

Su proposta della Commissione, il Consiglio, che delibera a maggioranza qualificata, può rettificare le decisioni prese quando non siano conformi ai criteri così definiti.

5. A decorrere dall'inizio della terza tappa e qualora non fosse stato ancora possibile stabilire per determinati prodotti i criteri obiettivi precitati, il Consiglio, deliberando a maggioranza qualificata su proposta della Commissione, può modificare i prezzi minimi applicati a questi prodotti.

6. Alla fine del periodo transitorio, si procede a una rilevazione dei prezzi minimi ancora esistenti. Il Consiglio, deliberando su proposta della Commissione a maggioranza di 9 voti secondo la ponderazione prevista dall'articolo 148, paragrafo 2, primo comma, fissa il regime da applicare nel quadro della politica agricola comune.

45. 1. In attesa che una delle forme di organizzazione comune previste dall'articolo 40, paragrafo 2, sia sostituita alle organizzazioni nazionali e per i prodotti nei riguardi dei quali esistano in taluni Stati membri:

— disposizioni intese ad assicurare ai produttori nazionali lo smercio della loro produzione, e

— bisogni d'importazione,

lo sviluppo degli scambi è perseguito mediante la conclusione di accordi o contratti a lungo termine tra Stati membri esportatori e importatori.

Tali accordi o contratti devono tendere progressivamente a eliminare qualsiasi discriminazione nell'applicazione di tali disposizioni ai differenti produttori della Comunità.

La conclusione di questi accordi o contratti interviene nel corso della prima tappa; si tiene conto del principio di reciprocità.

2. Per quanto riguarda i quantitativi, tali accordi o contratti prendono come base il volume medio degli scambi fra gli Stati membri per i prodotti in questione durante i tre anni precedenti l'entrata in vigore del presente trattato e prevedendo un incremento di tale volume nei limiti dei bisogni esistenti, avuto riguardo alle correnti commerciali tradizionali.

Per quanto riguarda i prezzi, tali accordi e contratti consentono ai produttori di esitare i quantitativi convenuti a prezzi che gradatamente si accostano ai prezzi pagati ai produttori nazionali sul mercato interno del paese compratore.

Tale ravvicinamento deve avvenire nel modo più regolare possibile e dev'essere completato al più tardi alla fine del periodo transitorio.

I prezzi sono negoziati fra le parti interessate, nel quadro delle direttive stabilite dalla Commissione per l'applicazione dei due precedenti commi.

In caso di prolungamento della prima tappa, l'esecuzione degli accordi o contratti continua alle condizioni applicabili alla fine del quarto anno dall'entrata in vigore del presente trattato, mentre gli obblighi relativi all'accrescimento dei quantitativi e al ravvicinamento dei prezzi restano sospesi fino al passaggio alla seconda tappa.

Gli Stati membri fanno appello a tutte le possibilità loro offerte dalle proprie disposizioni legislative, specialmente in materia di politica d'importazione, allo scopo d'assicurare la conclusione e l'esecuzione degli accordi o contratti in questione.

3. Nella misura in cui gli Stati membri necessitano di materie prime per la fabbricazione di prodotti destinati a essere esportati all'esterno della Comunità in concorrenza con i prodotti di paesi terzi, detti accordi o contratti non possono essere di ostacolo alle importazioni di materie prime all'uopo effettuate in provenienza da paesi terzi. Tuttavia tale disposizione non è applicabile se il Consiglio decide all'unanimità di concedere i versamenti necessari a compensare il margine di prezzo pagato in più per importazioni effettuate a tal fine in base a detti accordi o contratti, rispetto ai prezzi franco consegna delle stesse forniture acquistate sul mercato mondiale.

46. Quando in uno Stato membro un prodotto è disciplinato da una organizzazione nazionale del mercato o da qualsiasi regolamentazione interna di effetto equivalente che sia pregiudizievole alla concorrenza di una produzione similare in un altro Stato membro, gli Stati membri applicano al prodotto in questione in provenienza dallo Stato membro ove sussista l'organizzazione ovvero la regolamentazione suddetta una tassa di compensazione all'entrata, salvo che tale Stato non applichi una tassa di compensazione all'esportazione.

La Commissione fissa l'ammontare di tasse nella misura necessaria a ristabilire l'equilibrio; essa può ugualmente autorizzare il ricorso ad altre misure di cui determina le condizioni e modalità.

47. Per quanto attiene alle funzioni che il Comitato economico e sociale deve svolgere in applicazione del presente titolo, la sezione dell'agricoltura è incaricata di tenersi a disposizione della Commissione per preparare le deliberazioni del Comitato conformemente alle disposizioni degli articoli 197 e 198.

Titolo III

Libera circolazione delle persone, dei servizi e dei capitali

Capo I

I lavoratori

48. 1. La libera circolazione dei lavoratori all'interno della Comunità è assicurata al più tardi al termine del periodo transitorio.

2. Essa implica l'abolizione di qualsiasi discriminazione, fondata sulla nazionalità, tra i lavoratori degli Stati membri, per quanto riguarda l'impiego, la retribuzione e le altre condizioni di lavoro.

3. Fatte salve le limitazioni giustificate da motivi di ordine pubblico, pubblica sicurezza e sanità pubblica, essa importa il diritto:

a) di rispondere a offerte di lavoro effettive;

b) di spostarsi liberamente a tal fine nel territorio degli Stati membri;

c) di prendere dimora in uno degli Stati membri al fine di svolgervi un'attività di lavoro, conformemente alle disposizioni legislative, regolamentari e amministrative che disciplinano l'occupazione dei lavoratori nazionali;

d) di rimanere, a condizioni che costituiranno l'oggetto di regolamenti di applicazione stabiliti dalla Commissione, sul territorio di uno Stato membro, dopo aver occupato un impiego.

4. Le disposizioni del presente articolo non sono applicabili agli impieghi nella pubblica amministrazione.

49. 1. Fin dall'entrata in vigore del presente Trattato, il Consiglio, deliberando in conformità della procedura di cui all'articolo 189 B e previa consultazione del Comitato economico e sociale, stabilisce, mediante direttive o regolamenti, le misure necessarie per attuare progressivamente la libera circolazione dei lavoratori, quale è definita dall'articolo 48, in particolare (1):

a) assicurando una stretta collaborazione tra le amministrazioni nazionali del lavoro;

b) eliminando, in base a un piano progressivo, quelle procedure e pratiche amministrative, come anche i termini per l'accesso agli impieghi disponibili, contemplati dalla legislazione interna ovvero da accordi conclusi in precedenza tra gli Stati membri, il cui mantenimento sarebbe d'ostacolo alla liberalizzazione dei movimenti dei lavoratori;

c) abolendo, in base a un piano progressivo, tutti i termini e le altre restrizioni previste dalle legislazioni interne ovvero da accordi conclusi in precedenza tra gli Stati membri, che impongano ai lavoratori degli altri Stati membri, in ordine alla libera scelta di un lavoro, condizioni diverse da quelle stabilite per i lavoratori nazionali;

d) istituendo meccanismi idonei a mettere in contatto le offerte e le domande di lavoro e a facilitarne l'equilibrio a condizioni che evitino di compromettere gravemente il tenore di vita e il livello dell'occupazione nelle diverse regioni e industrie.

---

(1) Capoverso così sostituito dal Trattato sull'Unione Europea.

50. Gli Stati membri favoriscono, nel quadro di un programma comune, gli scambi di giovani lavoratori.

51. Il Consiglio, con deliberazione unanime su proposta della Commissione, adotta in materia di sicurezza sociale le misure necessarie per l'instaurazione della libera circolazione dei lavoratori, attuando in particolare un sistema che consenta di assicurare ai lavoratori migranti e ai loro aventi diritto:

a) il cumulo di tutti i periodi presi in considerazione dalle varie legislazioni nazionali, sia per il sorgere e la conservazione del diritto alle prestazioni sia per il calcolo di queste;

b) il pagamento delle prestazioni alle persone residenti nei territori degli Stati membri.

CAPO II

Il diritto di stabilimento

52. Nel quadro delle disposizioni che seguono, le restrizioni alla libertà di stabilimento dei cittadini di uno Stato membro nel territorio di un altro Stato membro vengono gradatamente soppresse durante il periodo transitorio. Tale graduale soppressione si estende altresì alle restrizioni relative all'apertura di agenzie, succursali o filiali, da parte dei cittadini di uno Stato membro stabiliti sul territorio di uno Stato membro.

La libertà di stabilimento importa l'accesso alle attività non salariate e al loro esercizio, nonché la costituzione e la gestione di imprese e in particolare di società ai sensi dell'art. 58, secondo comma, alle condizioni definite dalla legislazione del paese di stabilimento nei confronti dei propri cittadini, fatte salve le disposizioni del capo relativo ai capitali.

53. Gli Stati membri non introducono nuove restrizioni allo stabilimento nel loro territorio dei cittadini degli altri Stati membri, fatte salve le disposizioni contemplate dal presente Trattato.

54. 1. Entro la fine della prima tappa, il Consiglio stabilisce all'unanimità, su proposta della Commissione e previa consultazione del Comitato economico e sociale e del Parlamento europeo, un programma generale per la soppressione delle restrizioni alla libertà di stabilimento esistenti all'interno della Comunità. La Commissione sottopone tale proposta al Consiglio nel corso del primo biennio della prima tappa.

Il programma fissa, per le singole categorie di attività, le condizioni generali per l'attuazione della libertà di stabilimento e in particolare le tappe di tale attuazione.

2. Per realizzare il programma generale ovvero, in mancanza di tale programma, per portare a compimento una tappa dell'attuazione della libertà di stabilimento in una determinata attività, il Consiglio, in conformità della procedura di cui all'articolo 189 B e previa consultazione del Comitato economico e sociale, delibera, mediante direttive (1).

3. Il Consiglio e la Commissione esercitano le funzioni loro attribuite in virtù delle disposizioni che precedono, in particolare:

a) trattando, in generale, con precedenza le attività per le quali la libertà di stabilimento costituisce un contributo particolarmente utile all'incremento della produzione e degli scambi;

b) assicurando una stretta collaborazione tra le amministrazioni nazionali competenti al fine di conoscere le situazioni particolari all'interno della Comunità delle diverse attività interessate;

c) sopprimendo quelle procedure e pratiche amministrative contemplate dalla legislazione interna ovvero da accordi precedentemente conclusi tra gli Stati membri, il cui mantenimento sarebbe di ostacolo alla libertà di stabilimento;

d) vigilando a che i lavoratori salariati di uno degli Stati membri, occupati nel territorio di un altro Stato membro, possano quivi rimanere per intraprendere una attività non salariata, quando soddisfino alle condizioni che sarebbero loro richieste se entrassero in quello Stato nel momento in cui desiderano accedere all'attività di cui trattasi;

e) rendendo possibile l'acquisto e lo sfruttamento di proprietà fondiarie situate nel territorio di uno Stato membro da parte di un cittadino di un altro Stato membro, sempreché non siano lesi i principi stabiliti dall'art. 39, paragrafo 2;

f) applicando la graduale soppressione delle restrizioni relative alla libertà di stabilimento in ogni ramo di attività considerato, da una parte alle condizioni per l'apertura di agenzie, succursali o filiali sul territorio di uno Stato membro e, dall'altra, alle condizioni di ammissione del personale della sede principale negli organi di gestione o di controllo di queste ultime;

g) coordinando, nella necessaria misura e al fine di renderle equivalenti, le garanzie che sono richieste, negli Stati membri, alle società, a mente dell'art. 58 secondo comma, per proteggere gli interessi tanto dei soci, come dei terzi;

h) accertandosi che le condizioni di stabilimento non vengano alterate mediante aiuti concessi dagli Stati membri.

---

(1) Comma così sostituito dal Trattato sull'Unione Europea.

55. Sono escluse dall'applicazione delle disposizioni del presente capo, per quanto riguarda lo Stato membro interessato, le attività che in tale Stato partecipino, sia pure occasionalmente, all'esercizio dei pubblici poteri.

Il Consiglio, deliberando a maggioranza qualificata su proposta della Commissione, può escludere talune attività dall'applicazione delle disposizioni del presente capo.

56. 1. Le prescrizioni del presente capo e le misure adottate in virtù di queste ultime lasciano impregiudicata l'applicabilità delle disposizioni legislative, regolamentari e amministrative che prevedano un regime particolare per i cittadini stranieri e che siano giustificate da motivi d'ordine pubblico, di pubblica sicurezza e di sanità pubblica.

2. Prima dello scadere del periodo transitorio, il Consiglio, deliberando all'unanimità su proposta della Commissione e previa consultazione del Parlamento europeo, stabilisce direttive per il coordinamento delle suddette disposizioni legislative, regolamentari e amministrative. Tuttavia, dopo la fine della seconda tappa, il Consiglio, deliberando in conformità della procedura di cui all'articolo 189 B, stabilisce le direttive per il coordinamento delle disposizioni che, in ogni Stato membro, rientrano nel campo regolamentare o amministrativo (1).

---

(1) Paragrafo così modificato dal Trattato sull'Unione Europea.

57. 1. Al fine di agevolare l'accesso alle attività non salariate e l'esercizio di queste, il Consiglio, deliberando in conformità della procedura di cui all'articolo 189 B, stabilisce direttive intese al reciproco riconoscimento dei diplomi, certificati e altri titoli.

2. In ordine alle stesse finalità, il Consiglio stabilisce, prima della scadenza del periodo transitorio, le direttive intese al coordinamento delle disposizioni legislative, regolamentari e amministrative degli Stati membri relative all'accesso alle attività non salariate e all'esercizio di queste. Il Consiglio delibera all'unanimità, su proposta della Commissione e previa consultazione del Parlamento Europeo, per quelle direttive la cui esecuzione, in uno Stato membro almeno, comporti una modifica dei vigenti principi legislativi del regime delle professioni, per quanto riguarda la formazione e le condizioni di accesso delle persone fisiche. Negli altri casi il Consiglio delibera in conformità della procedura di cui all'articolo 189 B.

3. Per quanto riguarda le professioni mediche, paramediche e farmaceutiche, la graduale soppressione delle restrizioni sarà subordinata al coordinamento delle condizioni richieste per il loro esercizio nei singoli Stati membri (1).

---

(1) Articolo così sostituito dal Trattato sull'Unione Europea.

58. Le società costituite conformemente alla legislazione di uno Stato membro e aventi la sede sociale, l'amministrazione centrale o il centro di attività principale all'interno della Comunità, sono equiparate, ai fini dell'applicazione delle disposizioni del presente capo, alle persone fisiche aventi la cittadinanza degli Stati membri.

Per società si intendono le società di diritto civile o di diritto commerciale, ivi comprese le società cooperative, e le altre persone giuridiche contemplate dal diritto pubblico o privato, ad eccezione delle società che non si prefiggono scopi di lucro.

Capo III

I servizi

59. Nel quadro delle disposizioni seguenti, le restrizioni alla libera prestazione dei servizi all'interno della Comunità sono gradatamente soppresse durante il periodo transitorio nei confronti dei cittadini degli Stati membri stabiliti in un paese della Comunità che non sia quello del destinatario della prestazione.

Il Consiglio, deliberando a maggioranza qualificata su proposta della Commissione, può estendere il beneficio delle disposizioni del presente capo ai prestatori di servizi cittadini di un paese terzo e stabiliti all'interno della Comunità (1).

---

(1) Comma così modificato dall'art. 16, paragrafo 3 dell'Atto unico europeo.

60. Ai sensi del presente Trattato, sono considerate come servizi le prestazioni fornite normalmente dietro retribuzione, in quanto non siano regolate dalle disposizioni relative alla libera circolazione delle merci, dei capitali e delle persone.

I servizi comprendono in particolare:

a) attività di carattere industriale,

b) attività di carattere commerciale,

c) attività artigiane,

d) le attività delle libere professioni.

Senza pregiudizio delle disposizioni del capo relativo al diritto di stabilimento, il prestatore può, per l'esecuzione della sua prestazione, esercitare, a titolo temporaneo, la sua attività nel paese ove la prestazione è fornita, alle stesse condizioni imposte dal paese stesso ai propri cittadini.

61. 1. La libera circolazione dei servizi, in materia di trasporti, è regolata dalle disposizioni del titolo relativo ai trasporti.

2. La liberalizzazione dei servizi delle banche e delle assicurazioni che sono vincolati a movimenti di capitale deve essere attuata in armonia con la liberalizzazione progressiva della circolazione dei capitali.

62. Gli Stati membri non introducono nuove restrizioni alla libertà effettivamente raggiunta, per quanto riguarda la prestazione dei servizi, al momento dell'entrata in vigore del presente Trattato, fatte salve le disposizioni di quest'ultimo.

63. 1. Entro la fine della prima tappa, il Consiglio stabilisce all'unanimità, su proposta della Commissione e previa consultazione del Comitato economico e sociale e del Parlamento europeo, un programma generale per la soppressione delle restrizioni esistenti all'interno della Comunità relative alla libera prestazione dei servizi. La Commissione sottopone tale proposta al Consiglio nel corso del primo biennio della prima tappa.

Il programma fissa, per le singole categorie di servizi, le condizioni generali e le tappe della loro liberalizzazione.

2. Per attuare il programma generale ovvero, in mancanza di tale programma, per realizzare una tappa della liberalizzazione di un determinato servizio, il Consiglio, su proposta della Commissione e previa consultazione del Comitato economico e sociale e del Parlamento europeo, stabilisce direttive, deliberando all'unanimità fino al termine della prima tappa, e a maggioranza qualificata in seguito.

3. Nelle proposte e decisioni contemplate dai paragrafi 1 e 2 sono in generale considerati con priorità i servizi che intervengono in modo diretto nei costi di produzione, ovvero la cui liberalizzazione contribuisce a facilitare gli scambi di merci.

64. Gli Stati membri si dichiarano disposti a procedere alla liberalizzazione dei servizi in misura superiore a quella obbligatoria in virtù delle direttive stabilite in applicazione dell'art. 3, paragrafo 2, quando ciò sia loro consentito dalla situazione economica generale e dalla situazione del settore interessato.

La Commissione rivolge a tal fine raccomandazioni agli Stati membri interessati.

65. Fino a quando non saranno soppresse le restrizioni alla libera prestazione dei servizi, ciascuno degli Stati membri le applica senza distinzione di nazionalità o di residenza a tutti i prestatori di servizi contemplati dall'art. 59, primo comma.

66. Le disposizioni degli articoli da 55 a 58 inclusi sono applicabili alla materia regolata dal presente capo.

Capo IV

Capitali e pagamenti (1)

(1) Titolo così sostituito dal Trattato sull'Unione Europea.

67. (1) 1. Gli Stati membri sopprimono gradatamente fra loro, durante il periodo transitorio e nella misura necessaria al buon funzionamento del mercato comune, le restrizioni ai movimenti dei capitali appartenenti a persone residenti negli Stati membri, e parimenti le discriminazioni di trattamento fondate sulla nazionalità o la residenza delle parti, o sul luogo del collocamento dei capitali.

2. I pagamenti correnti che concernono i movimenti di capitale fra gli Stati membri sono liberati da qualsiasi restrizione al più tardi entro la fine della prima tappa.

(1) Gli articoli da 67 a 73 sono sostituiti, a decorrere dal 1° gennaio 1994, dagli articoli da 73 B a 73 G come previsto dall'art. 73 A introdotto dal Trattato sull'Unione Europea.

68. 1. Gli Stati membri accordano con la maggiore liberalità possibile, nelle materie contemplate dal presente capo, le autorizzazioni di cambio, nella misura in cui queste sono ancora necessarie dopo l'entrata in vigore del presente Trattato.

2. Quando uno Stato membro applica ai movimenti dei capitali, liberalizzati in conformità alle disposizioni del presente capo, la sua disciplina interna relativa al mercato dei capitali e al credito, deve agire in modo non discriminatorio.

3. I prestiti destinati a finanziare direttamente o indirettamente uno Stato membro o i suoi enti locali possono essere emessi o collocati negli altri Stati membri soltanto a condizione che gli Stati interessati si siano accordati in proposito. Tale disposizione lascia impregiudicata l'applicazione dell'art. 22 del Protocollo sullo Statuto della Banca europea per gli investimenti.

69. Il Consiglio, deliberando su proposta della Commissione che all'uopo consulta il Comitato monetario di cui all'art. 105, stabilisce, all'unanimità nel corso delle due prime tappe e a maggioranza qualificata in seguito, le direttive necessarie alla progressiva attuazione delle disposizioni dell'art. 67.

70. 1. Per quanto attiene ai movimenti di capitale fra gli Stati membri e i paesi terzi, la Commissione propone al Consiglio le misure intese al coordinamento progressivo delle politiche degli Stati membri in materia di cambio. A tal riguardo, il Consiglio stabilisce a maggioranza qualificata delle direttive, procurando di raggiungere il più alto grado possibile di liberalizzazione. L'unanimità è necessaria per le misure che costituiscono un regresso in materia di liberalizzazione dei movimenti di capitali (1).

2. Qualora l'azione intrapresa in applicazione del paragrafo precedente non consenta di eliminare le divergenze fra le regolamentazioni di cambio degli Stati membri e che tali divergenze inducano le persone residenti in uno degli Stati membri a servirsi delle facilitazioni di trasferimento all'interno della Comunità, quali sono previste dall'art. 67, allo scopo di eludere le norme regolamentari di uno degli Stati membri nei riguardi dei paesi terzi, questo Stato può, previa consultazione degli altri Stati membri e della Commissione, adottare le misure idonee per eliminare tali difficoltà.

Se il Consiglio constata che tali misure restringono la libertà dei movimenti dei capitali all'interno della Comunità oltre quanto necessario ai fini del comma precedente, esso può decidere, a maggioranza qualificata su proposta della Commissione, che lo Stato interessato deve modificare o sopprimere tali misure.

---

(1) Comma così modificato dall'art. 16, paragrafo 4 dell'Atto unico europeo.

71. Gli Stati membri procurano di non introdurre all'interno della Comunità nuove restrizioni di cambio pregiudizievoli ai movimenti dei capitali ed ai pagamenti correnti relativi a tali movimenti e di non rendere più restrittive le regolamentazioni esistenti.

Essi si dichiarano disposti ad andare oltre il livello di liberalizzazione dei capitali previsto dagli articoli precedenti, nella misura in cui ciò sia loro consentito dalla situazione economica, in particolare dalla situazione della loro bilancia dei pagamenti.

La Commissione, previa consultazione del Comitato monetario, può rivolgere agli Stati membri raccomandazioni al riguardo.

72. Gli Stati membri comunicano alla Commissione i movimenti di capitale, a destinazione e in provenienza dai paesi terzi, di cui sono a conoscenza. La Commissione può rivolgere agli Stati membri i pareri che essa giudica opportuni in materia.

73. 1. Qualora dei movimenti di capitale provochino turbamenti nel funzionamento del mercato dei capitali di uno

Stato membro, la Commissione, previa consultazione del Comitato monetario, autorizza tale Stato ad adottare nel campo dei movimenti di capitale le misure di protezione di cui essa definisce le condizioni e le modalità.

L'autorizzazione può essere revocata e le condizioni e modalità modificate dal Consiglio, che delibera a maggioranza qualificata.

2. Tuttavia, lo Stato membro che si trova in difficoltà può adottare direttamente le misure summenzionate quando queste siano necessarie in ragione del carattere di segretezza o urgenza che rivestono. La Commissione e gli Stati membri ne devono essere informati al più tardi al momento dell'entrata in vigore delle misure stesse. In tal caso, la Commissione, previa consultazione del Comitato monetario, può decidere che lo Stato interessato deve modificare o sopprimere le misure di cui trattasi.

73 A. A decorrere dal 1° gennaio 1994 gli articoli da 67 a 73 sono sostituiti dagli articoli da 73 B a 73 G (1).

---

(1) Articolo aggiunto dal Trattato sull'Unione Europea.

73 B. 1. Nell'ambito delle disposizioni previste dal presente Capo sono vietate tutte le restrizioni ai movimenti di capitali tra Stati membri, nonché tra Stati membri e paesi terzi.

2. Nell'ambito delle disposizioni previste dal presente Capo sono vietate tutte le restrizioni sui pagamenti tra Stati membri, nonché tra Stati membri e paesi terzi (1).

---

(1) Articolo aggiunto dal Trattato sull'Unione Europea.

73 C. 1. Le disposizioni di cui all'articolo 73 B lasciano impregiudicata l'applicazione ai paesi terzi di qualunque restrizione in vigore alla data del 31 dicembre 1993 in virtù delle legislazioni nazionali o della legislazione comunitaria per quanto concerne i movimenti di capitali provenienti da paesi terzi o ad essi diretti, che implichino investimenti diretti, inclusi, gli investimenti in proprietà immobiliari, lo stabilimento, le prestazioni di servizi finanziari o l'ammissione di valori mobiliari nei mercati finanziari.

2. Nell'ambito degli sforzi volti a conseguire, nella maggior misura possibile e senza pregiudicare gli altri Capi del presente trattato, l'obiettivo della libera circolazione di capitali tra Stati membri e paesi terzi, il Consiglio, che delibera a maggioranza qualificata su proposta della Commissione, può adottare misure concernenti i movimenti di capitali provenienti da paesi terzi o ad essi diretti, in relazione a investimenti diretti, inclusi gli investimenti in proprietà immobiliari, lo stabilimento, la prestazione di servizi finanziari o l'ammissione di valori mobiliari nei mercati finanziari. È richiesta l'unanimità per le misure adottate ai sensi del presente paragrafo che comportino un regresso della legislazione comunitaria per quanto riguarda la liberalizzazione dei movimenti di capitali provenienti da paesi terzi o ad essi diretti (1).

---

(1) Articolo aggiunto dal Trattato sull'Unione Europea.

73 D. 1. Le disposizioni dell'articolo 73 B non pregiudicano il diritto degli Stati membri:

a) di applicare le pertinenti disposizioni della loro legislazione tributaria in cui si opera una distinzione tra i contribuenti che non si trovano nella medesima situazione per quanto riguarda il loro luogo di residenza o il luogo di collocamento del loro capitale;

b) di prendere tutte le misure necessarie per impedire le violazioni della legislazione e delle regolamentazioni nazionali, in particolare nel settore fiscale e in quello della vigilanza prudenziale sulle istituzioni finanziarie o di stabilire procedure per la dichiarazione dei movimenti di capitali a scopo di informazione amministrativa o statistica, o di adottare misure giustificate da motivi di ordine pubblico o di pubblica sicurezza.

2. Le disposizioni del presente Capo non pregiudicano l'applicabilità di restrizioni in materia di diritto di stabilimento compatibili con il presente trattato.

3. Le misure e le procedure di cui ai paragrafi 1 e 2 non devono costituire un mezzo di discriminazione arbitraria, né una restrizione dissimulata al libero movimento

dei capitali e die pagamenti di cui all'articolo 73 B (1).

(1) Articolo aggiunto dal Trattato sull'Unione Europea.

73 E. In deroga all'articolo 73 B, gli Stati membri che beneficiano alla data del 31 dicembre 1993 di una deroga sulla base del diritto comunitario vigente sono autorizzati a mantenere, al più tardi fino al 31 dicembre 1995, le restrizioni ai movimenti di capitali consentite dalle deroghe in questione vigenti alla prima data (1).

(1) Articolo aggiunto dal Trattato sull'Unione Europea.

73 F. Qualora, in circostanze eccezionali, i movimenti di capitali provenienti da paesi terzi o ad essi diretti causino o minaccino di causare difficoltà gravi per il funzionamento dell'Unione economica e monetaria, il Consiglio, deliberando a maggioranza qualificata su proposta della Commissione e previa consultazione della BCE, può prendere nei confronti di paesi terzi misure di salvaguardia di durata limitata, per un periodo non superiore a sei mesi, se strettamente necessarie (1).

(1) Articolo aggiunto dal Trattato sull'Unione Europea.

73 G. 1. Qualora, nei casi previsti all'articolo 228 A, sia ritenuta necessaria un'azione della Comunità, il Consiglio, in conformità della procedura di cui all'articolo 228 A, può adottare le misure urgenti necessarie in materia di movimenti di capitali e di pagamenti in relazione ai paesi terzi interessati.

2. Fatto salvo l'articolo 224 e fintantoché il Consiglio non abbia adottato misure secondo quanto disposto dal paragrafo 1, uno Stato membro può, per gravi ragioni politiche e per motivi di urgenza, adottare misure unilaterali nei confronti di un paese terzo per quanto concerne i movimenti di capitali e i pagamenti.

La Commissione e gli altri Stati membri sono informati di dette misure al più tardi alla data di entrata in vigore delle medesime.

Il Consiglio, deliberando a maggioranza qualificata su proposta della Commissione, può decidere che lo Stato membro interessato modifichi o revochi tali misure. Il Presidente del Consiglio informa il Parlamento europeo in merito ad ogni decisione presa dal Consiglio (1).

(1) Articolo aggiunto dal Trattato sull'Unione Europea.

73 H. Fino al 1° gennaio 1994 si applicano le seguenti disposizioni:

1) Ciascuno Stato membro si impegna ad autorizzare che vengano effettuati, nella valuta dello Stato membro nel quale risiede il creditore o il beneficiario, i pagamenti relativi agli scambi di merci, di servizi e di capitali, come anche i trasferimenti di capitali e di salari, nella misura in cui la circolazione delle merci, dei servizi, dei capitali e delle persone è liberalizzata tra gli Stati membri in applicazione del presente trattato.

Gli Stati membri si dichiarano disposti a procedere alla liberalizzazione dei loro pagamenti oltre quanto previsto dal comma precedente, nella misura in cui ciò sia ad essi consentito dalla loro situazione economica generale e, in particolare, dalla situazione della loro bilancia dei pagamenti.

2) Nella misura in cui gli scambi di merci e di servizi e i movimenti di capitale sono limitati unicamente a restrizioni sui relativi pagamenti, sono per analogia applicate, ai fini della graduale soppressione di tali restrizioni, le disposizioni del presente Capo che trattano dell'abolizione delle restrizioni quantitative e della liberalizzazione dei servizi.

3) Gli Stati membri si impegnano a non introdurre nei loro rapporti nuove restrizioni per i trasferimenti relativi alle transazioni invisibili enumerate nell'elenco di cui all'allegato III del presente trattato.

La graduale soppressione delle restrizioni esistenti si effettua conformemente alle disposizioni degli articoli da 63 a 65 inclusi, sempreché non sia disciplinata dalle disposizioni dei paragrafi 1 e 2 o dalle altre disposizioni del presente Capo.

4) Ove necessario, gli Stati membri si accordano sulle misure da adottare per rendere possibile la realizzazione dei pagamenti e trasferimenti di cui al presente articolo; tali misure non possono essere pregiudizievoli agli obiettivi enunciati nel presente trattato (1).

(1) Articolo aggiunto dal Trattato sull'Unione Europea.

TITOLO IV

I trasporti

74. Gli Stati membri perseguono gli obiettivi del trattato per quanto riguarda la materia disciplinata dal presente titolo, nel quadro di una politica comune dei trasporti.

75. 1. Ai fini dell'applicazione dell'articolo 74 e avuto riguardo agli aspetti peculiari dei trasporti, il Consiglio, deliberando in conformità della procedura di cui all'articolo 189 C e previa consultazione del Comitato economico e sociale, stabilisce:

a) norme comuni applicabili ai trasporti internazionali in partenza dal territorio di uno Stato membro o a destinazione di questo, o in transito sul territorio di uno o più Stati membri;

b) le condizioni per l'ammissione di vettori non residenti ai trasporti nazionali in uno Stato membro;

c) le misure atte a migliorare la sicurezza dei trasporti;

d) ogni altra utile disposizione.

2. Le disposizioni di cui alle lettere *a)* e *b)* del paragrafo 1 sono stabilite durante il periodo transitorio.

3. In deroga alla procedura prevista al paragrafo 1, le disposizioni riguardanti i principi del regime dei trasporti e la cui applicazione potrebbe gravemente pregiudicare il tenore di vita e l'occupazione in talune regioni, come pure l'uso delle attrezzature relative ai trasporti, sono stabilite dal Consiglio, che delibera all'unanimità su proposta della Commissione e previa consultazione del Parlamento europeo e del Comitato economico e sociale, avuto riguardo alla necessità di un adattamento allo sviluppo economico determinato dall'instaurazione del mercato comune (1).

---

(1) Articolo così sostituito dal Trattato sull'Unione Europea.

76. Fino a che non siano emanate le disposizioni di cui all'articolo 75, paragrafo 1, e salvo accordo unanime del Consiglio, nessuno degli Stati membri può rendere meno favorevoli, nei loro effetti diretti o indiretti nei confronti dei vettori degli altri Stati membri rispetto ai vettori nazionali, le varie disposizioni che disciplinano la materia all'entrata in vigore del presente trattato.

77. Sono compatibili con il presente trattato gli aiuti richiesti dalle necessità del coordinamento dei trasporti ovvero corrispondenti al rimborso di talune servitù inerenti alla nozione di pubblico servizio.

78. Qualsiasi misura in materia di prezzi e condizioni di trasporto, adottata nell'ambito del presente trattato, deve tener conto della situazione economica dei vettori.

79. 1. Entro e non oltre il termine della seconda tappa, devono essere abolite, nel traffico interno della Comunità, le discriminazioni consistenti nell'applicazione, da parte di un vettore, di prezzi e condizioni di trasporto differenti per le stesse merci e per le stesse relazioni di traffico e fondate sul paese d'origine o di destinazione dei prodotti trasportati.

2. Il paragrafo 1 non esclude che il Consiglio possa adottare altre misure in applicazione dell'articolo 75, paragrafo 1.

3. Il Consiglio, con deliberazione a maggioranza qualificata, stabilisce, entro due anni dall'entrata in vigore del presente trattato, su proposta della Commissione e previa consultazione del Comitato economico e sociale, una regolamentazione intesa a garantire l'attuazione delle disposizioni del paragrafo 1.

Esso può prendere in particolare le disposizioni necessarie a permettere alle istituzioni della Comunità di controllare l'osservanza della norma enunciata dal paragrafo 1 e ad assicurarne l'intero beneficio agli utenti.

4. La Commissione, di sua iniziativa o a richiesta di uno Stato membro, esamina i casi di discriminazioni contemplati dal paragrafo 1 e, dopo aver consultato ogni Stato membro interessato, prende le necessarie decisioni, nel quadro della regolamentazione stabilita conformemente alle disposizioni del paragrafo 3.

80. 1. A decorrere dall'inizio della seconda tappa, è fatto divieto a uno Stato membro di imporre ai trasporti effettuati all'interno della Comunità l'applicazione di prezzi e condizioni che importino qualsiasi elemento di sostegno o di protezione nell'interesse di una o più imprese o industrie particolari, salvo quando tale applicazione sia autorizzata dalla Commissione.

2. La Commissione, di propria iniziativa o a richiesta di uno Stato membro, esamina i prezzi e condizioni di cui al paragrafo 1, avendo particolare riguardo, da una parte, alle esigenze di una politica economica regionale adeguata, alle necessità delle regioni sottosviluppate e ai problemi delle regioni che abbiano gravemente risentito di circostanze politiche e d'altra parte all'incidenza di tali prezzi e condizioni sulla concorrenza tra i modi di trasporto.

Dopo aver consultato tutti gli Stati membri interessati, la Commissione prende le necessarie decisioni.

3. Il divieto di cui al paragrafo 1 non colpisce le tariffe concorrenziali.

81. Le tasse o canoni che, a prescindere dai prezzi di trasporto, sono percepiti da un vettore al passaggio delle frontiere non debbono superare un livello ragionevole, avuto riguardo alle spese reali effettivamente determinate dal passaggio stesso.

Gli Stati membri procurano di ridurre progressivamente le spese in questione.

La Commissione può svolgere raccomandazioni agli Stati membri ai fini dell'applicazione del presente articolo.

82. Le disposizioni del presente titolo non ostano alle misure adottate nella Repubblica federale di Germania, sempreché tali misure siano necessarie a compensare gli svantaggi economici cagionati dalla divisione della Germania all'economia di talune regioni della Repubblica federale che risentono di tale divisione.

83. Presso la Commissione è istituito un comitato a carattere consultivo, composto di esperti designati dai governi degli Stati membri. La Commissione lo consulta in materia di trasporti, ogni qualvolta lo ritenga utile, restando impregiudicate le attribuzioni della sezione dei trasporti del Comitato economico e sociale.

84. 1. Le disposizioni del presente titolo si applicano ai trasporti ferroviari, su strada e per vie navigabili.

2. Il Consiglio, con deliberazione a maggioranza qualificata, potrà decidere se, in quale misura e con quale procedura potranno essere prese opportune disposizioni per la navigazione marittima e aerea (1).

Le disposizioni di procedura di cui all'articolo 75, paragrafi 1 e 3, sono applicabili (2).

---

(1) Paragrafo così modificato dall'art. 16.5 Atto unico europeo.

(2) Comma aggiunto dall'art. 16.6 Atto unico europeo.

Titolo V (1)

Norme comuni sulla concorrenza, sulla fiscalità e sul ravvicinamento delle legislazioni

---

(1) Titolo così sostituito dal Trattato sull'Unione Europea.

Capo I

Regole di concorrenza

Sezione I

Regole applicabili alle imprese

85. 1. Sono incompatibili con il mercato comune e vietati tutti gli accordi tra imprese, tutte le decisioni di associazioni d'imprese e tutte le pratiche concordate che possano pregiudicare il commercio tra Stati membri e che abbiano per oggetto o per effetto di impedire, restringere o falsare il gioco della concorrenza all'interno del mercato comune ed in particolare quelli consistenti nel:

a) fissare direttamente o indirettamente i prezzi d'acquisto o di vendita ovvero altre condizioni di transazione;

b) limitare o controllare la produzione, gli sbocchi, lo sviluppo tecnico o gli investimenti;

c) ripartire i mercati o le fonti di approvvigionamento;

d) applicare, nei rapporti commerciali con gli altri contraenti, condizioni dissimili per prestazioni equivalenti, così da determinare per questi ultimi uno svantaggio nella concorrenza;

e) subordinare la conclusione di contratti all'accettazione da parte degli altri contraenti di prestazioni supplementari, che, per loro natura o secondo gli usi commerciali, non abbiano alcun nesso con l'oggetto dei contratti stessi.

2. Gli accordi o decisioni, vietati in virtù del presente articolo, sono nulli di pieno diritto.

3. Tuttavia, le disposizioni del paragrafo 1 possono essere dichiarate inapplicabili:

— a qualsiasi accordo o categoria di accordi fra imprese;

— a qualsiasi decisione o categoria di decisioni di associazioni d'imprese, e

— a qualsiasi pratica concordata o categoria di pratiche concordate che contribuiscano a migliorare la produzione o la distribuzione dei prodotti o a promuovere il progresso tecnico o economico, pur riservando agli utilizzatori una congrua parte dell'utile che ne deriva, ed evitando di:

a) imporre alle imprese interessate restrizioni che non siano indispensabili per raggiungere tali obiettivi;

b) dare a tali imprese la possibilità di eliminare la concorrenza per una parte sostanziale dei prodotti di cui trattasi.

86. È incompatibile con il mercato comune e vietato, nella misura in cui possa essere pregiudizievole al commercio tra Stati membri, lo sfruttamento abusivo da parte di una o più imprese di una posizione dominante sul mercato comune o su una parte sostanziale di questo.

Tali pratiche abusive possono consistere in particolare:

a) nell'imporre direttamente od indirettamente prezzi d'acquisto, di vendita od altre condizioni di transazione non eque;

b) nel limitare la produzione, gli sbocchi o lo sviluppo tecnico, a danno dei consumatori;

c) nell'applicare nei rapporti commerciali con gli altri contraenti condizioni dissimili per prestazioni equivalenti, determinando così per questi ultimi uno svantaggio per la concorrenza;

d) nel subordinare la conclusione di contratti all'accettazione da parte degli altri contraenti di prestazioni supplementari, che, per loro natura o secondo gli usi commerciali, non abbiano alcun nesso con l'oggetto dei contratti stessi.

87. 1. Nel termine di tre anni dall'entrata in vigore del presente Trattato, il Consiglio, con deliberazione unanime, su proposta della Commissione e dopo consultato il Parlamento europeo, stabilisce tutti i regolamenti o le direttive utili ai fini dell'applicazione dei principi contemplati dagli articoli 85 e 86.

Tali disposizioni, qualora non siano state adottate entro il termine suindicato, sono stabilite dal Consiglio, che delibera a maggioranza qualificata su proposta della Commissione e previa consultazione dell'Assemblea.

2. Le disposizioni di cui al paragrafo 1 hanno, in particolare, lo scopo di:

a) garantire l'osservanza dei divieti di cui all'art. 85, paragrafo 1, e all'art. 86, comminando ammende e penalità di mora;

b) determinare le modalità di applicazione dell'art. 85, paragrafo 3, avendo riguardo alla necessità di esercitare una sorveglianza efficace e, nel contempo, semplificare, per quanto possibile, il controllo amministrativo;

c) precisare, eventualmente, per i vari settori economici, il campo di applicazione delle disposizioni degli articoli 85 e 86;

d) definire i rispettivi compiti della Commissione e della Corte di Giustizia nell'applicazione delle disposizioni contemplate dal presente paragrafo;

e) definire i rapporti fra le legislazioni nazionali da una parte, e le disposizioni della presente sezione nonché quelle adottate in applicazione del presente articolo, dall'altra.

88. Fino al momento dell'entrata in vigore delle disposizioni adottate in applicazione dell'art. 87, le autorità degli Stati membri decidono in merito all'ammissibilità di intese e allo sfruttamento abusivo di una posizione dominante nel mercato comune, in conformità del diritto nazionale interno e delle disposizioni dell'art. 85, in particolare del paragrafo 3, e dell'art. 86.

89. 1. Senza pregiudizio dell'articolo 88, la Commissione, fin dall'entrata in funzione, vigila perché siano applicati i principi fissati dagli articoli 85 e 86. Essa istruisce, a richiesta di uno Stato membro o d'ufficio, e in collegamento con le autorità competenti degli Stati membri che le prestano la loro assistenza, i casi di presunta infrazione ai princìpi suddetti. Qualora essa constati l'esistenza di un'infrazione, propone i mezzi atti a porvi termine.

2. Qualora non sia posto termine alle infrazioni, la Commissione constata l'infrazione ai princìpi con una decisione motivata. Essa può pubblicare tale decisione e autorizzare gli Stati membri ad adottare le necessarie misure, di cui definisce le condizioni e modalità, per rimediare alla situazione.

90. 1. Gli Stati membri non emanano né mantengono, nei confronti delle imprese pubbliche e delle imprese cui riconoscono diritti speciali o esclusivi, alcuna misura contraria alle norme del presente Trattato, specialmente a quelle contemplate dagli articoli 7 e da 85 a 94 inclusi.

2. Le imprese incaricate della gestione di servizi d'interesse economico generale o aventi carattere di monopolio fiscale, sono sottoposte alle norme del presente Trattato, e in particolare alle regole di concorrenza, nei limiti in cui l'applicazione di tali norme non osti all'adempimento, in linea di diritto e di fatto, della specifica missione loro affidata. Lo sviluppo degli scambi non deve essere compromesso in misura contraria agli interessi della Comunità.

3. La Commissione vigila sull'applicazione delle disposizioni del presente articolo rivolgendo, ove occorra, agli Stati membri, opportune direttive o decisioni.

Sezione II

Pratiche di dumping

91. 1. Qualora, durante il periodo transitorio, la Commissione, a richiesta di uno Stato membro o di qualsiasi altro interessato, constati l'esistenza di pratiche di dumping esercitate all'interno del mercato comune, essa rivolge raccomandazioni all'autore o agli autori di tali pratiche per porvi termine.

Quando le pratiche di dumping continuano a sussistere, la Commissione autorizza lo Stato membro che ne sia stato leso ad adottare le misure di protezione di cui essa definisce le condizioni e modalità.

2. Dal momento dell'entrata in vigore del presente Trattato, i prodotti originari di uno Stato membro o che si trovino quivi in libera pratica e siano stati esportati in un altro Stato membro sono ammessi alla reimportazione nel territorio del primo Stato, senza che possano essere sottoposti ad alcun dazio doganale, restrizione quantitativa o a misure di effetto equivalente. La Commissione stabilisce le disposizioni regolamentari opportune ai fini dell'applicazione del presente paragrafo.

Sezione III

Aiuti concessi dagli Stati

92. 1. Salvo deroghe contemplate dal presente Trattato, sono incompatibili con il mercato comune, nella misura in cui incidono sugli scambi fra gli Stati membri, gli aiuti concessi dagli Stati, ovvero mediante risorse statali, sotto qualsiasi forma, che, favorendo talune imprese o talune produzioni, falsino o minaccino di falsare la concorrenza.

2. Sono compatibili con il mercato comune:

a) gli aiuti a carattere sociale concessi ai singoli consumatori, a condizione che siano accordati senza discriminazioni determinate dall'origine dei prodotti;

b) gli aiuti destinati a ovviare ai danni arrecati dalle calamità naturali oppure da altri eventi eccezionali;

c) gli aiuti concessi all'economia di determinate regioni della Repubblica federale di Germania che risentono della divisione della Germania, nella misura in cui sono necessari a compensare gli svantaggi economici provocati da tale divisione (1).

3. Possono considerarsi compatibili con il mercato comune:

a) gli aiuti destinati a favorire lo sviluppo economico delle regioni ove il tenore di vita sia anormalmente basso, oppure si abbia una grave forma di sottoccupazione;

b) gli aiuti destinati a promuovere la realizzazione di un importante progetto di comune interesse europeo oppure a porre rimedio a un grave turbamento dell'economia di uno Stato membro;

c) gli aiuti destinati ad agevolare lo sviluppo di talune attività o di talune regioni economiche, sempreché non alterino le condizioni degli scambi in misura contraria al comune interesse. Tuttavia, gli aiuti alle costruzioni navali esistenti alla data del 1° gennaio 1957, in quanto determinati soltanto dall'assenza di una protezione doganale, sono progressivamente ridotti alle stesse condizioni che si applicano per l'abolizione dei dazi doganali, fatte salve le disposizioni del presente Trattato relative alla politica commerciale comune nei confronti dei paesi terzi;

d) gli aiuti destinati a promuovere la cultura e la conservazione del patrimonio, quando non alterino le condizioni degli scambi e della concorrenza nella Comunità in misura contraria all'interesse comune (1);

e) le altre categorie di aiuti, determinate con decisione del Consiglio, che delibera a maggioranza qualificata su proposta della Commissione.

---

(1) Lettera aggiunta dal Trattato sull'Unione Europea.

93. 1. La Commissione procede con gli Stati membri all'esame permanente dei regimi di aiuti esistenti in questi Stati. Essa propone a questi ultimi le opportune misure richieste dal graduale sviluppo o dal funzionamento del mercato comune.

2. Qualora la Commissione, dopo aver intimato agli interessati di presentare le loro osservazioni, constati che un aiuto concesso da uno Stato, o mediante fondi statali, non è compatibile con il mercato comune a norma dell'art. 92, oppure che tale aiuto è attuato in modo abusivo, decide che lo Stato interessato deve sopprimerlo o modificarlo nel termine da essa fissato.

Qualora lo Stato in causa non si conformi a tale decisione entro il termine stabilito, la Commissione o qualsiasi altro Stato interessato può adire direttamente la Corte di Giustizia, in deroga agli articoli 169 e 170.

A richiesta di uno Stato membro, il Consiglio, deliberando all'unanimità, può decidere che un aiuto, istituito o da istituirsi da parte di questo Stato, deve considerarsi compatibile con il mercato comune, in deroga alle disposizioni dell'art. 92 o ai regolamenti di cui all'art. 94, quando circostanze eccezionali giustifichino tale decisione. Qualora la Commissione abbia iniziato, nei riguardi di tale aiuto, la procedura prevista dal presente paragrafo, primo comma, la richiesta dello Stato interessato rivolta al Consiglio avrà per effetto di sospendere tale procedura fino a quando il Consiglio non si sia pronunciato al riguardo.

Tuttavia, se il Consiglio non si è pronunciato entro tre mesi dalla data della richiesta, la Commissione delibera.

3. Alla Commissione sono comunicati, in tempo utile, perché presenti le sue osservazioni, i progetti diretti a istituire o modificare aiuti. Se ritiene che un progetto non sia compatibile con il mercato comune a norma dell'art. 92, la Commissione inizia senza indugio la procedura prevista dal paragrafo precedente. Lo Stato membro interessato non può dare esecuzione alle misure progettate prima che tale procedura abbia condotto a una decisione finale.

94. Il Consiglio, con deliberazione a maggioranza qualificata su proposta della Commissione e previa consultazione del Parlamento europeo, può stabilire tutti i regolamenti utili ai fini dell'applicazione degli articoli 92 e 93 e fissare in particolare le condizioni per l'applicazione dell'articolo 93, paragrafo 3, nonché le categorie di aiuti che sono dispensate da tale procedura (1).

---

(1) Articolo così sostituito dal Trattato sull'Unione Europea.

Capo II

Disposizioni fiscali

95. Nessuno Stato membro applica direttamente o indirettamente ai prodotti degli altri Stati membri imposizioni interne, di qualsivoglia natura, superiori a quelle applicate direttamente o indirettamente ai prodotti nazionali similari.

Inoltre, nessuno Stato membro applica ai prodotti degli altri Stati membri imposizioni interne intese a proteggere indirettamente altre produzioni.

Gli Stati membri aboliscono o modificano, non oltre l'inizio della seconda tappa, le disposizioni esistenti al momento dell'entrata in vigore del presente trattato che siano contrarie alle norme che precedono.

96. I prodotti esportati nel territorio di uno degli Stati membri non possono beneficiare di alcun ristorno d'imposizioni interne che sia superiore alle imposizioni ad essi applicate direttamente o indirettamente.

97. Gli Stati membri che riscuotono l'imposta sulla cifra di affari in base al sistema dell'imposta cumulativa a cascata possono, per quanto riguarda le imposizioni interne che applicano ai prodotti importati o i ristorni che accordano ai prodotti esportati, procedere alla fissazione di aliquote medie per prodotto o gruppo di prodotti, senza pregiudizio tuttavia dei principi enunciati negli artt. 95 e 96.

Qualora le aliquote medie fissate da uno Stato membro non siano conformi ai principi suindicati, la Commissione rivolge a tale Stato le direttive o decisioni del caso.

98. Per quanto riguarda le imposizioni diverse dalle imposte sulla cifra d'affari, dalle imposte di consumo e dalle altre imposte indirette, si possono operare esoneri e rimborsi all'esportazione negli altri Stati membri e introdurre tasse di compensazione applicabili alle importazioni provenienti dagli Stati membri, soltanto qualora le misure progettate siano state preventivamente approvate per un periodo limitato dal Consiglio, che delibera a maggioranza qualificata su proposta della Commissione.

99. Il Consiglio, deliberando all'unanimità su proposta della Commissione e previa consultazione del Parlamento europeo e del Comitato economico e sociale, adotta le disposizioni che riguardano l'armonizzazione delle legislazioni relative alle imposte sulla cifra d'affari, alle imposte di consumo ed altre imposte indirette, nella misura in cui detta armonizzazione sia necessaria per assicurare l'instaurazione ed il funzionamento del mercato interno entro il termine previsto dall'art. 7 A (1).

---

(1) Articolo così sostituito dal Trattato sull'Unione Europea.

Capo III

Ravvicinamento delle legislazioni

100. Il Consiglio, deliberando all'unanimità su proposta della Commissione e previa consultazione del Parlamento europeo e del Comitato economico e sociale, stabilisce direttive volte al ravvicinamento delle disposizioni legislative, regolamentari ed amministrative degli Stati membri che abbiano un'incidenza diretta sull'instaurazione o sul funzionamento del mercato comune (1).

---

(1) Articolo così sostituito dal Trattato sull'Unione Europea.

100 A. 1. In deroga all'articolo 100 e salvo che il presente trattato non disponga diversamente, si applicano le disposizioni seguenti per la realizzazione degli obiettivi dell'articolo 7 A. Il Consiglio, deliberando in conformità della procedura di cui all'articolo 189 B, e previa consultazione del Comitato economico e sociale, adotta le misure relative al ravvicinamento delle disposizioni legislative, regolamentari ed amministrative degli Stati membri che hanno per oggetto l'instaurazione ed il funzionamento del mercato interno (1).

2. Il paragrafo 1 non si applica alle disposizioni fiscali, a quelle relative alla libera circolazione delle persone e a quelle relative ai diritti ed interessi dei lavoratori dipendenti.

3. La Commissione, nelle sue proposte di cui al paragrafo 1 in materia di sanità, sicurezza, protezione dell'ambiente e protezione dei consumatori, si basa su un livello di protezione elevato.

4. Allorché, dopo l'adozione di una misura di armonizzazione da parte del Consiglio a maggioranza qualificata, uno Stato membro ritenga necessario applicare disposizioni nazionali giustificate da esigenze importanti previste dall'articolo 36 o relative alla protezione dell'ambiente di lavoro o dell'ambiente, esso notifica tali disposizioni alla Commissione.

La Commissione conferma le disposizioni in questione dopo aver verificato che esse non costituiscano uno strumento di discriminazione arbitraria o una restrizione dissimulata nel commercio tra gli Stati membri.

In deroga alla procedura di cui agli artt. 169 e 170, la Commissione o qualsiasi Stato membro può adire direttamente la Corte di giustizia ove ritenga che un altro Stato membro faccia un uso abusivo dei poteri contemplati dal presente articolo.

5. Le misure di armonizzazione di cui sopra comportano, nei casi appropriati, una clausola di salvaguardia che autorizza gli Stati membri ad adottare, per uno o più dei motivi non economici di cui all'art. 36, misure provvisorie soggette ad una procedura comunitaria di controllo (2).

---

(1) Paragrafo così modificato dal Trattato sull'Unione Europea.

(2) Articolo introdotto dall'art. 18 dell'Atto unico europeo.

100 B. 1. Nel corso del 1992 la Commissione procede, con ciascuno Stato membro, a un inventario delle disposizioni legislative, regolamentari ed amministrative che rientrano nella sfera dell'articolo 100 A e che non sono state oggetto di armonizzazione ai sensi di questo articolo.

Il Consiglio, deliberando secondo le disposizioni dell'articolo 100 A, può decidere che talune disposizioni in vigore in uno Stato membro devono essere riconosciute come equivalenti a quelle applicate da un altro Stato membro.

2. Le disposizioni dell'articolo 100 A, paragrafo 4, sono applicabili per analogia.

3. La Commissione procede all'inventario di cui al paragrafo 1, primo comma e presenta al Consiglio le proposte adeguate in tempo utile perché questo possa deliberare prima della fine del 1992 (1).

---

(1) Articolo introdotto dall'art. 19 dell'Atto unico europeo.

100 C. 1. Il Consiglio, deliberando all'unanimità su proposta della Commissione e previa consultazione del Parlamento europeo, determina quali siano i paesi terzi i cui cittadini devono essere in possesso di un visto per l'attraversamento delle frontiere esterne degli Stati membri.

2. Tuttavia, nel caso in cui una situazione di emergenza insorta in un paese terzo minacci un improvviso afflusso nella Comunità di cittadini di detto paese, il Consiglio, deliberando a maggioranza qualificata su raccomandazione della Commissione, può imporre, per un periodo non superiore a sei mesi, l'obbligo del visto per i cittadini provenienti dal paese in questione. L'obbligo del visto fissato ai sensi del presente paragrafo può essere prorogato secondo la procedura di cui al paragrafo 1.

3. A decorrere dal 1° gennaio 1996 il Consiglio delibera a maggioranza qualificata in merito alle decisioni di cui al paragrafo 1.

Anteriormente a tale data il Consiglio, deliberando a maggiornaza qualificata su proposta della Commissione e previa consultazione del Parlamento europeo, adotta le misure relative all'instaurazione di un modello uniforme per i visti.

4. Nei settori di cui al presente articolo, la Commissione è tenuta ad esaminare qualsiasi richiesta formulata da uno Stato membro affinché essa sottoponga una proposta al Consiglio.

5. Il presente articolo non osta all'esercizio delle responsabilità incombenti agli Stati membri per il mantenimento dell'ordine pubblico e la salvaguardia della sicurezza interna.

6. Le disposizioni del presente articolo sono applicabili ad altre materie se così è deciso ai sensi dell'articolo K.9 delle disposizioni del trattato sull'Unione europea relative alla cooperazione nei settori della giustizia e degli affari interni, secondo le condizioni di voto nel contempo decise.

7. Le disposizioni delle convenzioni in vigore fra gli Stati membri che disciplinano materie contemplate nel presente articolo restano in vigore fintantoché il loro contenuto non sarà stato sostituito da direttive o da misure adottate in virtù del presente articolo (1).

---

(1) Articolo aggiunto dal Trattato sull'Unione Europea.

100 D. Il Comitato di coordinamento di Alti Funzionari, istituito dall'articolo K.4 del trattato sull'Unione europea contribuisce, fatto salvo l'articolo 151, alla preparazione dei lavori del Consiglio nei settori di cui all'articolo 100 C (1).

---

(1) Articolo aggiunto dal Trattato sull'Unione Europea.

101. Qualora la Commissione constati che una disparità esistente nelle disposizioni legislative, regolamentari o amministrative degli Stati membri falsa le condizioni di concorrenza sul mercato comune e provoca, per tal motivo, una distorsione che deve essere eliminata, la Commissione provvede a consultarsi con gli Stati membri interessati.

Se attraverso tale consultazione non si raggiunge un accordo che elimini la distorsione in questione, il Consiglio stabilisce, su proposta della Commissione, le direttive all'uopo necessarie, deliberando all'unanimità durante la prima tappa e a maggioranza qualificata in seguito. La Commissione e il Consiglio possono adottare ogni altra opportuna misura prevista dal presente Trattato.

102. 1. Quando vi sia motivo di temere che l'emanazione o la modifica di disposizioni legislative, regolamentari o amministrative provochi una distorsione ai sensi dell'articolo precedente, lo Stato membro che vuole procedervi consulta la Commissione. La Commissione, dopo aver consultato gli Stati membri, raccomanda agli Stati interessati le misure idonee ad evitare la distorsione in questione.

2. Se lo Stato che vuole emanare o modificare disposizioni nazionali non si conforma alla raccomandazione rivoltagli dalla Commissione, non si potrà richiedere agli altri Stati membri, nell'applicazione dell'art. 101, di modificare le loro disposizioni nazionali per eliminare tale distorsione. Se lo Stato membro che ha trascurato la raccomandazione della Commissione provoca una distorsione unicamente a suo detrimento, non sono applicabili le disposizioni dell'art. 101.

Titolo VI
Politica economica e monetaria

Capo I
Politica economica (1)

(1) Titolo e capo così sostituiti dal Trattato sull'Unione Europea.

102 A. Gli Stati membri attuano la loro politica economica allo scopo di contribuire alla realizzazione degli obiettivi della Comunità definiti all'articolo 2 e nel contesto degli indirizzi di massima di cui all'articolo 103, paragrafo 2. Gli Stati membri e la Comunità agiscono nel rispetto dei principi di un'economia di mercato aperta e in libera concorrenza, favorendo un'efficace allocazione delle risorse, conformemente ai principi di cui all'articolo 3 A (1).

(1) Articolo così sostituito dal Trattato sull'Unione Europea.

103. 1. Gli Stati membri considerano le loro politiche economiche una questione di interesse comune e le coordinano nell'ambito del Consiglio, conformemente alle disposizioni dell'articolo 102 A.

2. Il Consiglio, deliberando a maggioranza qualificata su raccomandazione della Commissione, elabora un progetto di indirizzi di massima per le politiche economiche degli Stati membri e della Comunità, e ne riferisce le risultanze al Consiglio europeo.

Il Consiglio europeo, deliberando sulla base di detta relazione del Consiglio, dibatte delle conclusioni in merito agli indirizzi di massima per le politiche economiche degli Stati membri e della Comunità.

Sulla base di dette conclusioni, il Consiglio, deliberando a maggioranza qualificata adotta una raccomandazione che definisce i suddetti indirizzi di massima. Il Consiglio informa il Parlamento europeo in merito a tale raccomandazione.

3. Al fine di garantire un più stretto coordinamento delle politiche economiche e una convergenza duratura dei risultati economici degli Stati membri, il Consiglio, sulla base di relazioni presentate dalla Commissione, sorveglia l'evoluzione economica in ciascuno degli Stati membri e nella Comunità, nonché la coerenza delle politiche economiche con gli indirizzi di massima di cui al paragrafo 2 e procede regolarmente ad una valutazione globale.

Ai fini di detta sorveglianza multilaterale, gli Stati membri trasmettono alla Commissione le informazioni concernenti le misure di rilievo da essi adottate nell'ambito della loro politica economica, nonché tutte le altre informazioni da essi ritenute necessarie.

4. Qualora si accerti, secondo la procedura prevista al paragrafo 3, che le politiche economiche di uno Stato membro non sono coerenti con gli indirizzi di massima di cui al paragrafo 2 o rischiano di compromettere il corretto funzionamento dell'Unione economica e monetaria, il Consiglio, deliberando a maggioranza qualificata su raccomandazione della Commissione, può rivolgere allo Stato membro in questione le necessarie raccomandazioni.

Il Consiglio, deliberando a maggioranza qualificata su proposta della Commissione, può decidere di rendere pubbliche le proprie raccomandazioni.

Il Presidente del Consiglio e la Commissione riferiscono al Parlamento europeo i risultati della sorveglianza multilaterale. Se il Consiglio ha reso pubbliche le sue raccomandazioni, il

Presidente del Consiglio può essere invitato a comparire dinanzi alla commissione competente del Parlamento europeo.

5. Il Consiglio, deliberando in conformità della procedura di cui all'articolo 189 C, può adottare le modalità della procedura di sorveglianza multilaterale di cui ai paragrafi 3 e 4 (1).

---

(1) Articolo così sostituito dal Trattato sull'Unione Europea.

103 A. 1. Fatta salva ogni altra procedura prevista dal presente trattato, il Consiglio su proposta della Commissione, può decidere all'unanimità in merito alle misure adeguate alla situazione economica, in particolare qualora sorgano gravi difficoltà nell'approvvigionamento di determinati prodotti.

2. Qualora uno Stato membro si trovi in difficoltà o sia seriamente minacciato da gravi difficoltà a causa di circostanze eccezionali che sfuggono al suo controllo, il Consiglio, deliberando all'unanimità su proposta della Commissione, può concedere a determinate condizioni un'assistenza finanziaria comunitaria allo Stato membro interessato. Qualora le gravi difficoltà siano provocate da calamità naturali, il Consiglio delibera a maggioranza qualificata. Il Presidente del Consiglio informa il Parlamento europeo in merito alla decisione presa (1).

---

(1) Articolo aggiunto dal Trattato sull'Unione Europea.

104. 1. È vietata la concessione di scoperti di conto o qualsiasi altra forma di facilitazione creditizia, da parte della BCE o da parte delle Banche centrali degli Stati membri (in appresso denominate «Banche centrali nazionali»), a istituzioni o organi della Comunità, alle amministrazioni statali, agli enti regionali, locali o altri enti pubblici, ad altri organismi di diritto pubblico o a imprese pubbliche degli Stati membri, nonché è vietato l'acquisto diretto presso di essi di titoli di debito da parte della BCE o delle Banche centrali nazionali.

2. Le disposizioni del paragrafo 1 non si applicano agli enti creditizi di proprietà pubblica che, nel contesto dell'offerta di liquidità da parte delle Banche centrali, devono ricevere, dalle banche centrali nazionali e dalla BCE, lo stesso trattamento degli enti creditizi privati (1).

---

(1) Articolo così sostituito dal Trattato sull'Unione Europea.

104 A. 1. È vietata qualsiasi misura, non basata su considerazioni prudenziali, che offra alle istituzioni o agli organi della Comunità, alle amministrazioni statali, agli enti regionali, locali o altri enti pubblici, ad altri organismi di diritto pubblico o a imprese pubbliche degli Stati membri un accesso privilegiato alle istituzioni finanziarie.

2. Anteriormente al 1° gennaio 1994, il Consiglio, deliberando in conformità della procedura di cui all'articolo 189 C, precisa le definizioni necessarie per l'applicazione del divieto di cui al paragrafo 1 (1).

---

(1) Articolo aggiunto dal Trattato sull'Unione Europea.

104 B. 1. La Comunità non risponde né si fa carico degli impegni assunti dalle amministrazioni statali, dagli enti regionali, locali o altri enti pubblici, da altri organismi di diritto pubblico o da imprese pubbliche di qualsiasi Stato membro, fatte salve le garanzie finanziarie reciproche per la realizzazione in comune di un progetto economico specifico. Gli Stati membri non sono responsabili né subentrano agli impegni dell'amministrazione statale, degli enti regionali, locali o degli altri enti pubblici, di altri organismi di diritto pubblico o di imprese pubbliche di un altro Stato membro, fatte salve le garanzie finanziarie reciproche per la realizzazione in comune di un progetto specifico.

2. Se necessario, il Consiglio, deliberando in conformità della procedura di cui all'articolo 189 C, può precisare definizioni per l'applicazione dei divieti di cui all'articolo 104 e al presente articolo (1).

---

(1) Articolo aggiunto dal Trattato sull'Unione Europea.

104 C. 1. Gli Stati membri devono evitare disavanzi pubblici eccessivi.

2. La Commissione sorveglia l'evoluzione della situazione di bilancio e dell'entità del debito pubblico negli Stati membri, al fine di individuare errori rilevanti. In particolare esa-

mina la conformità alla disciplina di bilancio sulla base dei due criteri seguenti:

a) se il rapporto tra il disavanzo pubblico, previsto o effettivo, e il prodotto interno lordo superi un valore di riferimento, a meno che:

— il rapporto non sia diminuito in modo sostanziale e continuo e abbia raggiunto un livello che si avvicina al valore di riferimento;

— oppure, in alternativa, il superamento del valore di riferimento sia solo eccezionale e temporaneo e il rapporto resti vicino al valore di riferimento;

b) se il rapporto tra debito pubblico e prodotto interno lordo superi un valore di riferimento, a meno che detto rapporto non si stia riducendo in misura sufficiente e non si avvicini al valore di riferimento con ritmo adeguato.

I valori di riferimento sono specificati nel protocollo sulla procedura per i disavanzi eccessivi allegato al presente trattato.

3. Se uno Stato membro non rispetta i requisiti previsti da uno o entrambi i criteri menzionati la Commissione prepara una relazione. La relazione della Commissione tiene conto anche dell'eventuale differenza tra il disavanzo pubblico e la spesa pubblica per gli investimenti e tiene conto di tutti gli altri fattori significativi, compresa la posizione economica e di bilancio a medio termine dello Stato membro.

La Commissione può inoltre preparare una relazione se ritiene che in un determinato Stato membro, malgrado i criteri siano rispettati, sussista il rischio di un disavanzo eccessivo.

4. Il Comitato previsto dall'articolo 109 C formula un parere in merito alla relazione della Commissione.

5. La Commissione, se ritiene che in uno Stato membro esista o possa determinarsi in futuro un disavanzo eccessivo, trasmette un parere al Consiglio.

6. Il Consiglio, deliberando a maggioranza qualificata su raccomandazione della Commissione e considerate le osservazioni che lo Stato membro interessato ritenga di formulare, decide, previa valutazione globale, se esiste o no un disavanzo eccessivo.

7. Se, ai sensi del paragrafo 6, viene deciso che esiste un disavanzo eccessivo, il Consiglio formula raccomandazioni allo Stato membro in questione al fine di far cessare tale situazione entro un determinato periodo. Fatto salvo il disposto del paragrafo 8, dette raccomandazioni non sono rese pubbliche.

8. Il Consiglio, qualora determini che nel periodo prestabilito non sia stato dato seguito effettivo alle sue raccomandazioni, può rendere pubbliche dette raccomandazioni.

9. Qualora uno Stato membro persista nel disattendere le raccomandazioni del Consiglio, quest'ultimo può decidere di intimare allo Stato membro di prendere, entro un termine stabilito, le misure volte alla riduzione del disavanzo che il Consiglio ritiene necessaria per correggere la situazione.

In tal caso il Consiglio può chiedere allo Stato membro in questione di presentare relazioni secondo un calendario preciso, al fine di esaminare gli sforzi compiuti da detto Stato membro per rimediare alla situazione.

10. I diritti di esperire le azioni di cui agli articoli 169 e 170 non possono essere esercitati nel quadro dei paragrafo da 1 a 9 del presente articolo.

11. Fintantoché uno Stato membro non ottempera ad una decisione presa in conformità del paragrafo 9, il Consiglio può decidere di applicare, o a seconda dei casi, di intensificare una o più delle seguenti misure:

— chiedere che lo Stato membro interessato pubblichi informazioni supplementari, che saranno specificate dal Consiglio, prima dell'emissione di obbligazioni o altri titoli;

— invitare la Banca europea per gli investimenti a riconsiderare la sua politica dei prestiti verso lo Stato membro in questione;

— richiedere che lo Stato membro in questione costituisca un deposito infruttifero di importo adeguato presso la Comunità fino a quando, a parere del Consiglio, il disavanzo eccessivo non sia stato corretto;

— infliggere ammende di entità adeguata.

Il Presidente del Consiglio informa il Parlamento europeo delle decisioni adottate.

12. Il Consiglio abroga alcune o tutte le decisioni di cui ai paragrafi da 6 a 9 e 11 nella misura in cui ritiene che il disavanzo eccessivo nello Stato membro in questione sia stato corretto. Se precedentemente aveva reso pubbliche le sue raccomandazioni, il Consiglio dichiara pubblicamente, non appena sia stata abrogata la decisione di cui al paragrafo

8, che non esiste più un disavanzo eccessivo nello Stato membro in questione.

13. Nell'adottare le decisioni di cui ai paragrafi da 7 a 9, 11 e 12, il Consiglio delibera su raccomandazione della Commissione alla maggioranza dei due terzi dei voti dei propri membri conformemente all'articolo 148, paragrafo 2 ed escludendo i voti del rappresentante dello Stato membro in questione.

14. Ulteriori disposizioni concernenti l'attuazione della procedura descritta nel presente articolo sono precisate nel protocollo sulla procedura per i disavanzi eccessivi allegato al presente trattato.

Il Consiglio, deliberando all'unanimità su proposta della Commissione e previa consultazione del Parlamento europeo e della BCE, adotta le opportune disposizioni che sostituiscono detto protocollo.

Fatte salve le altre disposizioni del presente paragrafo, anteriormente al 1° gennaio 1994, il Consiglio, deliberando a maggioranza qualificata su proposta della Commissione e previa consultazione del Parlamento europeo, precisa le modalità e le definizioni per l'applicazione delle disposizioni di detto protocollo (1).

---

(1) Articolo aggiunto dal Trattato sull'Unione Europea.

Capo II (1)

Politica monetaria

---

(1) Capo così sostituito dal Trattato sull'Unione Europea.

105. 1. L'obiettivo principale del SEBC è il mantenimento della stabilità dei prezzi. Fatto salvo l'obiettivo della stabilità dei prezzi, il SEBC sostiene le politiche economiche generali nella Comunità al fine di contribuire alla realizzazione degli obiettivi della Comunità definiti nell'articolo 2. Il SEBC agisce in conformità del principio di un'economia di mercato aperta e in libera concorrenza, favorendo una efficace allocazione delle risorse, conformemente ai principi di cui all'articolo 3 A.

2. I compiti fondamentali da assolvere tramite il SEBC sono i seguenti:

— definire e attuare la politica monetaria della Comunità;

— svolgere le operazioni sui cambi in linea con le disposizioni dell'articolo 109;

— detenere e gestire le riserve ufficiali in valuta estera degli Stati membri;

— promuovere il regolare funzionamento dei sistemi di pagamento.

3. Il paragrafo 2, terzo trattino non pregiudica la detenzione e la gestione da parte dei Governi degli Stati membri di saldi operativi in valuta estera.

4. La BCE viene consultata:

— in merito a qualsiasi proposta di atto comunitario che rientra nelle sue competenze;

— dalle autorità nazionali, sui progetti di disposizioni legislative che rientrano nelle sue competenze, ma entro i limiti e alle condizioni stabiliti dal Consiglio, secondo la procedura di cui all'articolo 106, paragrafo 6.

La BCE può formulare pareri da sottoporre alle istituzioni o agli organi comunitari competenti o alle autorità nazionali su questioni che rientrano nelle sue competenze.

5. Il SEBC contribuisce ad una buona conduzione delle politiche perseguite dalle competenti autorità per quanto riguarda la vigilanza prudenziale degli enti creditizi e la stabilità del sistema finanziario.

6. Il Consiglio, deliberando all'unanimità su proposta della Commissione e previa consultazione della BCE, nonché previo parere conforme del Parlamento europeo, può affidare alla BCE compiti specifici in merito alle politiche che riguardano la vigilanza prudenziale degli enti creditizi e delle altre istituzioni finanziarie, escluse le imprese d'assicurazione (1).

---

(1) Articolo così sostituito dal Trattato sull'Unione Europea.

105 A. 1. La BCE ha il diritto esclusivo di autorizzare l'emissione di banconote all'interno della Comunità. La BCE e le Banche centrali nazionali possono emettere banconote. Le banconote emessa dalla BCE e dalle Banche centrali nazionali costituiscono le uniche banconote aventi corso legale nella Comunità.

2. Gli Stati membri possono coniare monete metalliche con l'approvazione della BCE per quanto riguarda il volume del conio.

Il Consiglio, deliberando in conformità della procedura di cui all'articolo 189 C e previa consultazione della BCE, può adottare misure per armonizzare le denominazioni e le specificazioni tecniche di tutte le monete metalliche destinate alla circolazione, nella misura necessaria per agevolare la loro circolazione nella Comunità (1).

(1) Articolo aggiunto dal Trattato sull'Unione Europea.

106. 1. Il SEBC è composto dalla BCE e dalle Banche centrali nazionali.

2. La BCE ha personalità giuridica.

3. Il SEBC è retto dagli organi decisionali della BCE che sono il Consiglio direttivo e il Comitato esecutivo.

4. Lo statuto del SEBC è definito nel protocollo allegato al presente trattato.

5. Gli articoli 5.1, 5.2, 5.3, 17, 18, 19.1, 22, 23, 24, 26, 32.2, 32.3, 32.4, 32.6, 33.1 *a)* e 36 dello statuto del SEBC possono essere emendati dal Consiglio che delibera a maggioranza qualificata su raccomandazione della BCE, previa consultazione della Commissione, oppure all'unanimità su proposta della Commissione, previa consultazione della BCE. In entrambi i casi è necessario il parere conforme del Parlamento europeo.

6. Il Consiglio, deliberando a maggioranza qualificata su proposta della Commissione e previa consultazione del Parlamento europeo e della BCE o deliberando su una raccomandazione della BCE e previa consultazione del Parlamento europeo e della Commissione, adotta le disposizioni di cui agli articoli 4, 5.4, 19.2, 20, 28.1, 29.2, 30.4, 34.3 dello statuto del SEBC (1).

(1) Articolo così sostituito dal Trattato sull'Unione Europea.

107. Nell'esercizio dei poteri e nell'assolvimento dei compiti e dei doveri loro attribuiti dal presente trattato e dallo Statuto del SEBC, né la BCE né una Banca centrale nazionale né un membro dei rispettivi organi decisionali possono sollecitare o accettare istruzioni dalle istituzioni o dagli organi comunitari, dai Governi degli Stati membri né da qualsiasi altro organismo. Le istituzioni e gli organi comunitari nonché i Governi degli Stati membri si impegnano a rispettare questo principio e a non cercare di influenzare i membri degli organi decisionali della BCE o delle Banche centrali nazionali nell'assolvimento dei loro compiti (1).

(1) Articolo così sostituito dal Trattato sull'Unione Europea.

108. Ciascuno Stato membro assicura che, al più tardi alla data di istituzione del SEBC, la propria legislazione nazionale, incluso lo statuto della Banca centrale nazionale, sarà compatibile con il presente trattato e con lo statuto del SEBC (1).

(1) Articolo così sostituito dal Trattato sull'Unione Europea.

108 A. 1. Per l'assolvimento dei compiti attribuiti al SEBC e alle condizioni contemplate dal presente trattato nonché alle condizioni stabilite nello statuto del SEBC, la BCE:

— stabilisce regolamenti nella misura necessaria per assolvere i compiti definiti nell'articolo 3.1, primo trattino, negli articoli 19.1, 22 o 25.2 dello statuto del SEBC e nei casi che sono previsti negli atti del Consiglio di cui all'articolo 106, paragrafo 6;

— prende le decisioni necessarie per assolvere i compiti attribuiti al SEBC in virtù del presente trattato e dallo statuto del SEBC;

— formula raccomandazioni o pareri.

2. Il regolamento ha portata generale. Esso è obbligatorio in tutti i suoi elementi e direttamente applicabile in ciascuno degli Stati membri.

Le raccomandazioni e i pareri non sono vincolanti.

La decisione è obbligatoria in tutti i suoi elementi per i destinatari da essa designati.

Gli articoli 190, 191 e 192 si applicano ai regolamenti ed alle decisioni adottati dalla BCE.

La BCE può decidere di pubblicare le sue decisioni, le sue raccomandazioni ed i suoi pareri.

3. Entro i limiti e alle condizioni stabiliti dal Consiglio in conformità della procedura di cui all'articolo 106, paragrafo 6, la BCE ha il potere di imporre alle imprese ammende o il pagamento periodico di penali in caso di non ottemperanza degli obblighi in relazione ai regolamenti e alle decisioni da essa adottati (1).

(1) Articolo aggiunto dal Trattato sull'Unione Europea.

109. 1. In deroga all'articolo 228, il Consiglio, deliberando all'unanimità su raccomandazione della BCE o della Commissione e previa consultazione della BCE, nell'intento di pervenire ad una soluzione consensuale coerente con l'obiettivo della stabilità dei prezzi può, previa consultazione del Parlamento europeo e conformemente alle procedure in materia di accordi di cui al paragrafo 3, concludere accordi formali su un sistema di tassi di cambio dell'ECU nei confronti di altre valute non comunitarie. Il Consiglio, deliberando a maggioranza qualificata su raccomandazione della BCE o della Commissione e previa consultazione della BCE, nell'intento di pervenire a una soluzione consensuale coerente con l'obiettivo della stabilità dei prezzi, può adottare, adeguare o abbandonare i tassi centrali dell'ECU all'interno del sistema dei tassi di cambio. Il Presidente del Consiglio informa il Parlamento europeo dell'adozione, dell'adeguamento o dell'abbandono dei tassi centrali dell'ECU.

2. In mancanza di un sistema di tassi di cambio rispetto ad una o più valute non comunitarie, come indicato al paragrafo 1, il Consiglio, deliberando a maggioranza qualificata su raccomandazione della Commissione e previa consultazione della BCE o su raccomandazione della BCE, può formulare orientamenti generali in materia di politica del cambio nei confronti di dette valute. Questi orientamenti generali non pregiudicano l'obiettivo prioritario del SEBC di mantenere la stabilità dei prezzi.

3. In deroga all'articolo 228, qualora accordi in materia di regime monetario o valutario debbano essere negoziati dalla Comunità con uno o più Stati o organizzazioni internazionali, il Consiglio, deliberando a maggioranza qualificata su raccomandazione della Commissione e previa consultazione della BCE, decide le disposizioni per la negoziazione e la conclusione di detti accordi. Tali disposizioni devono assicurare che la Comunità esprima una posizione unica. La Commissione è associata a pieno titolo ai negoziati.

Gli accordi conclusi conformemente al presente paragrafo sono vincolanti per le istituzioni della Comunità, per la BCE e per gli Stati membri.

4. Fatto salvo il paragrafo 1, il Consiglio, deliberando a maggioranza qualificata su proposta della Commissione e previa consultazione della BCE, decide in merito alla posizione della Comunità sulla scena internazionale per quanto riguarda questioni di particolare importanza per l'Unione economica e monetaria, nonché, deliberando all'unanimità, in merito alla sua rappresentanza in conformità della ripartizione dei poteri prevista dagli articoli 103 e 105.

5. Lasciando impregiudicati la competenza della Comunità e gli accordi comunitari relativi all'Unione economica e monetaria, gli Stati membri possono condurre negoziati in seno ad organizzazioni internazionali e concludere accordi internazionali (1).

---

(1) Articolo così sostituito dal Trattato sull'Unione Europea.

Capo III (1)

Disposizioni istituzionali

---

(1) Capo introdotto dal Trattato sull'Unione Europea.

109 A. 1. Il Consiglio direttivo della BCE comprende i membri del Comitato esecutivo della BCE nonché i Governatori delle Banche centrali nazionali.

2. a) Il Comitato esecutivo comprende il Presidente, il Vicepresidente e quattro altri membri.

b) Il Presidente, il Vicepresidente e gli altri membri del Comitato esecutivo sono nominati tra persone di riconosciuta levatura ed esperienza professionale nel settore monetario o bancario di comune accordo dai Governi degli Stati membri a livello di Capi di Stato o di Governo, su raccomandazione del Consiglio e previa consultazione del Parlamento europeo e del Consiglio direttivo della BCE.

Il loro mandato ha una durata di otto anni e non è rinnovabile.

Soltanto cittadini degli Stati membri possono essere membri del Comitato esecutivo (1).

---

(1) Articolo aggiunto dal Trattato sull'Unione Europea.

109 B. 1. Il Presidente del Consiglio e un membro della Commissione possono partecipare, senza diritto di voto, alle riunioni del Consiglio direttivo della BCE.

Il Presidente del Consiglio può sottoporre una mozione alla delibera del Consiglio direttivo della BCE.

2. Il Presidente della BCE è invitato a partecipare alle riunioni del Consiglio quando quest'ultimo discute su argomenti relativi agli obiettivi e ai compiti del SEBC.

3. La BCE trasmette al Parlamento europeo, al Consiglio e alla Commissione nonché al Consiglio europeo, una relazione annuale sulle attività del SEBC e sulla politica monetaria dell'anno precedente e dell'anno in corso. Il Presidente della BCE presenta tale relazione al Consiglio e al Parlamento europeo, che può procedere su questa base ad un dibattito generale.

Il Presidente della BCE e gli altri membri del Comitato esecutivo possono, a richiesta del Parlamento europeo o di propria iniziativa, essere ascoltati dalle Commissioni competenti del Parlamento europeo (1).

---

(1) Articolo aggiunto dal Trattato sull'Unione Europea.

109 C. 1. Per promuovere il coordinamento delle politiche degli Stati membri in tutta la misura necessaria al funzionamento del mercato interno, è istituito un Comitato monetario a carattere consultivo.

Il Comitato monetario a carattere consultivo svolge i seguenti compiti:

— seguire la situazione monetaria e finanziaria degli Stati membri della Comunità, nonché il regime generale dei pagamenti degli Stati membri, e riferirne regolarmente al Consiglio ed alla Commissione;

— formulare pareri, sia a richiesta del Consiglio o della Commissione, sia di propria iniziativa, destinati a tali istituzioni;

— fatto salvo l'articolo 151, contribuire alla preparazione dei lavori del Consiglio di cui agli articoli 73 F, 73 G, 103, paragrafi 2, 3, 4 e 5, 103 A, 104 A, 104 B, 104 C, 109 E paragrafo 2, 109 F paragrafo 6, 109 H, 109 I, 109 J paragrafo 2, e 109 K paragrafo 1;

— esaminare, almeno una volta all'anno, la situazione riguardante i movimenti di capitali e la libertà dei pagamenti quali risultano dall'applicazione del presente trattato e dei provvedimenti presi dal Consiglio; l'esame riguarda tutti i provvedimenti riguardanti i movimenti di capitali e i pagamenti; il Comitato riferisce alla Commissione e al Consiglio in merito al risultato di tale esame.

Gli Stati membri e la Commissione nominano ciascuno due membri del Comitato monetario.

2. All'inizio della terza fase viene istituito un Comitato economico e finanziario. Il Comitato monetario di cui al paragrafo 1 sarà sciolto.

Il Comitato economico e finanziario svolge i seguenti compiti:

— formulare pareri, sia a richiesta del Consiglio o della Commissione, sia di propria iniziativa, da sottoporre a tali istituzioni;

— seguire la situazione economica e finanziaria degli Stati membri e della Comunità e riferire regolarmente in merito al Consiglio e alla Commissione, in particolare sulle relazioni finanziarie con i paesi terzi e le istituzioni internazionali;

— fatto salvo l'articolo 151, contribuire alla preparazione dei lavori del Consiglio di cui agli articoli 73 F, 73 G, 103, paragrafi 2, 3, 4 e 5, 103 A, 104 A, 104 B, 104 C, 105 paragrafo 6, 105 A paragrafo 2, 106 paragrafi 5 e 6, 109, 109 H, 109 I paragrafi 2 e 3, 109 K paragrafo 2, 109 L paragrafi 4 e 5, nonché svolgere altri compiti di consulenza e di preparazione su incarico del Consiglio;

— esaminare almeno una volta all'anno, la situazione riguardante i movimenti di capitali e la libertà dei pagamenti, quali risultano dall'applicazione del presente trattato e dei provvedimenti presi dal Consiglio; l'esame riguarda tutti i provvedimenti riguardanti i movimenti di capitali e i pagamenti; il Comitato riferisce alla Commissione e al Consiglio in merito al risultato di tale esame.

Gli Stati membri, la Commissione e la BCE nominano ciascuno non più di due membri del Comitato.

3. Il Consiglio, deliberando a maggioranza qualificata su proposta della Commissione e previa consultazione della BCE e del Comitato di cui al presente articolo, stabilisce disposizioni specifiche relative alla composizione del Comitato economico e finanziario. Il Presidente del Consiglio informa il Parlamento europeo in merito a tale decisione.

4. Oltre ai compiti di cui al paragrafo 2, se e fintantoché sussistono Stati membri con la deroga di cui agli articoli 109 K e 109 L, il Comitato tiene sotto controllo la situazione

monetaria e finanziaria nonché il sistema generale dei pagamenti di tali Stati membri e riferisce periodicamente in merito al Consiglio e alla Commissione (1).

(1) Articolo aggiunto dal Trattato sull'Unione Europea.

109 D. Per questioni che rientrano nel campo di applicazione degli articoli 103 paragrafo 4, 104 C, eccettuato il paragrafo 14, 109, 109 J, 109 K e 109 L, paragrafi 4 e 5, il Consiglio o uno Stato membro possono chiedere alla Commissione di fare una raccomandazione o una proposta adeguata. La Commissione esamina la richiesta e presenta tempestivamente al Consiglio le proprie conclusioni (1).

(1) Articolo aggiunto dal Trattato sull'Unione Europea.

CAPO IV (1)

Disposizioni transitorie

(1) Capo introdotto dal Trattato sull'Unione Europea.

109 E. 1. La seconda fase per la realizzazione dell'Unione economica e monetaria inizia il 1° gennaio 1994.

2. Prima di tale data:

a) ciascuno Stato membro:

— adotta, se necessario, le misure adeguate per conformarsi ai divieti di cui all'articolo 73 B, fatto salvo l'articolo 73 E, nonché agli articoli 104 e 104 A, paragrafo 1;

— adotta, se necessario, per permettere la valutazione di cui al paragrafo 2, lettera *b)*, programmi pluriennali destinati ad assicurare la durevole convergenza necessaria alla realizzazione dell'Unione economica e monetaria, in particolare per quanto riguarda la stabilità dei prezzi e la solidità delle finanze pubbliche;

b) il Consiglio, in base ad una relazione della Commissione, valuta i progressi compiuti verso la convergenza economica e monetaria, in particolare per quanto riguarda la stabilità dei prezzi e la solidità delle finanze pubbliche, nonché i progressi compiuti verso l'attuazione della legislazione comunitaria riguardante il mercato interno.

3. Gli articoli 104, 104 A, paragrafo 1, 104 B paragrafo 1 e 104 C, esclusi i paragrafi 1, 9, 11 e 14, si applicano a decorrere dall'inizio della seconda fase.

Gli articoli 103 A paragrafo 2, 104 C, paragrafi 1, 9 e 11, 105, 105 A, 107, 109, 109 A, 109 B e 109 C, paragrafi 2 e 4, si applicano a decorrere dall'inizio della terza fase.

4. Nella seconda fase, gli Stati membri cercano di evitare disavanzi pubblici eccessivi.

5. Nella seconda fase, se necessario, ogni Stato membro avvia il processo che conduce all'indipendenza della sua banca centrale, conformemente alle disposizioni dell'articolo 108 (1).

(1) Articolo aggiunto dal Trattato sull'Unione Europea.

109 F. 1. A decorrere dall'avvio della seconda fase, viene costituito e inizia la propria attività l'Istituto monetario europeo (in appresso denomiato IME); esso ha personalità giuridica e viene diretto e gestito da un Consiglio composto di un Presidente e dei Governatori delle Banche centrali nazionali, fra i quali sarà scelto il Vicepresidente.

Il Presidente viene nominato di comune accordo dai Governi degli Stati membri a livello di Capi di Stato o di governo, su raccomandazione, secondo i casi, del Comitato dei Governatori delle Banche centrali nazionali della Comunità europea (in appresso denominato «Comitato dei Governatori»), o del Consiglio dell'IME e previa consultazione del Parlamento europeo e del Consiglio. Il Presidente è prescelto tra le persone di riconosciuta levatura ed esperienza professionale nel settore monetario o bancario. Soltanto cittadini degli Stati membri possono essere nominati Presidente dell'IME. Il Consiglio dell'IME nomina il Vicepresidente.

Lo statuto dell'IME è definito nel protocollo allegato al presente trattato.

Il Comitato dei Governatori delle Banche centrali degli Stati membri viene sciolto all'inizio della seconda fase.

2. L'IME:

— rafforza la cooperazione tra le Banche centrali nazionali degli Stati membri;

— rafforza il coordinamento delle politiche monetarie degli Stati membri allo scopo di garantire la stabilità dei prezzi;

— sorveglia il funzionamento del sistema monetario europeo;

— procede a consultazioni su questioni che rientrano nelle competenze delle Banche centrali nazionali e riguardano la stabilità degli istituti e dei mercati finanziari;

— assume i compiti del Fondo europeo di cooperazione monetaria che sarà sciolto; le relative modalità sono esposte nello statuto dell'IME;

— agevola l'impiego dell'ECU ed esercita la supervisione sul suo sviluppo, compreso il regolare funzionamento del sistema di compensazione dell'ECU.

3. Al fine di preparare la terza fase, l'IME:

— prepara gli strumenti e le procedure necessarie per attuare la politica monetaria unica nella terza fase;

— promuove l'armonizzazione, laddove necessario, delle norme che disciplinano la raccolta, la compilazione e la distribuzione delle statistiche nella sua sfera di competenza;

— prepara le norme per le operazioni che le Banche centrali nazionali devono intraprendere nell'ambito del SEBC;

— promuove l'efficienza dei pagamenti comunitari transfrontalieri;

— esercita la supervisione sulla preparazione tecnica delle banconote in ECU.

Al più tardi il 31 dicembre 1996, l'IME specifica il quadro regolamentare, organizzativo e logistico necessario perché il SEBC assolva i suoi compiti nella terza fase. Questo quadro sarà sottoposto alla BCE alla data della sua istituzione affinché decida in proposito.

4. L'IME, deliberando a maggioranza dei due terzi dei membri del suo Consiglio, può:

— formulare pareri, raccomandazioni sull'orientamento generale della politica monetaria e della politica del cambio, nonché sulle relative misure adottate in ciascuno Stato membro;

— presentare pareri oppure raccomandazioni indirizzati ai Governi e al Consiglio sulle politiche che possono influire sulla situazione monetaria interna o esterna della Comunità e, in particolare, sul funzionamento del Sistema monetario europeo;

— fare raccomandazioni alle autorità monetarie degli Stati membri in merito alla loro politica monetaria.

5. L'IME, deliberando all'unanimità, può decidere di pubblicare i propri pareri e le proprie raccomandazioni.

6. L'IME viene consultato dal Consiglio su ciascuna proposta di atto comunitario che rientri nella sua competenza.

Entro i limiti e alle condizioni stabiliti dal Consiglio, che delibera a maggioranza qualificata su proposta della Commissione e previa consultazione del Parlamento europeo e dell'IME, quest'ultimo viene consultato dalle autorità degli Stati membri su ogni proposta di provvedimento legislativo che rientri nella sua competenza.

7. Il Consiglio, deliberando all'unanimità su proposta della Commissione e previa consultazione del Parlamento europeo e dell'IME, può conferire all'IME altri compiti per la preparazione della terza fase.

8. Nei casi in cui il presente trattato prevede un ruolo consultivo della BCE, i riferimenti alla BCE vanno intesi come riferimenti all'IME prima dell'istituzione della BCE.

Nei casi in cui il presente trattato prevede un ruolo consultivo dell'IME, i riferimenti all'IME vanno intesi come riferimenti al Comitato dei Governatori prima del 1° gennaio 1994.

9. Nel corso della seconda fase, per «BCE» di cui agli articoli 173, 175, 176, 177, 180 e 215 si intende l'IME (1).

---

(1) Articolo aggiunto dal Trattato sull'Unione Europea.

109 G. La composizione valutaria del paniere dell'ECU non sarà modificata.

Dall'inizio della terza fase, il valore dell'ECU sarà fissato irrevocabilmente conformemente alle disposizioni dell'articolo 109 L, paragrafo 4 (1).

---

(1) Articolo aggiunto dal Trattato sull'Unione Europea.

109 H. 1. In caso di difficoltà o di grave minaccia di difficoltà nella bilancia dei pagamenti di uno Stato membro, provocate sia da uno squilibrio globale della bilancia, sia dal tipo di valuta di cui esso dispone, e capaci in particolare di compromettere il funzionamento del mercato comune o la graduale attuazione della politica commerciale comune, la Commissione procede senza indugio a un esame della situazione dello Stato in questione e dell'azione che questo ha intrapresa o può intraprendere conformemente alle disposizioni del presente trattato, facendo appello a tutti i mezzi di cui esso dispone.

La Commissione indica le misure di cui raccomanda l'adozione da parte dello Stato interessato.

Se l'azione intrapresa da uno Stato membro e le misure consigliate dalla Commissione non appaiono sufficienti ad appianare le difficoltà o minacce di difficoltà incontrate, la Commissione raccomanda al Consiglio, previa consultazione del Comitato di cui all'articolo 109 C, il concorso reciproco e i metodi del caso.

La Commissione tiene informato regolarmente il Consiglio della situazione e della sua evoluzione.

2. Deliberando a maggioranza qualificata, il Consiglio accorda il concorso reciproco; stabilisce le direttive o decisioni fissandone le condizioni e modalità. Il concorso reciproco può assumere in particolare la forma di:

a) un'azione concordata presso altre organizzazioni internazionali, alle quali gli Stati membri possono ricorrere;

b) misure necessarie ad evitare deviazioni di traffico quando il paese in difficoltà mantenga o ristabilisca restrizioni quantitative nei confronti dei paesi terzi;

c) concessione di crediti limitati da parte di altri Stati membri, con riserva del consenso di questi.

3. Quando il concorso reciproco raccomandato dalla Commissione non sia stato accordato dal Consiglio ovvero il concorso reciproco accordato e le misure adottate risultino insufficienti, la Commissione autorizza lo Stato che si trova in difficoltà ad adottare delle misure di salvaguardia di cui essa definisce le condizioni e le modalità.

Tale autorizzazione può essere revocata e le condizioni e modalità modificate dal Consiglio, che delibera a maggioranza qualificata.

4. Fatto salvo l'articolo 109 K, paragrafo 6, il presente articolo non è più applicabile dall'inizio della terza fase (1).

---

(1) Articolo aggiunto dal Trattato sull'Unione Europea.

109 I. 1. In caso di improvvisa crisi nella bilancia dei pagamenti e qualora non intervenga immediatamente una decisione ai sensi dell'articolo 109 H paragrafo 2, lo Stato membro interessato può adottare, a titolo conservativo, le misure di salvaguardia necessarie. Tali misure devono provocare il minor turbamento possibile nel funzionamento del mercato comune e non andare oltre la portata strettamente indispensabile a ovviare alle difficoltà improvvise manifestatesi.

2. La Commissione e gli Stati membri devono essere informati in merito a tali misure di salvaguardia al più tardi al momento della loro entrata in vigore. La Commissione può proporre al Consiglio il concorso reciproco ai termini dell'articolo 109 H.

3. Su parere della Commissione e previa consultazione del Comitato monetario di cui all'articolo 109 C, il Consiglio può, deliberando a maggioranza qualificata, decidere che lo Stato interessato debba modificare, sospendere o abolire le suddette misure di salvaguardia.

4. Fatto salvo l'articolo 109 K paragrafo 6, il presente articolo non è più applicabile dall'inizio della terza fase (1).

---

(1) Articolo aggiunto dal Trattato sull'Unione Europea.

109 J. 1. La Commissione e l'IME riferiscono al Consiglio sui progressi compiuti dagli Stati membri nell'adempimento dei loro obblighi relativi alla realizzazione dell'Unione economica e monetaria.

Dette relazioni comprendono un esame della compatibilità tra la legislazione nazionale di uno Stato membro, incluso lo statuto della sua Banca centrale, da un lato, e gli articoli 107 e 108 nonché lo statuto del SEBC, dall'altro. Le relazioni devono anche esaminare la realizzazione di un alto grado di sostenibile convergenza con riferimento al rispetto dei seguenti criteri da parte di ciascuno Stato membro:

— il raggiungimento di un alto grado di stabilità dei prezzi; questo risulterà da un tasso d'inflazione prossimo a quello dei tre Stati membri al massimo che hanno conseguito i migliori risultati in termini di stabilità dei prezzi;

— la sostenibilità della situazione di finanza pubblica; questa risulterà dal conseguimento di una situazione di bilancio pubblico non caratterizzata da un disavanzo eccessivo secondo la definizione di cui all'articolo 104 C, paragrafo 6;

— il rispetto dei margini normali di fluttuazione previsti dal meccanismo di cambio del Sistema monetario europeo per almeno due anni senza svalutazioni nei confronti della moneta di qualsiasi altro Stato membro;

— i livelli dei tassi di interesse a lungo termine che riflettano la stabilità della convergenza raggiunta dallo Stato membro e della sua partecipazione al meccanismo di cambio del Sistema monetario europeo.

I quattro criteri esposti nel presente paragrafo e i periodi pertinenti durante i quali devono essere rispettati sono definiti ulteriormente in un protocollo allegato al presente trattato. Le relazioni della Commissione e dell'IME tengono inoltre conto dello sviluppo dell'ECU, dei risultati dell'integrazione dei mercati, della situazione e dell'evoluzione delle partite correnti delle bilance dei pagamenti, di un esame dell'evoluzione dei costi unitari del lavoro e di altri indici di prezzo.

2. In base a queste relazioni il Consiglio, deliberando a maggioranza qualificata su raccomandazione della Commissione, valuta:

— se i singoli Stati membri soddisfino alle condizioni necessarie per l'adozione di una moneta unica;

— se la maggioranza degli Stati membri soddisfi alle condizioni necessarie per l'adozione di una moneta unica;

esso trasmette le sue conclusioni, sotto forma di raccomandazioni, al Consiglio riunito nella composizione dei Capi di Stato o di Governo. Il Parlamento europeo viene consultato e trasmette il proprio parere al Consiglio riunito nella composizione dei Capi di Stato o di Governo.

3. Tenendo debito conto delle relazioni di cui al paragrafo 1 e del parere del Parlamento europeo di cui al paragrafo 2, il Consiglio, riunito nella composizione dei Capi di Stato o di Governo, deliberando a maggioranza qualificata entro e non oltre il 31 dicembre 1996:

— decide, sulla base delle raccomandazioni del Consiglio di cui al paragrafo 2, se la maggioranza degli Stati membri soddisfa le condizioni necessarie per l'adozione di una moneta unica;

— decide se sia opportuno che la Comunità passi alla terza fase dell'Unione e, in caso affermativo,

— stabilisce la data di inizio della terza fase.

4. Se entro la fine del 1997 la data di inizio della terza fase non sarà stata fissata, la terza fase inizierà il 1° gennaio 1999. Anteriormente al 1° luglio 1998, il Consiglio, riunito nella composizione dei Capi di Stato o di Governo, dopo la ripetizione della procedura di cui ai paragrafi 1 e 2, ad eccezione del secondo trattino del paragrafo 2, presi in considerazione le relazioni di cui al paragrafo 1 e il parere del Parlamento europeo, deliberando a maggioranza qualificata sulla base delle raccomandazioni del Consiglio di cui al paragrafo 2, conferma quali Stati membri soddisfano alle condizioni necessarie per l'adozione di una moneta unica (1).

---

(1) Articolo aggiunto dal Trattato sull'Unione Europea.

109 K. 1. Qualora sia stato deciso di fissare la data conformemente all'articolo 109 J paragrafo 3, il Consiglio, sulla base delle raccomandazioni del Consiglio di cui all'articolo 109 J, paragrafo 2, deliberando a maggioranza qualificata su raccomandazione della Commissione, decide se ed a quali Stati membri si applica la deroga di cui al paragrafo 3 del presente articolo. Tali Stati membri sono in appresso denominati «Stati membri con deroga».

Qualora il Consiglio abbia confermato quali Stati membri soddisfano alle condizioni necessarie per l'adozione di una moneta unica, conformemente all'articolo 109 J paragrafo 4, agli Stati membri che non soddisfano a tali condizioni si applica una deroga quale definita al paragrafo 3 del presente articolo. Tali Stati membri sono in appresso denominati «Stati membri con deroga».

2. Almeno una volta ogni due anni o a richiesta di uno Stato membro con deroga, la Commissione e la BCE riferiscono al Consiglio in conformità della procedura dell'articolo 109 J paragrafo 1. Previa consultazione del Parlamento europeo e dopo dibattito in seno al Consiglio nella composizione dei Capi di Stato o di Governo, il Consiglio, deliberando a maggioranza qualificata su proposta della Commissione, decide quali Stati membri con deroga soddisfano alle con-

dizioni necessarie sulla base dei criteri di cui all'articolo 109 J paragrafo 1, e abolisce le deroghe degli Stati membri in questione.

3. La deroga di cui al paragrafo 1 comporta che allo Stato membro in questione non si applichino i seguenti articoli: 104 C, paragrafi 9 e 11, 105, paragrafi 1, 2, 3 e 5, 105 A, 108 A, 109, 109 A, paragrafo 2, lettera *b)*. L'esclusione di detto Stato membro e della sua Banca centrale nazionale dai diritti e dagli obblighi nel quadro del SEBC è oggetto del Capo IX dello statuto del SEBC.

4. Agli articoli 105, paragrafi 1, 2 e 3, 105 A, 108 A, 109 e 109 A, paragrafo 2, lettera *b)*, per «Stati membri» si intende «Stati membri senza deroga».

5. I diritti di voto degli Stati membri con deroga sono sospesi per le decisioni del Consiglio di cui agli articoli del presente trattato elencati al paragrafo 3. In tal caso, in deroga agli articoli 148 e 189 A, paragrafo 1, la maggioranza qualificata corrisponde ai due terzi dei voti dei rappresentanti degli Stati membri senza deroga ponderati conformemente alle disposizioni dell'articolo 148, paragrafo 2; per un atto che richiede l'unanimità è richiesta l'unanimità di tali Stati membri.

6. Gli articoli 109 H e 109 I continuano ad applicarsi agli Stati membri con deroga (1).

---

(1) Articolo aggiunto dal Trattato sull'Unione Europea.

109 L. 1. Non appena presa la decisione sulla data d'inizio della terza fase conformemente all'articolo 109 J paragrafo 3 o, secondo i casi, immediatamente dopo il 1° luglio 1998:

— il Consiglio adotta le disposizioni di cui all'articolo 106, paragrafo 6;

— i Governi degli Stati membri senza deroga nominano, in conformità della procedura di cui all'articolo 50 dello statuto del SEBC, il Presidente, il Vicepresidente e gli altri membri del Comitato esecutivo della BCE. Se vi sono Stati membri con deroga, il numero dei membri del Comitato esecutivo può essere inferiore a quello previsto dall'articolo 11, paragrafo 1 dello statuto del SEBC, ma in nessun caso può essere inferiore a quattro.

Non appena è stato nominato il Comitato esecutivo, il SEBC e la BCE entrano in funzione e si preparano a svolgere appieno le loro attività come indicato nel presente trattato e nello statuto del SEBC.

Il pieno esercizio dei loro poteri ha inizio a decorrere dal primo giorno della terza fase.

2. Non appena è stata istituita la BCE, essa, se necessario, assume i compiti dell'IME. Con l'istituzione della BCE, l'IME viene posto in liquidazione; le relative modalità sono definite nello statuto dell'IME.

3. Se e fintantoché vi sono Stati membri con deroga e fatto salvo l'articolo 106, paragrafo 3 del presente trattato, il Consiglio Generale della BCE di cui all'articolo 45 dello statuto del SEBC sarà costituito in quanto terzo organo decisionale della BCE.

4. Alla data di inizio della terza fase, il Consiglio, deliberando all'unanimità degli Stati membri senza deroga, su proposta della Commissione e previa consultazione della BCE, adotta i tassi di conversione ai quali le rispettive monete sono irrevocabilmente vincolate e il tasso irrevocabilmente fissato al quale l'ECU viene a sostituirsi a queste valute, e sarà quindi valuta a pieno diritto. Questa misura di per sé non modifica il valore esterno dell'ECU. Il Consiglio, deliberando con la stessa procedura, prende anche le altre misure necessarie per la rapida introduzione dell'ECU come moneta unica di quegli Stati membri.

5. Se si decide, conformemente alla procedura di cui all'articolo 109 K, paragrafo 2, di abolire una deroga, il Consiglio, deliberando all'unanimità degli Stati membri senza deroga e dello Stato membro in questione, su proposta della Commisione e previa consultazione della BCE, adotta il tasso al quale l'ECU subentra alla moneta dello Stato membro in questione e prende le altre misure necessarie per l'introduzione dell'ECU come moneta unica nello Stato membro interessato (1).

---

(1) Articolo aggiunto dal Trattato sull'Unione Europea.

109 M. 1. Fino all'inizio della terza fase dell'Unione economica e monetaria, ogni Stato membro considera la propria politica del cambio come un problema di interesse comune. A tal fine e nel rispetto delle competenze esistenti, gli Stati membri tengono conto delle esperienze acquisite grazie alla cooperazione nell'ambito del Sistema monetario europeo (SME) e allo sviluppo dell'ECU.

2. A decorrere dall'inizio della terza fase e fintantoché uno Stato membro è oggetto di deroga, il paragrafo 1 si applica, per analogia, alla politica del cambio di detto Stato membro (1).

---

(1) Articolo aggiunto dal Trattato sull'Unione Europea.

TITOLO VII (1)

Politica commerciale comune

---

(1) Titolo così sostituito dal Trattato sull'Unione Europea.

110. Con l'instaurare un'unione doganale fra loro, gli Stati membri intendono contribuire, secondo l'interesse comune, allo sviluppo armonico del commercio mondiale, alla graduale soppressione delle restrizioni agli scambi internazionali ed alla riduzione delle barriere doganali.

La politica commerciale comune tiene conto dell'incidenza favorevole che la soppressione dei dazi fra gli Stati membri può esercitare sullo sviluppo delle capacità di concorrenza delle imprese di tali Stati.

111. (*Omissis*) (1)

---

(1) Articolo abrogato dal Trattato sull'Unione Europea.

112. 1. Senza pregiudizio degli impegni assunti dagli Stati membri nell'ambito di altre organizzazioni internazionali, i regimi di aiuti concessi dagli Stati membri alle esportazioni nei paesi terzi saranno progressivamente armonizzati prima del termine del periodo transitorio, nella misura necessaria per evitare che venga alterata la concorrenza fra le imprese della Comunità.

Su proposta della Commissione, il Consiglio stabilisce, all'unanimità fino al termine della seconda tappa e a maggioranza qualificata in seguito, le direttive necessarie a tal fine.

2. Le disposizioni che precedono non si applicano ai ristorni di dazi doganali o di tasse di effetto equivalente né ai ristorni di imposizioni indirette, ivi comprese le imposte sulla cifra d'affari, le imposte di consumo e le altre imposte indirette, concessi all'atto dell'esportazione di una merce da uno Stato membro in un paese terzo, nella misura in cui tali ristorni non siano superiori agli oneri che hanno gravato direttamente o indirettamente sui prodotti esportati.

113. 1. La politica commerciale comune è fondata su principi uniformi, specialmente per quanto concerne le modificazioni tariffarie, la conclusione di accordi tariffari e commerciali, l'uniformazione delle misure di liberalizzazione, la politica d'esportazione nonché le misure di difesa commerciale, tra cui quelle da adottarsi in casi di dumping e di sovvenzioni.

2. La Commissione presenta al Consiglio proposte per l'attuazione della politica commerciale comune.

3. Qualora si debbano negoziare accordi con uno o più Stati o organizzazioni internazionali, la Commissione presenta raccomandazioni al Consiglio che l'autorizza ad aprire i negoziati necessari.

Tali negoziati sono condotti dalla Commissione in consultazione con un comitato speciale designato dal Consiglio per assisterla in questo compito e nel quadro delle direttive che il Consiglio può impartirle.

Le pertinenti disposizioni dell'articolo 228 sono applicabili.

4. Nell'esercizio delle competenze che gli sono conferite dal presente articolo il Consiglio delibera a maggioranza qualificata (1).

---

(1) Articolo così sostituito dal Trattato sull'Unione Europea.

114. (*Omissis*) (1)

---

(1) Articolo abrogato dal Trattato sull'Unione Europea.

115. Per assicurare che l'esecuzione delle misure di politica commerciale adottate dagli Stati membri conformemente al presente trattato non sia impedita da deviazioni di traffico, ovvero qualora delle disparità nelle misure stesse provochino difficoltà economiche in uno o più Stati, la Commissione raccomanda i metodi con i quali gli altri Stati membri apportano la necessaria cooperazione. In mancanza, la Commissione può autorizzare gli Stati membri ad adottare le misure di protezione necessarie definendone le condizioni e modalità.

In caso d'urgenza gli Stati membri chiedono che la Commissione si pronunci al più presto al fine di autorizzarli ad adottare direttamente le misure necessarie, che poi notificano agli altri Stati membri.

La Commissione può decidere in qualsiasi momento che gli Stati membri interessati devono modificare o abolire le misure in questione.

In ordine di priorità, devono essere scelte le misure capaci di provocare il minor turbamento possibile nel funzionamento del mercato comune (1).

---

(1) Articolo così sostituito dal Trattato sull'Unione Europea.

116. (*Omissis*) (1)

---

(1) Articolo abrogato dal Trattato sull'Unione Europea.

Titolo VIII (1)

Politica sociale, istruzione, formazione professionale e gioventù

---

(1) Titolo così sostituito dal Trattato sull'Unione Europea.

Capo I

Disposizioni sociali

117. Gli Stati membri convengono sulla necessità di promuovere il miglioramento delle condizioni di vita e di lavoro della mano d'opera che consenta la loro parificazione nel progresso.

Gli Stati membri ritengono che una tale evoluzione risulterà sia dal funzionamento del mercato comune, che favorirà l'armonizzarsi dei sistemi sociali, sia dalle procedure previste dal presente trattato e dal ravvicinamento delle disposizioni legislative, regolamentari e amministrative.

118. Senza pregiudizio delle altre disposizioni del presente trattato e conformemente agli obiettivi generali di questo, la Commissione ha il compito di promuovere una stretta collaborazione tra gli Stati membri nel campo sociale in particolare per le materie riguardanti:

— l'occupazione,

— il diritto al lavoro e le condizioni di lavoro,

— la formazione e il perfezionamento professionale,

— la sicurezza sociale,

— la protezione contro gli infortuni e le malattie professionali,

— l'igiene del lavoro,

— il diritto sindacale e le trattative collettive tra datori di lavoro e lavoratori.

A tal fine la Commissione opera a stretto contatto con gli Stati membri mediante studi e pareri e organizzando consultazioni, sia per i problemi che si presentano sul piano nazionale, che per quelli che interessano le organizzazioni internazionali.

Prima di formulare i pareri previsti dal presente articolo, la Commissione consulta il Comitato economico e sociale.

118 A. 1. Gli Stati si adoperano per promuovere il miglioramento in particolare dell'ambiente di lavoro per tutelare la sicurezza e la salute dei lavoratori e si fissano come obiettivo l'armonizzazione, in una prospettiva di progresso, delle condizioni esistenti in questo settore.

2. Per contribuire alla realizzazione dell'obiettivo previsto al paragrafo 1, il Consiglio, deliberando in conformità della procedura di cui all'articolo 189 C e previa consultazione del Comitato economico e sociale, adotta mediante direttive le prescrizioni minime, applicabili progressivamente, tenendo conto delle condizioni e delle normative tecniche esistenti in ciascuno Stato membro (1).

Tali direttive eviteranno di imporre vincoli amministrativi, finanziari e giuridici di natura tale da ostacolare la creazione e lo sviluppo di piccole e medie imprese.

3. Le disposizioni adottate a norma del presente articolo non ostano a che ciascuno Stato membro mantenga e stabilisca misure, compatibili con il presente trattato, per una maggiore protezione delle condizioni di lavoro (2).

---

(1) Comma così sostituito dal Trattato sull'Unione Europea.

(2) Articolo aggiunto dall'art. 21 dell'Atto unico europeo.

118 B. La Commissione si sforza di sviluppare a livello europeo un dialogo tra le parti sociali, il quale possa sfociare, se esse lo ritengono opportuno, in relazioni convenzionali (1).

---

(1) Articolo aggiunto dall'art. 22 dell'Atto unico europeo.

119. Ciascuno Stato membro assicura durante la prima tappa, e in seguito mantiene, l'applicazione del principio della parità delle retribuzioni fra i lavoratori di sesso maschile e quelli di sesso femminile per uno stesso lavoro.

Per retribuzioni deve essere inteso, ai sensi del presente articolo, il salario o trattamento normale di base o minimo e tutti gli altri vantaggi pagati direttamente o indirettamente, in contanti o in natura, dal datore di lavoro al lavoratore in ragione dell'impiego di quest'ultimo.

La parità di retribuzione, senza discriminazione fondata sul sesso, implica:

a) che la retribuzione accordata per uno stesso lavoro pagato a cottimo sia fissata in base a una stessa unità di misura,

b) che la retribuzione corrisposta per un lavoro pagato a tempo sia uguale per un posto di lavoro uguale.

120. Gli Stati membri si adoperano a mantenere l'equivalenza esistente nei regimi di congedi retribuiti.

121. Il Consiglio, con deliberazione unanime, previa consultazione del Comitato economico e sociale, può affidare alla Commissione funzioni riguardanti l'attuazione di misure comuni, particolarmente per quanto riguarda la sicurezza sociale dei lavoratori migranti di cui agli articoli da 48 a 51 inclusi.

122. La Commissione dedica, nella sua relazione annuale al Parlamento europeo, un capitolo speciale all'evoluzione della situazione sociale nella Comunità.

Il Parlamento europeo può invitare la Commissione a elaborare delle relazioni su problemi particolari concernenti la situazione sociale.

Capo II

Il fondo sociale europeo

123. Per migliorare le possibilità di occupazione dei lavoratori nell'ambito del mercato interno e contribuire così al miglioramento del tenore di vita, è istituito, nel quadro delle disposizioni seguenti, un Fondo sociale europeo che avrà il compito di promuovere all'interno della Comunità le possibilità di occupazione e la mobilità geografica e professionale dei lavoratori nonché di facilitare l'adeguamento alle trasformazioni industriali e ai cambiamenti dei sistemi di produzione, in particolare attraverso la formazione e la riconversione professionale (1).

---

(1) Articolo così sostituito dal Trattato sull'Unione Europea.

124. L'amministrazione del Fondo spetta alla Commissione.

In tale compito la Commissione è assistita da un comitato, presieduto da un membro della Commissione e composto di rappresentanti dei governi e delle organizzazioni sindacali dei lavoratori e dei datori di lavoro.

125. Il Consiglio, deliberando in conformità della procedura di cui all'articolo 189 C e previa consultazione del Comitato economico e sociale, adotta le decisioni di applicazione relative al Fondo sociale europeo (1).

---

(1) Articolo così sostituito dal Trattato sull'Unione Europea.

Capo III (1)

Istruzione, formazione professionale e gioventù

---

(1) Capo aggiunto dal Trattato sull'Unione Europea.

126. 1. La Comunità contribuisce allo sviluppo di un'istruzione di qualità incentivando la cooperazione tra Stati membri e, se necessario, sostenendo ed integrando la loro azione nel pieno rispetto della responsabilità degli Stati membri per quanto riguarda il contenuto dell'insegnamento e l'organizzazione del sistema d'istruzione, nonché delle loro diversità culturali e linguistiche.

2. L'azione della Comunità è intesa:

— a sviluppare la dimensione europea dell'istruzione, segnatamente con l'apprendimento e la diffusione delle lingue degli Stati membri;

— a favorire la mobilità degli studenti e degli insegnanti, promuovendo tra l'altro il riconoscimento accademico dei diplomi e dei periodi di studio;

— a promuovere la cooperazione tra gli istituti d'insegnamento;

— a sviluppare lo scambio di informazioni e di esperienze sui problemi comuni dei sistemi di istruzione degli Stati membri;

— a favorire lo sviluppo degli scambi di giovani e di animatori di attività socioeducative;

— a incoraggiare lo sviluppo dell'istruzione a distanza.

3. La Comunità e gli Stati membri favoriscono la cooperazione con i paesi terzi e le organizzazioni internazionali competenti in materia di istruzione, in particolare con il Consiglio d'Europa.

4. Per contribuire alla realizzazione degli obiettivi previsti dal presente articolo, il Consiglio adotta:

— deliberando in conformità della procedura di cui all'articolo 189 B e previa consultazione del Comitato economico e sociale e del Comitato delle regioni, azioni di incentivazione, ad esclusione di qualsiasi armonizzazione delle disposizioni legislative e regolamentari degli Stati membri;

— deliberando a maggioranza qualificata su proposta della Commissione, raccomandazioni (1).

(1) Articolo così sostituito dal Trattato sull'Unione Europea.

127. 1. La Comunità attua una politica di formazione professionale che rafforza ed integra le azioni degli Stati membri, nel pieno rispetto della responsabilità di questi ultimi per quanto riguarda il contenuto e l'organizzazione della formazione professionale.

2. L'azione della Comunità è intesa:

— a facilitare l'adeguamento alle trasformazioni industriali, in particolare attraverso la formazione e la riconversione professionale;

— a migliorare la formazione professionale iniziale e la formazione permanente, per agevolare l'inserimento e il reinserimento professionale sul mercato del lavoro;

— a facilitare l'accesso alla formazione professionale ed a favorire la mobilità degli istruttori e delle persone in formazione, in particolare dei giovani;

— a stimolare la cooperazione in materia di formazione tra istituti di insegnamento o di formazione professionale e imprese;

— a sviluppare lo scambio di informazioni e di esperienze sui problemi comuni dei sistemi di formazione degli Stati membri.

3. La Comunità e gli Stati membri favoriscono la cooperazione con i paesi terzi e le organizzazioni internazionali competenti in materia di formazione professionale.

4. Il Consiglio, deliberando in conformità della procedura di cui all'articolo 189 C e previa consultazione del Comitato economico e sociale, adotta le misure atte a contribuire alla realizzazione degli obiettivi di cui al presente articolo, ad esclusione di qualsiasi armonizzazione delle disposizioni legislative e regolamentari degli Stati membri (1).

(1) Articolo così sostituito dal Trattato sull'Unione Europea.

TITOLO IX (1)
Cultura

(1) Titolo aggiunto dal Trattato sull'Unione Europea.

128. 1. La Comunità contribuisce al pieno sviluppo delle culture degli Stati membri nel rispetto delle loro diversità nazionali e regionali, evidenziando nel contempo il retaggio culturale comune.

2. L'azione della Comunità è intesa ad incoraggiare la cooperazione tra Stati membri e, se necessario, ad appoggiare e ad integrare l'azione di questi ultimi nei seguenti settori:

— miglioramento della conoscenza e della diffusione della cultura e della storia dei popoli europei;

— conservazione e salvaguardia del patrimonio culturale di importanza europea;

— scambi culturali non commerciali;

— creazione artistica e letteraria, compreso il settore audiovisivo.

3. La Comunità e gli Stati membri favoriscono la cooperazione con i paesi terzi e le organizzazioni internazionali competenti in materia di cultura, in particolare con il Consiglio d'Europa.

4. La Comunità tiene conto degli aspetti culturali nell'azione che svolge ai sensi di altre disposizioni del presente trattato.

5. Per contribuire alla realizzazione degli obiettivi previsti dal presente articolo, il Consiglio adotta:

— deliberando in conformità della procedura di cui all'articolo 189 B e previa consultazione del Comitato delle regioni, azioni di incentivazione, ad esclusione di qualsiasi armonizzazione delle disposizioni legislative e regolamentari degli Stati membri. Il Consiglio delibera all'unanimità durante tutta la procedura di cui all'articolo 189 B;

— deliberando all'unanimità su proposta della Commissione, raccomandazioni (1).

(1) Articolo così sostituito dal Trattato sull'Unione Europea.

TITOLO X (1)

Sanità pubblica

(1) Titolo aggiunto dal Trattato sull'Unione Europea.

129. 1. La Comunità contribuisce a garantire un livello elevato di protezione della salute umana, incoraggiando la cooperazione tra gli Stati membri e, se necessario, sostenendone l'azione.

L'azione della Comunità si indirizza in primo luogo alla prevenzione delle malattie, segnatamente dei grandi flagelli, compresa la tossicodipendenza, favorendo la ricerca sulle loro cause e sulla loro propagazione, nonché l'informazione e l'educazione in materia sanitaria.

Le esigenze di protezione della salute costituiscono una componente delle altre politiche della Comunità.

2. Gli Stati membri coordinano tra loro, in collegamento con la Commissione, le rispettive politiche ed i rispettivi programmi nei settori di cui al paragrafo 1.

La Commissione può prendere, in stretto contatto con gli Stati membri, ogni iniziativa utile a promuovere detto coordinamento.

3. La Comunità e gli Stati membri favoriscono la cooperazione con i paesi terzi e con le organizzazioni internazionali competenti in materia di sanità pubblica.

4. Per contribuire alla realizzazione degli obiettivi previsti dal presente articolo, il Consiglio adotta:

— deliberando in conformità della procedura di cui all'articolo 189 B e previa consultazione del Comitato economico e sociale e del Comitato delle regioni, azioni di incentivazione, ad esclusione di qualsiasi armonizzazione delle disposizioni legislative e regolamentari degli Stati membri;

— deliberando a maggioranza qualificata su proposta della Commissione, raccomandazioni (1).

(1) Articolo così sostituito dal Trattato sull'Unione Europea.

TITOLO XI (1)

Protezione dei consumatori

(1) Titolo aggiunto dal Trattato sull'Unione Europea.

129 A. 1. La Comunità contribuisce al conseguimento di un livello elevato di protezione dei consumatori mediante:

a) misure adottate in applicazione dell'articolo 100 A nel quadro della realizzazione del mercato interno;

b) azioni specifiche di sostegno e di integrazione della politica svolta dagli Stati membri al fine di tutelare la salute, la sicurezza e gli interessi economici dei consumatori e di garantire loro un'informazione adeguata.

2. Il Consiglio, deliberando in conformità della procedura di cui all'articolo 189 B e previa consultazione del Comitato economico e sociale, adotta le azioni specifiche di cui al paragrafo 1, lettera *b)*.

3. Le azioni adottate in applicazione del paragrafo 2 non impediscono ai singoli Stati membri di mantenere e di prendere misure di protezione più rigorose. Tali misure devono essere compatibili con il presente trattato.

Esse sono notificate alla Commissione.

TITOLO XII (1)

Reti transeuropee

(1) Titolo aggiunto dal Trattato sull'Unione Europea.

129 B. 1. Per contribuire al raggiungimento degli obiettivi di cui agli articoli 7 A e 130 A e per consentire ai cittadini dell'Unione, agli operatori economici e alle collettività regionali e locali di beneficiare pienamente dei vantaggi derivanti dall'instaurazione di uno spazio senza frontiere interne, la Comunità concorre alla costituzione e allo sviluppo di reti transeuropee nei settori delle infrastrutture dei trasporti, delle telecomunicazioni e dell'energia.

2. Nel quadro di un sistema di mercati aperti e concorrenziali, l'azione della Comunità mira a favorire l'interconnessione e l'interoperabilità delle reti nazionali, nonché l'accesso a tali reti.

Essa tiene conto in particolare della necessità di collegare alle regioni centrali della Comunità le regioni insulari, prive di sbocchi al mare e periferiche.

129 C. 1. Per conseguire gli obiettivi di cui all'articolo 129 B, la Comunità:

— stabilisce un insieme di orientamenti che contemplino gli obiettivi, le priorità e le linee principali delle azioni previste nel settore delle reti transeuropee; in detti orientamenti sono individuati progetti di interesse comune;

— intraprendere ogni azione che si riveli necessaria per garantire l'interoperabilità delle reti, in particolare nel campo dell'armonizzazione delle norme tecniche;

— può appoggiare gli sforzi finanziari degli Stati membri per progetti d'interesse comune finanziati dagli Stati membri e individuati nell'ambito degli orientamenti di cui al primo trattino, in particolare mediante studi di fattibilità, garanzie di prestito o abbuoni d'interesse; la Comunità può altresì contribuire al finanziamento negli Stati membri, mediante il Fondo di coesione da istituire entro e non oltre il 31 dicembre 1993 conformemente all'articolo 130 D, di progetti specifici nel settore delle infrastrutture dei trasporti.

L'azione della Comunità tiene conto della potenziale validità economica dei progetti.

2. Gli Stati membri coordinano tra loro, in collegamento con la Commissione, le politiche svolte a livello nazionale che possono avere un impatto rilevante sulla realizzazione degli obiettivi di cui all'articolo 129 B.

La Commissione può prendere, in stretta collaborazione con gli Stati membri, qualsiasi iniziativa utile per favorire detto coordinamento.

3. La Comunità può decidere di cooperare con i paesi terzi per promuovere progetti di interesse comune e garantire l'interoperabilità delle reti.

129 D. Gli orientamenti di cui all'articolo 129 C, paragrafo 1 sono adottati dal Consiglio, che delibera in conformità della procedura di cui all'articolo 189 B e previa consultazione del Comitato economico e sociale e del Comitato delle regioni.

Gli orientamenti ed i progetti di interesse comune che riguardano il territorio di uno Stato membro esigono l'approvazione dello Stato membro interessato.

Il Consiglio, deliberando in conformità della procedura di cui all'articolo 189 C e previa consultazione del Comitato economico e sociale e del Comitato delle regioni, adotta le altre misure previste nell'articolo 129 C, paragrafo 1.

TITOLO XIII (1)

Industria

(1) Titolo aggiunto dal Trattato sull'Unione Europea.

130. 1. La Comunità e gli Stati membri provvedono affinché siano assicurate le condizioni necessarie alla competitività dell'industria della Comunità.

A tal fine, nell'ambito di un sistema di mercati aperti e concorrenziali, la loro azione è intesa:

— ad accelerare l'adattamento dell'industria alle trasformazioni strutturali;

— a promuovere un ambiente favorevole all'iniziativa ed allo sviluppo delle imprese di tutta la Comunità, segnatamente delle piccole e medie imprese;

— a promuovere un ambiente favorevole alla cooperazione tra imprese;

— a favorire un migliore sfruttamento del potenziale industriale delle politiche d'innovazione, di ricerca e di sviluppo tecnologico.

2. Gli Stati membri si consultano reciprocamente in collegamento con la Commissione e, per quanto è necessario, coordinano le loro azioni. La Commissione può prendere ogni iniziativa utile a promuovere detto coordinamento.

3. La Comunità contribuisce alla realizzazione degli obiettivi di cui al paragrafo 1 attraverso politiche ed azioni da essa attuate ai sensi di altre disposizioni del presente trattato.

Il Consiglio, deliberando all'unanimità su proposta della Commissione e previa consultazione del Parlamento europeo e del Comitato economico e sociale, può decidere misure specifiche, destinate a sostenere le azioni svolte negli Stati membri al fine di realizzare gli obiettivi di cui al paragrafo 1.

Il presente Titolo non costituisce una base per l'introduzione da parte della Comunità di qualsivoglia misura che possa comportare distorsioni di concorrenza.

TITOLO XVI (1)

Coesione economica e sociale

(1) Titolo aggiunto dall'art. 23 dell'Atto unico europeo. Numerazione così modificata dal Trattato sull'Unione Europea.

130 A. Per promuovere uno sviluppo armonioso dell'insieme della Comunità, questa sviluppa e prosegue la propria azione intesa a realizzare il rafforzamento della sua coesione economica e sociale.

In particolare la Comunità mira a ridurre il divario tra i livelli di sviluppo delle varie regioni ed il ritardo delle regioni meno favorite comprese le zone rurali (1).

(1) Articolo così sostituito dal Trattato sull'Unione Europea.

130 B. Gli Stati membri conducono la loro politica economica e la coordinano anche al fine di raggiungere gli obiettivi dell'art. 130 A. L'elaborazione e l'attuazionedelle politiche e azioni comunitarie, nonché l'attuazione del mercato interno tengono conto degli obiettivi dell'articolo 130 A e concorrono alla loro realizzazione. La Comunità appoggia questa realizzazione con l'azione che essa svolge attraverso fondi a finalità strutturale (Fondo europeo agricolo di orientamento e di garanzia, sezione orientamento, Fondo sociale europeo, Fondo europeo di sviluppo regionale), la Banca europea per gli investimenti e gli altri strumenti finanziari esistenti.

La Commissione presenta ogni tre anni al Parlamento europeo, al Consiglio, al Comitato economico e sociale e al Comitato delle regioni una relazione sui progressi compiuti nella realizzazione della coesione economica e sociale e sul modo in cui i vari strumenti previsti dal presente articolo vi hanno contribuito. Tale relazione è corredata, se del caso, di appropriate proposte.

Le azioni specifiche che si rivelassero eventualmente necessarie al di fuori dei Fondi, fatte salve le misure decise nell'ambito delle altre politiche della Comunità, possono essere adottate dal Consiglio, che delibera all'unanimità su proposta della Commissione e previa consultazione del Parlamento europeo, del Comitato economico e sociale e del Comitato delle regioni (1).

(1) Articolo così sostituito dal Trattato sull'Unione Europea.

130 C. Il Fondo europeo di sviluppo regionale è destinato a contribuire alla correzione dei principali squilibri regionali esistenti nella Comunità, partecipando allo sviluppo e all'adeguamento strutturale delle regioni in ritardo di sviluppo nonché alla riconversione delle regioni industriali in declino.

130 D. Fatto salvo l'articolo 130 E, il Consiglio, deliberando all'unanimità su proposta della Commissione, previo parere conforme del Parlamento europeo e previa consultazione del Comitato economico e sociale e del Comitato delle regioni, definisce i compiti, gli obiettivi prioritari e l'organizzazione dei fondi a finalità strutturale, elemento quest'ultimo che può comportare il raggruppamento dei fondi. Il Consiglio definisce inoltre, secondo la stessa procedura, le norme generali applicabili ai fondi, nonché le disposizioni necessarie per garantire l'efficacia e il coordinamento dei fondi tra loro e con gli altri strumenti finanziari esistenti.

Il Consiglio, deliberando secondo la stessa procedura, istituisce entro il 31 dicembre 1993 un Fondo di coesione per l'erogazione di contributi finanziari a progetti in materia di ambiente e di reti transeuropee nel settore delle infrastrutture dei trasporti (1).

---

(1) Articolo così sostituito dal Trattato sull'Unione Europea.

130 E. Le decisioni di applicazione relative al Fondo europeo di sviluppo regionale sono adottate dal Consiglio, che delibera in conformità della procedura di cui all'articolo 189 C e previa consultazione del Comitato Economico e Sociale e del Comitato delle Regioni.

Per quanto riguarda il Fondo europeo agricolo di orientamento e di garanzia, sezione orientamento, ed il Fondo sociale europeo restano applicabili rispettivamente gli artt. 43 e 125 (1).

---

(1) Articolo così sostituito dal Trattato sull'Unione Europea.

TITOLO XV (1)

Ricerca e sviluppo tecnologico

---

(1) Titolo aggiunto dall'art. 24 dell'Atto unico europeo. Numerazione così modificata dal Trattato sull'Unione Europea.

130 F. 1. La Comunità si propone l'obiettivo di rafforzare le basi scientifiche e tecnologiche dell'industria della Comunità, e di favorire lo sviluppo della sua competitività internazionale e di promuovere le azioni di ricerca ritenute necessarie ai sensi di altri capi del presente trattato.

2. A tal fine, essa incoraggia nell'insieme della Comunità le imprese, comprese le piccole e medie imprese, i centri di ricerca e le università nei loro sforzi di ricerca e di sviluppo tecnologico di alta qualità; essa sostiene i loro sforzi di cooperazione, mirando soprattutto a permettere alle imprese di sfruttare appieno le potenzialità del mercato interno grazie, in particolare, all'apertura degli appalti pubblici nazionali, alla definizione di norme comuni ed all'eliminazione degli ostacoli giuridici e fiscali a detta cooperazione.

3. Tutte le azioni della Comunità ai sensi del presente trattato, comprese le azioni dimostrative, nel settore della ricerca e dello sviluppo tecnologico sono decise e realizzate conformemente alle disposizioni del presente Titolo (1).

---

(1) Articolo così sostituito dal Trattato sull'Unione Europea.

130 G. Nel perseguire tali obiettivi, la Comunità svolge le azioni seguenti, che integrano quelle intraprese dagli Stati membri:

a) attuazione di programmi di ricerca, sviluppo tecnologico e dimostrazione, promuovendo la cooperazione con e tra le imprese, in centri di ricerca e le università;

b) promozione della cooperazione in materia di ricerca e sviluppo tecnologico e dimostrazione comunitari con i paesi terzi e le organizzazioni internazionali;

c) diffusione e valorizzazione dei risultati delle attività in materia di ricerca, sviluppo tecnologico e dimostrazione comunitari;

d) impulso alla formazione e alla mobilità dei ricercatori della Comunità.

130 H. 1. La Comunità e gli Stati membri coordinano la loro azione in materia di ricerca e sviluppo tecnologico per garantire la coerenza reciproca delle politiche nazionali e della politica comunitaria.

2. La Commissione, in stretta collaborazione con gli Stati membri, può prendere ogni iniziativa utile a promuovere il coordinamento di cui al paragrafo 1 (1).

---

(1) Articolo così sostituito dal Trattato sull'Unione Europea.

130 I. 1. Il Consiglio, deliberando in conformità della procedura di cui all'articolo 189 B e previa consultazione del Comitato economico e sociale, adotta un programma quadro pluriennale, che comprende l'insieme delle azioni della Comunità. Il Consiglio delibera all'unanimità durante tutta la procedura di cui all'articolo 189 B.

Il programma quadro:

— fissa gli obiettivi scientifici e tecnologici da realizzare mediante le azioni previste dall'articolo 130 G e le relative priorità;

— indica le grandi linee di dette azioni;

— stabilisce l'importo globale massimo e le modalità della partecipazione finanziaria della Comunità al programma quadro, nonché le quote rispettive di ciascuna delle azioni previste.

2. Il programma quadro viene adattato o completato in funzione dell'evoluzione della situazione.

3. Il programma quadro è attuato mediante programmi specifici sviluppati nell'ambito di ciascuna azione. Ogni programma specifico precisa le modalità di realizzazione del medesimo, ne fissa la durata e prevede i mezzi ritenuti necessari. La somma degli importi ritenuti necessari, fissati dai programmi specifici, non può superare l'importo globale massimo fissato per il programma quadro e per ciascuna azione.

4. Il Consiglio, deliberando a maggioranza qualificata su proposta della Commissione e previa consultazione del Parlamento europeo e del Comitato economico e sociale, adotta i programmi specifici (1).

---

(1) Articolo così sostituito dal Trattato sull'Unione Europea.

130 J. Per l'attuazione del programma quadro pluriennale, il Consiglio:

— fissa le norme per la partecipazione delle imprese, dei centri di ricerca e delle università;

— fissa le norme applicabili alla divulgazione dei risultati della ricerca (1).

---

(1) Articolo aggiunto dal Trattato sull'Unione Europea.

130 K. L'attuazione del programma quadro è fatta mediante programmi specifici sviluppati nell'ambito di ciascuna azione. Ogni programma specifico precisa le modalità di realizzazione del medesimo, ne fissa la durata e prevede i mezzi ritenuti necessari.

Il Consiglio definisce le modalità di diffusione delle conoscenze risultanti dai programmi specifici.

130 L. Nell'attuazione del programma quadro pluriennale possono essere decisi programmi complementari cui partecipano soltanto alcuni Stati membri che ne assicurano il finanziamento, fatta salva un'eventuale partecipazione della Comunità.

Il Consiglio adotta le norme applicabili ai programmi complementari, in particolare in materia di diffusione delle conoscenze e di accesso di altri Stati membri.

130 M. Nell'attuazione del programma quadro pluriennale la Comunità può prevedere, d'intesa con gli Stati membri interessati, la partecipazione a programmi di ricerca e sviluppo avviati da più Stati membri, compresa la partecipazione alle strutture instaurate per l'esecuzione di detti programmi.

130 N. Nell'attuazione del programma quadro pluriennale la Comunità può prevedere una cooperazione in materia di ricerca, sviluppo tecnologico e dimostrazione comunitari con paesi terzi od organizzazioni internazionali.

Le modalità di questa cooperazione possono formare oggetto di accordi internazionali tra la Comunità e i terzi interessati, i quali sono negoziati e conclusi conformemente all'art. 228.

130 O. Il Consiglio, deliberando all'unanimità su proposta della Commissione e previa consultazione del Parlamento europeo e del Comitato economico e sociale, adotta le disposizioni di cui all'articolo 130 N.

Il Consiglio, deliberando in conformità della procedura di cui all'articolo 189 C e previa consultazione del Comitato economico e sociale, adotta le disposizioni di cui agli articoli 130 J, 130 K e 130 L.

L'adozione dei programmi complementari richiede l'accordo degli Stati membri interessati (1).

---

(1) Articolo così sostituito dal Trattato sull'Unione Europea.

130 P. All'inizio di ogni anno la Commissione presenta una relazione al Parlamento europeo e al Consiglio. Detta relazione verte in particolare sulle attività svolte in materia di ricerca e di sviluppo tecnologico e di divulgazione dei risultati durante l'anno precedente nonché sul programma di lavoro dell'anno in corso (1).

---

(1) Articolo così sostituito dal Trattato sull'Unione Europea.

TITOLO XVI (1)

Ambiente

(1) Titolo aggiunto dall'art. 25 dell'Atto unico europeo e così modificato dal Trattato sull'Unione Europea.

130 R. 1. La politica della Comunità in materia ambientale contribuisce a perseguire i seguenti obiettivi:

— salvaguardia, tutela e miglioramento della qualità dell'ambiente;

— protezione della salute umana;

— utilizzazione accorta e razionale delle risorse naturali;

— promozione sul piano internazionale di misure destinate a risolvere i problemi dell'ambiente a livello regionale o mondiale.

2. La politica della Comunità in materia ambientale mira a un elevato livello di tutela, tenendo conto delle diversità delle situazioni nelle varie regioni della Comunità. Essa è fondata sui principi della precauzione e dell'azione preventiva, sul principio della correzione, anzitutto alla fonte, dei danni causati all'ambiente, nonché sul principio «chi inquina paga». Le esigenze connesse con la tutela dell'ambiente devono essere integrate nella definizione e nell'attuazione delle altre politiche comunitarie.

In questo contesto, le misure di armonizzazione conformi a tali esigenze comportano, nei casi appropriati, una clausola di salvaguardia che autorizza gli Stati membri a prendere, per motivi ambientali di natura non economica, misure provvisorie soggette ad una procedura comunitaria di controllo.

3. Nel predisporre la sua politica in materia ambientale la Comunità tiene conto:

— dei dati scientifici e tecnici disponibili;

— delle condizioni dell'ambiente nelle varie regioni della Comunità;

— dei vantaggi e degli oneri che possono derivare dall'azione o dall'assenza di azione;

— dello sviluppo socio-economico della Comunità nel suo insieme e dello sviluppo equilibrato delle sue singole regioni.

4. Nel quadro delle loro competenze rispettive, la Comunità e gli Stati membri cooperano con i paesi terzi e le organizzazioni internazionali competenti. Le modalità della cooperazione della Comunità possono formare oggetto di accordi, negoziati e conclusi conformemente all'art. 228, tra questa e i terzi interessati.

Il comma precedente non pregiudica la competenza degli Stati membri a negoziare nelle sedi internazionali e a concludere accordi internazionali.

130 S. 1. Il Consiglio, deliberando in conformità della procedura di cui all'articolo 189 C e previa consultazione del Comitato economico e sociale, decide in merito alle azioni che devono essere intraprese dalla Comunità per realizzare gli obiettivi dell'articolo 130 R.

2. In deroga alla procedura decisionale di cui al paragrafo 1 e fatto salvo l'articolo 100 A, il Consiglio, deliberando all'unanimità su proposta della Commissione e previa consultazione del Parlamento europeo e del Comitato economico e sociale, adotta:

— disposizioni aventi principalmente natura fiscale;

— le misure concernenti l'assetto territoriale, la destinazione dei suoli, ad eccezione della gestione dei residui e delle misure di carattere generale, nonché la gestione delle risorse idriche;

— le misure aventi una sensibile incidenza sulla scelta di uno Stato membro tra diverse fonti di energia e sulla struttura generale dell'approvvigionamento energetico del medesimo.

Il Consiglio, deliberando alle condizioni stabilite nel primo comma, può definire le materie cui è fatto riferimento nel presente paragrafo sulle quali le decisioni devono essere prese a maggioranza qualificata.

3. In altri settori il Consiglio, deliberando in conformità della procedura di cui all'articolo 189 B e previa consultazione del Comitato economico e sociale, adotta programmi d'azione generali che fissano gli obiettivi prioritari da raggiungere.

Il Consiglio, deliberando alle condizioni previste dal paragrafo 1 o, secondo i casi, dal paragrafo 2, adotta le misure necessarie all'attuazione di tali programmi.

4. Fatte salve talune misure di carattere comunitario, gli Stati membri provvedono al finanziamento e all'esecuzione della politica in materia ambientale.

5. Fatto salvo il principio «chi inquina paga», qualora una misura basata sul paragrafo 1 implichi costi ritenuti sproporzionati per le pubbliche autorità di uno Stato membro, il Consiglio stabilisce, nell'atto recante adozione di tale misura, disposizioni appropriate in forma di:

— deroghe temporanee e/o

— sostegno finanziario del Fondo di coesione da istituire entro e non oltre il 31 dicembre 1993 in conformità dell'articolo 130 D.

130 T. I provvedimenti di protezione adottati in virtù dell'articolo 130 S non impediscono ai singoli Stati membri di mantenere e di prendere provvedimenti per una protezione ancora maggiore. Tali provvedimenti devono essere compatibili con il presente trattato. Essi sono notificati alla Commissione.

Titolo XVII (1)

Cooperazione allo sviluppo

(1) Titolo aggiunto dal Trattato sull'Unione Europea.

130 U. 1. La politica della Comunità nel settore della cooperazione allo sviluppo, che integra quelle svolte dagli Stati membri, favorisce:

— lo sviluppo economico e sociale sostenibile dei paesi in via di sviluppo, in particolare di quelli più svantaggiati;

— l'inserimento armonioso e progressivo dei paesi in via di sviluppo nell'economia mondiale;

— la lotta contro la povertà nei paesi in via di sviluppo.

2. La politica della Comunità in questo settore contribuisce all'obiettivo generale di sviluppo e consolidamento della democrazia e dello Stato di diritto, nonché di rispetto dei diritti dell'uomo e delle libertà fondamentali.

3. La Comunità e gli Stati membri rispettano gli impegni e tengono conto degli obiettivi riconosciuti nel quadro delle Nazioni Unite e delle altre organizzazioni internazionali competenti.

130 V. La Comunità tiene conto degli obiettivi di cui all'articolo 130 U nelle politiche da essa svolte che potrebbero avere un'incidenza sui paesi in via di sviluppo.

130 W. 1. Fatte salve le altre disposizioni del presente trattato, il Consiglio, deliberando in conformità della procedura di cui all'articolo 189 C, adotta le misure necessarie al conseguimento degli obiettivi di cui all'articolo 130 U. Tali misure possono assumere la forma di programmi pluriennali.

2. La Banca europea per gli investimenti contribuisce, alle condizioni previste dal suo statuto, all'attuazione delle misure di cui al paragrafo 1.

3. Le disposizioni del presente articolo non pregiudicano la cooperazione con i paesi dell'Africa, dei Caraibi e del Pacifico nell'ambito della convenzione ACP-CE.

130 X. 1. La Comunità e gli Stati membri coordinano le rispettive politiche in materia di cooperazione allo sviluppo e si concertano sui rispettivi programmi di aiuto, anche nelle organizzazioni internazionali e in occasione di conferenze internazionali. Essi possono intraprendere azioni congiunte. Gli Stati membri contribuiscono, se necessario, all'attuazione dei programmi di aiuto comunitario.

2. La Commissione può prendere qualsiasi iniziativa utile a promuovere il coordinamento di cui al paragrafo 1.

130 Y. Nell'ambito delle rispettive competenze, la Comunità e gli Stati membri collaborano con i paesi terzi e con le competenti organizzazioni internazionali.

Le modalità della cooperazione della Comunità possono formare oggetto di accordi, negoziati e conclusi conformemente all'articolo 228, tra questa ed i terzi interessati.

Il comma precedente non pregiudica la competenza degli Stati membri a negoziare nelle sedi internazionali e a concludere accordi internazionali.

Parte IV

Associazione dei paesi e territori d'oltremare

131. Gli Stati membri convengono di associare alla Comunità i paesi e i territori non europei che mantengono con il Belgio, la Danimarca, la Francia, l'Italia, i Paesi Bassi e il Regno Unito delle relazioni particolari. Questi paesi e territori, qui di seguito chiamati «paesi e territori», sono enumerati nell'elenco che costituisce l'allegato IV del presente trattato.

Scopo dell'associazione è di promuovere lo sviluppo economico e sociale dei paesi e territori e l'instaurazione di strette relazioni economiche tra essi e la Comunità nel suo insieme.

Conformemente ai principi enunciati nel preambolo del presente trattato, l'associazione deve in primo luogo permettere di favorire gli interessi degli abitanti di questi paesi e territori e la loro prosperità, in modo da condurli allo sviluppo economico, sociale e culturale che essi attendono.

132. L'associazione persegue gli obiettivi seguenti:

1. Gli Stati membri applicano ai loro scambi commerciali con i paesi e territori il regime che accordano tra di loro, in virtù del presente trattato.

2. Ciascun paese o territorio applica ai suoi scambi commerciali con gli Stati membri e gli altri paesi e territori il regime che applica allo Stato europeo con il quale mantiene relazioni particolari.

3. Gli Stati membri contribuiscono agli investimenti richiesti dallo sviluppo progressivo di questi paesi e territori.

4. Per gli investimenti finanziati dalla Comunità, la partecipazione alle aggiudicazioni e alle forniture è aperta, a parità di condizioni, a tutte le persone fisiche e giuridiche appartenenti agli Stati membri e ai paesi e territori.

5. Nelle relazioni fra gli Stati membri e i paesi e territori, il diritto di stabilimento dei cittadini e delle società è regolato conformemente alle disposizioni e mediante applicazione delle procedure previste al capo relativo al diritto di stabilimento e su una base non discriminatoria, fatte salve le disposizioni particolari prese in virtù dell'articolo 136.

133. 1. Le importazioni originarie dei paesi e territori beneficiano, al loro ingresso negli Stati membri, dell'eliminazione totale dei dazi doganali che interviene progressivamente fra gli Stati membri conformemente alle disposizioni del presente trattato.

2. All'entrata in ciascun paese e territorio i dazi doganali gravanti sulle importazioni dagli Stati membri e dagli altri paesi e territori sono progressivamente soppressi conformemente alle disposizioni degli articoli 12, 13, 14, 15, e 17.

3. Tuttavia, i paesi e territori possono riscuotere dei dazi doganali che rispondano alle necessità del loro sviluppo e ai bisogni della loro industrializzazione o dazi di carattere fiscale che abbiano per scopo di alimentare il loro bilancio.

I dazi di cui al comma precedente sono tuttavia progressivamente ridotti fino al livello di quelli gravanti sulle importazioni dei prodotti in provenienza dallo Stato membro con il quale ciascun paese o territorio mantiene relazioni particolari. Le percentuali e il ritmo delle riduzioni previste nel presente trattato sono applicabili alla differenza esistente tra il dazio che grava il prodotto in provenienza dallo Stato membro che mantiene relazioni particolari con il paese o territorio e quello da cui è gravato lo stesso prodotto in provenienza dalla Comunità all'entrata nel paese o territorio importatore.

4. Il paragrafo 2 non è applicabile ai paesi e territori i quali, a causa degli obblighi internazionali particolari cui sono soggetti, applicano già al momento dell'entrata in vigore del presente trattato una tariffa doganale non discriminatoria.

5. L'introduzione o la modifica di dazi che colpiscano le merci importate nei paesi e territori non deve provocare, in linea di diritto o in linea di fatto, una discriminazione diretta o indiretta tra le importazioni in provenienza dai diversi Stati membri.

134. Se il livello dei dazi applicabili alle merci in provenienza da un paese terzo alla loro entrata in un paese o territorio, avuto riguardo alle disposizioni dell'articolo 133, paragrafo 1, è tale da provocare deviazioni di traffico a detrimento di uno degli Stati membri, questo può domandare alla Commissione di proporre agli altri Stati membri le misure necessarie per porre rimedio a questa situazione.

135. Fatte salve le disposizioni che regolano la pubblica sanità, la pubblica sicurezza e l'ordine pubblico, la libertà di circolazione dei lavoratori dei paesi e territori negli Stati membri e dei lavoratori degli Stati membri nei paesi e territori sarà regolata da convenzioni successive per le quali è richiesta l'unanimità degli Stati membri.

136. Per un primo periodo di cinque anni a decorrere dall'entrata in vigore del presente trattato, una convenzione di applicazione, allegata a tale trattato, stabilisce le modalità e la procedura dell'associazione tra i paesi e i territori e la Comunità.

Primo dello scadere della convenzione prevista dal comma precedente, il Consiglio, deliberando all'unanimità, stabilisce, movendo dalle realizzazioni acquisite e basandosi sui principi iscritti nel presente trattato, le disposizioni che dovranno essere previste per un nuovo periodo.

136 bis. Gli articoli da 131 a 136 si applicano alla Groenlandia fatte salve le disposizioni specifiche per la Groenlandia che figurano nel protocollo concernente il regime particolare applicabile alla Groenlandia, allegato al presente trattato.

Parte V
Le istituzioni della comunità

Titolo I
Disposizioni istituzionali

Capo I
Le istituzioni

Sezione I
Il Parlamento europeo

137. Il Parlamento europeo, composto di rappresentanti dei popoli degli Stati riuniti nella Comunità, esercita i poteri che egli sono attribuiti dal presente trattato (1).

(1) Articolo così sostituito dal Trattato sull'Unione Europea.

138. 1. I rappresentati, al Parlamento europeo, dei popoli degli Stati riuniti nella Comunità sono eletti a suffragio universale diretto.

2. Il numero dei rappresentanti eletti in ogni Stato membro è fissato come segue:

Belgio	24
Danimarca	16
Germania	81
Grecia	24
Spagna	60
Francia	81
Irlanda	15
Italia	81
Lussemburgo	6
Paesi Bassi	25
Portogallo	24
Regno Unito	81 (1)

3. Il Parlamento europeo elaborerà progetti intesi a permettere l'elezione a suffragio universale diretto, secondo una procedura uniforme in tutti gli Stati membri.

Il Consiglio, con deliberazione unanime, previo parere conforme del Parlamento europeo che si pronuncia alla maggioranza dei membri che lo compongono, stabilirà le disposizioni di cui raccomanderà l'adozione da parte degli Stati membri, conformemente alle loro rispettive norme costituzionali (2).

(1) Paragrafi sostituiti dagli articoli 1 e 2 dell'Atto relativo all'elezione dei rappresentanti dell'Assemblea a suffragio universale sottoscritto il 20-9-1976 e allegato alla decisione n. 76/787 del consiglio. L'art. 14 dello stesso atto prevede la *decadenza* dei due paragrafi a far data dalla prima sessione tenuta dal Parlamento europeo eletto a suffragio universale. Il numero dei rappresentanti è stato modificato dal Trattato di adesione della Spagna e del Portogallo.

(2) Paragrafo così sostituito dal Trattato sull'Unione Europea.

138 A. I partiti politici a livello europeo sono un importante fattore per l'integrazione in seno all'Unione. Essi contribuiscono a formare una coscienza europea e ad esprimere la volontà politica dei cittadini dell'Unione (1).

(1) Articolo aggiunto dal Trattato sull'Unione Europea.

138 B. Nella misura prevista dal presente trattato, il Parlamento europeo partecipa al processo per l'adozione degli atti comunitari, esercitando le sue funzioni nell'ambito delle procedure di cui agli articoli 189B e 189C, nonché formulando pareri conformi o pareri consultivi.

A maggioranza dei suoi membri, il Parlamento europeo può chiedere alla Commissione di presentare adeguate proposte sulle questioni per le quali reputa necessaria l'elaborazione di un atto della Comunità ai fini dell'attuazione del presente trattato. (1)

---

(1) Articolo aggiunto dal Trattato sull'Unione Europea.

138 C. Nell'ambito delle sue funzioni, il Parlamento europeo, su richiesta di un quarto dei suoi membri, può costituire una commissione temporanea d'inchiesta incaricata di esaminare, fatti salvi i poteri conferiti dal presente trattato ad altre istituzioni o ad altri organi, le denunce di infrazione o di cattiva amministrazione nell'applicazione del diritto comunitario, salvo quando i fatti di cui trattasi siano pendenti dinanzi ad una giurisdizione e fino all'espletamento della procedura giudiziaria.

La commissione temporanea d'inchiesta cessa di esistere con il deposito della sua relazione.

Le modalità per l'esercizio del diritto d'inchiesta sono fissate di comune accordo dal Parlamento europeo, dal Consiglio e dalla Commissione (1).

---

(1) Articolo aggiunto dal Trattato sull'Unione Europea.

138 D. Qualsiasi cittadino dell'Unione, nonché ogni persona fisica o giuridica che risieda o abbia la sede sociale in uno Stato membro, ha il diritto di presentare, individualmente o in associazione con altri cittadini o persone, una petizione al Parlamento europeo su una materia che rientra nel campo di attività della Comunità e che lo (la) concerne direttamente (1).

---

(1) Articolo aggiunto dal Trattato sull'Unione Europea.

138 E. 1. Il Parlamento europeo nomina un Mediatore, abilitato a ricevere le denunce di qualsiasi cittadino dell'Unione o di qualsiasi persona fisica o giuridica che risieda o abbia la sede sociale in uno Stato membro, e riguardanti casi di cattiva amministrazione nell'azione delle istituzioni o degli organi comunitari, salvo la Corte di giustizia e il Tribunale di primo grado nell'esercizio delle loro funzioni giurisdizionali.

Conformemente alla sua missione, il Mediatore, di propria iniziativa o in base alle denunce che gli sono state presentate direttamente o tramite un membro del Parlamento europeo, procede alle indagini che ritiene giustificate, tranne quando i fatti in questione formino o abbiano formato oggetto di una procedura giudiziaria. Qualora il Mediatore constati un caso di cattiva amministrazione, egli ne investe l'istituzione interessata, che dispone di tre mesi per comunicargli il suo parere. Il Mediatore trasmette poi una relazione al Parlamento europeo e all'istituzione interessata. La persona che ha sporto denuncia viene informata del risultato dell'indagine.

Ogni anno il Mediatore presenta una relazione al Parlamento europeo sui risultati delle sue indagini.

2. Il Mediatore è nominato dopo ogni elezione del Parlamento europeo per la durata della legislatura. Il suo mandato è rinnovabile.

Il Mediatore può essere dichiarato dimissionario dalla Corte di giustizia, su richiesta del Parlamento europeo, qualora non risponda più alle condizioni necessarie all'esercizio delle sue funzioni o abbia commesso una colpa grave.

3. Il Mediatore esercita le sue funzioni in piena indipendenza Nell'adempimento dei suoi doveri egli non sollecita né accetta istruzioni da alcun organismo. Per tutta la durata del suo mandato il Mediatore non può esercitare alcuna altra attività professionale, remunerata o meno.

4. Previo parere della Commissione e con l'approvazione del Consiglio che delibera a maggioranza qualificata, il Parlamento europeo fissa lo statuto e le condizioni generali per l'esercizio delle funzioni del Mediatore (1).

---

(1) Articolo aggiunto dal Trattato sull'Unione Europea.

139. Il Parlamento europeo tiene una sessione annuale. Esso si riunisce di diritto il secondo martedì del mese di marzo (1).

Il Parlamento europeo può riunirsi in sessione straordinaria a richiesta della maggioranza dei suoi membri, del Consiglio o della Commissione.

(1) Comma così modificato dall'art. 27.1 del Trattato di fusione degli esecutivi dell'8 aprile 1965.

140. Il Parlamento europeo designa tra i suoi membri il presidente e l'ufficio di presidenza.

A tutte le sedute possono assistere i membri della Commissione e, a nome di quest'ultima, essere uditi a loro richiesta.

La Commissione risponde oralmente o per iscritto alle interrogazioni che le sono presentate dal Parlamento europeo o dei membri di questa.

Il Consiglio è udito dal Parlamento europeo, secondo le modalità che esso stesso definisce nel suo regolamento interno.

141. Salvo contrarie disposizioni del presente trattato, il Parlamento europeo delibera a maggioranza assoluta dei suffragi espressi.

Il regolamento interno fissa il numero legale.

142. Il Parlamento europeo stabilisce il proprio regolamento interno a maggioranza dei membri che lo compongono.

Gli atti del Parlamento europeo sono pubblicati conformemente alle condizioni previste da detto regolamento.

143. Il Parlamento europeo, in seduta pubblica, procede all'esame della relazione generale annuale, che gli è sottoposta dalla Commissione.

144. Il Parlamento europeo, cui sia presentata una mozione di censura sull'operato della Commissione, non può pronunciarsi su tale mozione prima che siano trascorsi almeno tre giorni dal suo deposito e con scrutinio pubblico.

Se la mozione di censura è approvata a maggioranza di due terzi dei voti espressi e a maggioranza dei membri che compongono il Parlamento europeo, i membri della Commissione devono abbandonare collettivamente le loro funzioni. Essi continuano a curare gli affari di ordinaria amministrazione fino alla loro sostituzione conformemente all'articolo 158. *In questo caso, il mandato dei membri della Commissione nominati per sostituirli scade alla data in cui sarebbe scaduto il mandato dei membri della Commissione costretti a dimettersi collettivamente* (1).

(1) Periodo aggiunto dal Trattato sull'Unione Europea.

SEZIONE II

Il Consiglio

145. Per assicurare il raggiungimento degli scopi stabiliti dal presente trattato e alle condizioni da questo previste, il Consiglio:

— provvede al coordinamento delle politiche economiche generali degli Stati membri;

— dispone di un potere di decisione;

— conferisce alla Commissione, negli atti che esso adotta, le competenze di esecuzione delle norme che stabilisce. Il Consiglio può sottoporre l'esercizio di tali competenze e determinate modalità. Il Consiglio può anche riservarsi, in casi specifici, di esercitare direttamente competenze di esecuzione. Le suddette modalità devono rispondere ai principi e alle norme che il Consiglio, deliberando all'unanimità su proposta della Commissione previo parere del Parlamento europeo, avrà stabilito in via preliminare (1).

(1) Il terzo trattino è stato aggiunto dall'art. 10 Atto Unico Europeo.

146. Il Consiglio è formato da un rappresentante di ciascuno Stato membro a livello ministeriale, abilitato ad impegnare il Governo di detto Stato membro.

La Presidenza è esercitata a turno da ciascun membro nel Consiglio per una durata di sei mesi, secondo l'ordine seguente degli Stati membri:

— durante un primo ciclo di sei anni: Belgio, Danimarca, Germania, Grecia, Spagna, Francia, Irlanda, Italia, Lussemburgo, Paesi Bassi, Portogallo, Regno Unito;

— durante il successivo ciclo di sei anni: Danimarca, Belgio, Grecia, Germania, Francia, Spagna, Italia, Irlanda, Paesi Bassi, Lussemburgo, Regno Unito, Portogallo (1).

(1) Articolo aggiunto dal Trattato sull'Unione Europea.

147. Il Consiglio si riunisce su convocazione del suo Presidente, per iniziativa di questi, di uno dei suoi membri o della Commissione (1).

(1) Articolo aggiunto dal Trattato sull'Unione Europea.

148. 1. Salvo contrarie disposizioni del presente trattato, le deliberazioni del Consiglio sono valide se approvate a maggioranza dei membri che lo compongono.

2. Per le deliberazioni del Consiglio che richiedono una maggioranza qualificata, ai voti dei membri è attribuita la seguente ponderazione:

Belgio	5
Danimarca	3
Germania	10
Grecia	5
Spagna	8
Francia	10
Irlanda	3
Italia	10
Lussemburgo	2
Paesi Bassi	5
Portogallo	5
Regno Unito	10

Le deliberazioni sono valide se hanno raccolto almeno:

— cinquantaquattro voti quando, in virtù del presente trattato, debbono essere prese su proposta della Commissione;

— cinquantaquattro voti che esprimono il voto favorevole di almeno otto membri, negli altri casi (1).

3. Le astensioni dei membri presenti o rappresentati non ostano all'adozione delle deliberazioni del Consiglio per le quali è richiesta l'unanimità.

(1) Paragrafo modificato dal Trattato di adesione della Spagna e del Portogallo del 1985.

149. (*Omissis*) (1)

(1) Articolo abrogato dal Trattato sull'Unione Europea (vedi *infra* artt. 189B e C).

150. In caso di votazione, ciascun membro del Consiglio può ricevere delega da uno solo degli altri membri.

151. 1. Un Comitato composto dei Rappresentati Permanenti degli Stati membri ha compito di preparare i lavori del Consiglio e di eseguire i mandati che quest'ultimo gli affida.

2. Il Consiglio è assistito da un Segretariato generale, posto sotto la direzione di un Segretario Generale. Il Segretario Generale è nominato dal Consiglio che delibera all'unanimità.

Il Consiglio decide in merito all'organizzazione del Segretario generale.

3. Il Consiglio stabilisce il proprio regolamento interno (1).

(1) Articolo aggiunto dal Trattato sull'Unione Europea

152. Il Consiglio può chiedere alla Commissione di procedere a tutti gli studi che esso ritiene opportuni ai fini del raggiungimento degli obiettivi comuni e di sottoporgli tutte le proposte del caso.

153. Il Consiglio stabilisce, previo parere della Commissione, lo statuto dei comitati previsti dal presente trattato.

154. Il Consiglio, deliberando a maggioranza qualificata, fissa stipendi, indennità e pensioni del Presidente e dei membri della Commissione, del presidente, dei Giudici, degli Avvocati generali e del Cancelliere della Corte di giustizia. Esso fissa altresì, sempre a maggioranza qualificata, tutte le indennità sostitutive di retribuzione (1).

(1) Articolo aggiunto dal Trattato sull'Unione Europea

SEZIONE III
La Commissione

155. Al fine di assicurare il funzionamento e lo sviluppo del mercato comune nella Comunità, la Commissione:

— vigila sull'applicazione delle disposizioni del presente trattato e delle disposizioni adottate dalle istituzioni in virtù del trattato stesso;

— formula raccomandazione o pareri nei settori definiti dal presente trattato, quando questo esplicitamente lo preveda ovvero quando la Commissione lo ritenga necessario;

— dispone di un proprio potere di decisione e partecipa alla formazione degli atti del Consiglio e del Parlamento europeo, alle condizioni previste dal presente trattato;

— esercita le competenze che le sono conferite dal Consiglio per l'attuazione delle norme da esso stabilite.

156. La Commissione pubblica ogni anno, almeno un mese prima dell'apertura della sessione del Parlamento europeo, una relazione generale sull'attività della Comunità (1).

---

(1) Articolo aggiunto dal Trattato sull'Unione Europea.

157. 1. La Commissione è composta di diciassette membri, scelti in base allo loro competenza generale e che offrano ogni garanzia di indipendenza.

Il numero dei membri della Commissione può essere modificato dal Consiglio, che delibera all'unanimità.

Soltanto cittadini degli Stati membri possono essere membri della Commissione.

La Commissione deve comprendere almeno un cittadino di ciascuno Stato membro, senza che il numero dei membri cittadini di uno stesso Stato sia superiore a due.

2. I membri della Commissione esercitano le loro funzioni in piena indipendenza nell'interesse generale della Comunità.

Nell'adempimento dei loro doveri, essi non sollecitano né accettano istruzioni da alcun Governo né da alcun organismo. Essi si astengono da ogni atto incompatibile con il carattere delle loro funzioni.

Ciascuno Stato membro si impegna a rispettare tale carattere e a non cercare di influenzare i membri della Commissione nell'esecuzione dei loro compiti.

I membri della Commissione non possono, per la durata delle loro funzioni, esercitare alcun'altra attività professionale, remunerata o meno. Fin dal loro insediamento, essi assumono l'impegno solenne di rispettare, per la durata delle loro funzioni e dopo la cessazione di queste, gli obblighi derivanti dalla loro carica, ed in particolare i doveri di onestà e delicatezza per quanto riguarda l'accettare, dopo tale cessazione, determinate funzioni o vantaggi. In caso di violazione degli obblighi stessi, la Corte di giustizia, su istanza del Consiglio o della Commissione, può, a seconda dei casi, pronunciare le dimissioni d'ufficio alle condizioni previste dall'articolo 160 ovvero la decadenza dal diritto a pensione dell'interessato o da altri vantaggi sostitutivi (1).

---

(1) Articolo aggiunto dal Trattato sull'Unione Europea.

158. 1. I membri della Commissione sono nominati, per una durata di cinque anni, secondo la procedura prevista al paragrafo 2, fatte salve, se del caso, le disposizioni dell'articolo 144.

Il loro mandato è rinnovabile.

2. Previa consultazione del Parlamento europeo, i Governi degli Stati Membri designano, di comune accordo, la persona che intendono nominare Presidente della Commissione.

I Governi degli Stati membri, in consultazione con il Presidente designato, designano le altre persone che intendono nominare membri della Commissione.

Il Presidente e gli altri membri della Commissione così designati sono soggetti, collettivamente, ad un voto di approvazione da parte del Parlamento europeo. Dopo l'approvazione del Parlamento europeo, il Presidente e gli altri membri della Comunità sono nominati, di comune accordo, dai Governi degli Stati membri.

3. I paragrafi 1 e 2 si applicano per la prima volta al Presidente e agli altri membri della Commissione il cui mandato inizia il 7 gennaio 1995.

Il Presidente e gli altri membri della Commissione il cui mandato inizia il 7 gennaio 1993 sono nominati di comune accordo dai Governi degli Stati membri. Il loro mandato scade il 6 gennaio 1995 (1).

---

(1) Articolo aggiunto da Trattato sull'Unione Europea.

159. A parte i rinnovamenti regolari e i decessi, le funzioni dei membri della Commissione cessano individualmente per dimissioni volontarie o d'ufficio.

L'interessato è sostituito per la restante durata del suo mandato da un nuovo membro, nominato di comune accordo dai Governi degli Stati membri. Il Consiglio, deliberando all'unanimità, può decidere che non vi é motivo di procedere ad una sostituzione.

In caso di dimissioni o di decesso, il Presidente è sostituito per la restante durata del suo mandato. Per la sua sostituzione si applica la procedura prevista dall'articolo 158, paragrafo 2.

Salvo in caso di dimissioni d'ufficio, previste dall'articolo 160, i membri della Commissione restano in carica fino a quando non si sia provveduto alla loro sostituzione (1).

(1) Articolo aggiunto dal Trattato sull'Unione Europea.

160. Qualsiasi membro della Commissione che non risponda più alle condizioni necessarie all'esercizio delle sue funzioni o che abbia commesso una colpa grave può essere dichiarato dimissionario dalla Corte di Giustizia, su istanza del Consiglio o della Commissione (1).

(1) Articolo aggiunto dal Trattato sull'Unione Europea.

161. La Commissione può nominare uno o due Vicepresidente tra i suoi membri (1).

(1) Articolo aggiunto dal Trattato sull'Unione Europea.

162. 1. Il Consiglio e la Commissione procedono a reciproche consultazioni e definiscono di comune accordo le modalità della loro collaborazione.

2. La Commissione stabilisce il proprio regolamento interno allo scopo di assicurare il proprio funzionamento e quello dei propri servizi alle condizioni previste dai trattati. Essa provvede alla pubblicazione del regolamento (1).

(1) Articolo aggiunto dal Trattato sull'Unione Europea.

163. Le deliberazioni della Commissione sono prese a maggioranza del numero dei suoi membri previsto dall'articolo 157.

La Commissione può tenere una seduta valida solo sé è presente il numero dei membri stabilito nel suo regolamento interno (1).

(1) Articolo aggiunto dal Trattato sull'Unione Europea.

Sezione IV

La Corte di Giustizia

164. La Corte di Giustizia assicura il rispetto del diritto nella interpretazione e nell'applicazione del presente Trattato.

165. La Corte di Giustizia è composta di 13 giudici.

La Corte di Giustizia si riunisce in seduta plenaria. Essa può, tuttavia, creare nel suo ambito delle sezioni, ciascuna delle quali sarà composta di tre o cinque giudici, allo scopo di procedere a determinati provvedimenti di istruttoria o di giudicare determinate categorie di affari alle condizioni previste da un regolamento a tal fine stabilito.

La Corte di Giustizia si riunisce sempre in seduta plenaria qualora lo richieda uno Stato membro o un'istituzione della Comunità che è parte dell'istanza.

Ove ciò sia richiesto dalla Corte di Giustizia, il Consiglio, deliberando all'unanimità, può aumentare il numero dei giudici e apportare i necessari ritocchi ai commi secondo e terzo del presente articolo e all'art. 167 secondo comma (1).

(1) Articolo così sostituito dal Trattato sull'Unione Europea.

166. La Corte di Giustizia è assistita da sei avvocati generali (1).

L'avvocato generale ha l'ufficio di presentare pubblicamente, con assoluta imparzialità e in piena indipendenza, conclusioni motivate sugli affari sottoposti alla Corte di Giustizia, per assistere quest'ultima nell'adempimento della sua missione, quale è definita dall'art. 164.

Ove ciò sia richiesto dalla Corte di Giustizia, il Consiglio, deliberando alla unanimità, può aumentare il numero degli avvocati generali e apportare i necessari ritocchi all'art. 167 terzo comma.

(1) Comma così modificato dalla decisione del Consiglio del 30 marzo 1981 e dall'art. 18 del trattato di adesione della Spagna e del Portogallo del 1985.

167. I giudici e gli avvocati generali, scelti tra personalità che offrano tutte le garanzie di indipendenza, e che riuniscano le condizioni richieste per l'esercizio, nei rispettivi paesi, delle più alte funzioni giurisdizionali, ovvero che siano giureconsulti di notoria competenza, sono nominati di comune accordo per sei anni dai governi degli Stati membri.

Ogni tre anni si procede a un rinnovamento parziale dei giudici. Esso riguarda alternativamente sette e sei giudici (1).

Ogni tre anni si procede a un rinnovamento parziale degli avvocati generali. Esso riguarda ogni volta tre avvocati generali (1).

I giudici e gli avvocati generali uscenti possono essere nuovamente nominati.

I giudici designano tra loro, per tre anni, il presidente della Corte di Giustizia. Il suo mandato è rinnovabile.

---

(1) Comma così modificato dalla decisione del Consiglio del 30 marzo 1981 e dall'art. 19 del trattato di adesione della Spagna e del Portogallo del 1985.

168. La Corte di Giustizia nomina il cancelliere, di cui fissa lo statuto.

168 A. 1. Alla Corte di giustizia è affiancato un Tribunale competente a conoscere in primo grado, con riserva di impugnazione dinanzi alla Corte di giustizia per i soli motivi di diritto e alle condizioni stabilite dallo statuto, di talune categorie di ricorsi determinate conformemente al paragrafo 2. Il tribunale di primo grado non è competente a conoscere delle questioni pregiudiziali sottoposte ai sensi dell'articolo 177.

2. Su richiesta della Corte di Giustizia e previa consultazione del Parlamento Europeo e della Commissione, il Consiglio, deliberando all'unanimità, fissa le categorie di ricorsi di cui al paragrafo 1 e la composizione del Tribunale di primo grado e adotta gli adattamenti e le disposizioni complementari necessari allo statuto della Corte di giustizia. Salvo decisione contraria del Consiglio, le disposizioni del presente trattato relative alla Corte di giustizia, in particolare le disposizioni del protocollo sullo statuto della Corte di giustizia, sono applicabili al Tribunale di primo grado.

3. I membri di tale giurisdizione sono scelti tra persone che offrano tutte le garanzie d'indipendenza e possiedano la capacità per l'esercizio di funzioni giurisdizionali; essi sono nominati di comune accordo per sei anni dai governi degli Stati membri. Un rinnovo parziale ha luogo ogni tre anni. I membri uscenti possono essere nuovamente nominati.

4. Il Tribunale di primo grado stabilisce il proprio regolamento di procedura di concerto con la Corte di Giustizia. Tale regolamento è sottoposto all'approvazione unanime del Consiglio (1).

---

(1) Articolo così sostituito dal Trattato sull'Unione Europea.

169. La Commissione, quando reputi che uno Stato membro abbia mancato a uno degli obblighi a lui incombenti in virtù del presente Trattato, emette un parere motivato al riguardo, dopo aver posto lo Stato in condizioni di presentare le sue osservazioni.

Qualora lo Stato in causa non si conformi a tale parere nel termine fissato dalla Commissione, questa può adire la Corte di Giustizia.

170. Ciascuno degli Stati membri può adire la Corte di Giustizia, quando reputi che un altro Stato membro ha mancato a uno degli obblighi a lui incombenti in virtù del presente Trattato.

Uno Stato membro, prima di proporre contro un altro Stato membro un ricorso fondato su una pretesa violazione degli obblighi che a quest'ultimo incombono in virtù del presente Trattato, deve rivolgersi alla Commissione.

La Commissione emette un parere motivato dopo che gli Stati interessati siano stati posti in condizione di presentare in contraddittorio le loro osservazioni scritte e orali.

Qualora la Commissione non abbia formulato il parere nel termine di tre mesi dalla domanda, la mancanza del parere non osta alla facoltà di ricorso alla Corte di Giustizia.

171. 1. Quando la Corte di Giustizia riconosca che uno Stato membro ha mancato a uno degli obblighi ad esso incombenti in virtù del presente Trattato, tale Stato è tenuto a prendere i provvedimenti che l'esecuzione della sentenza della Corte di Giustizia importa.

2. Se ritiene che lo Stato membro in questione non abbia preso detti provvedimenti, la Commissione, dopo aver dato a tale

Stato la possibilità di presentare le sue osservazioni, formula un parere motivato che precisa i punti sui quali lo Stato membro in questione non si è conformato alla sentenza della Corte di giustizia.

Qualora lo Stato membro in questione non abbia preso entro il termine fissato dalla Commissione i provvedimenti che l'esecuzione della sentenza della Corte comporta, la Commissione può adire la Corte di giustizia. In questa azione essa precisa l'importo della somma forfettaria o della penalità, da versare da parte dello Stato membro in questione, che consideri adeguato alle circostanze.

La Corte di giustizia, qualora riconosca che lo Stato membro in questione non si è conformato alla sentenza da essa pronunciata, può comminargli il pagamento di una somma forfettaria o di una penalità.

Questa procedura lascia impregiudicate le disposizioni dell'articolo 170 (1).

---

(1) Articolo così sostituito dal Trattato sull'Unione Europea

172. I regolamenti adottati congiuntamente dal Parlamento Europeo e dal Consiglio e dal Consiglio in virtù delle disposizioni del presente Trattato possono attribuire alla Corte di Giustizia una competenza giurisdizionale anche di merito per quanto riguarda le sanzioni previste nei regolamenti stessi (1).

---

(1) Articolo così sostituito dal Trattato sull'Unione Europea.

173. La Corte di Giustizia esercita un controllo di legittimità sugli atti adottati congiuntamente dal Parlamento Europeo e dal Consiglio, sugli atti del Consiglio, della Commissione e della BCE che non siano raccomandazioni o pareri, nonché sugli atti del Parlamento Europeo destinati a produrre effetti giuridici nei confronti dei terzi. A tal fine, la Corte è competente a pronunciarsi sui ricorsi per incompetenza, violazione delle forme sostanziali, violazione del presente Trattato o di qualsiasi regola di diritto relativa alla sua applicazione, ovvero per sviamento di potere, proposti da uno Stato membro, dal Consiglio o dalla Commissione.

La Corte è competente, alle stesse condizioni, a pronunciarsi sui ricorsi che il Parlamento Europeo e la BCE propongono per salvaguardare le proprie prerogative

Qualsiasi persona fisica o giuridica può proporre, alle stesse condizioni, un ricorso contro le decisioni prese nei suoi confronti e contro le decisioni che, pur apparendo come un regolamento o una decisione presa nei confronti di altre persone, la riguardano direttamente e individualmente.

I ricorsi previsti dal presente articolo devono essere proposti nel termine di due mesi, a decorrere, secondo i casi, dalla pubblicazione dell'atto, dalla sua notificazione al ricorrente ovvero, in mancanza, dal giorno in cui il ricorrente ne ha avuto conoscenza (1).

---

(1) Articolo così sostituito dal Trattato sull'Unione Europea.

174. Se il ricorso è fondato, la Corte di Giustizia dichiara nullo e non avvenuto l'atto impugnato.

Tuttavia, per quanto concerne i regolamenti, la Corte di Giustizia, ove lo reputi necessario, precisa gli effetti del regolamento annullato che devono essere considerati come definitivi.

175. Qualora, in violazione del presente Trattato, il Parlamento Europeo, il Consiglio o la Commissione si astengano dal pronunciarsi, gli Stati membri e le altre istituzioni della Comunità possono adire la Corte di Giustizia per far constatare tale violazione.

Il ricorso è ricevibile soltanto quando l'Istituzione in causa sia stata preventivamente richiesta di agire. Se, allo scadere di un termine di due mesi da tale richiesta, l'istituzione non ha preso posizione, il ricorso può essere proposto entro un nuovo termine di due mesi.

Ogni persona fisica o giuridica può adire la Corte di Giustizia alle condizioni stabilite dai commi precedenti per contestare ad una delle istituzioni della Comunità di avere omesso di emanare nei suoi confronti un atto che non sia una raccomandazione o un parere.

La Corte di giustizia è competente, alle stesse condizioni, a pronunciarsi sui ricorsi proposti dalla BCE nei settori che rientrano nella sua competenza o proposti contro di essa (1).

---

(1) Articolo così sostituito dal Trattato sull'Unione Europea.

176. L'istituzione o le istituzioni da cui emana l'atto annullato o la cui astensione sia stata dichiarata contraria al presente Trattato, è tenuta a prendere i provvedimenti che l'esecuzione della sentenza della Corte di Giustizia comporta.

Tale obbligo non pregiudica quello eventualmente risultante dall'applicazione dell'art. 215, secondo comma.

Il presente articolo si applica anche alla BCE (1).

---

(1) Articolo così sostituito dal Trattato sull'Unione Europea.

177. La Corte di Giustizia è competente a pronunciarsi, in via pregiudiziale:

a) sull'interpretazione del presente Trattato;

b) sulla validità e l'interpretazione degli atti compiuti dalle istituzioni della Comunità e della BCE;

c) sull'interpretazione degli statuti degli organismi creati con atto del Consiglio, quando sia previsto dagli statuti stessi (1).

Quando una questione del genere è sollevata davanti a una giurisdizione di uno degli Stati membri, tale giurisdizione può, qualora reputi necessaria per emanare la sua sentenza una decisione su questo punto, domandare alla Corte di Giustizia di pronunciarsi sulla questione.

Quando una questione del genere è sollevata in un giudizio pendente davanti a una giurisdizione nazionale, avverso le cui decisioni non possa proporsi un ricorso giurisdizionale di diritto interno, tale giurisdizione è tenuta a rivolgersi alla Corte di Giustizia (2).

---

(1) Con protocollo adottato a Lussemburgo il 3-6-1971 (l. 19-5-1975, n. 180), è stata attribuita alla Corte di Giustizia la competenza in merito all'interpretazione della Convenzione di Bruxelles (27-9-1968) relativa alla competenza giurisdizionale ed alle procedure di esecuzione delle decisioni in campo civile e commerciale.

(2) Articolo così sostituito dal Trattato sull'Unione Europea.

178. La Corte di Giustizia è competente a conoscere delle controversie relative al risarcimento dei danni di cui all'art. 215, secondo comma.

179. La Corte di Giustizia è competente a pronunciarsi su qualsiasi controversia tra la Comunità e gli agenti di questa, nei limiti e alle condizioni determinati dallo statuto o risultanti dal regime applicabile a questi ultimi.

180. La Corte di Giustizia è competente, nei limiti sotto specificati, a conoscere delle controversie in materia di:

a) esecuzione degli obblighi degli Stati membri derivanti dallo Statuto della Banca europea per gli investimenti. Il Consiglio di amministrazione della Banca dispone a tale riguardo dei poteri riconosciuti alla Commissione dall'art. 169;

b) deliberazioni del Consiglio dei Governatori della Banca europea per gli investimenti. Ciascuno Stato membro, la Commissione e il Consiglio di amministrazione della Banca possono proporre un ricorso in materia, alle condizioni previste dall'art. 173;

c) deliberazioni del Consiglio di amministrazione della Banca europea per gli investimenti. I ricorsi avverso tali deliberazioni possono essere proposti, alle condizioni fissate dall'art. 173, soltanto dagli Stati membri o dalla Commissione, e unicamente per violazione delle forme di cui all'art. 21, paragrafo 2, e paragrafi da 5 a 7 inclusi, dello Statuto della Banca;

d) esecuzione, da parte delle Banche centrali nazionali, degli obblighi derivanti dal presente trattato e dallo statuto del SEBC. Il Consiglio della BCE dispone al riguardo, nei confronti delle Banche centrali nazionali, dei poteri riconosciuti alla Commissione dall'articolo 169 nei confronti degli Stati membri. Quando la Corte di giustizia riconosca che una Banca centrale nazionale ha mancato ad uno degli obblighi ad essa incombenti in virtù del presente trattato, essa è tenuta a prendere i provvedimenti che l'esecuzione della sentenza della Corte di giustizia comporta. (1).

---

(1) Articolo così sostituito dal Trattato sull'Unione Europea.

181. La Corte di Giustizia è competente a giudicare in virtù di una clausola compromissoria contenuta in un contratto di diritto pubblico o di diritto privato stipulato dalla Comunità o per conto di questa.

182. La Corte di Giustizia è competente a conoscere di qualsiasi controversia tra Stati membri in connessione con l'oggetto del presente Trattato, quando tale controversia le venga sottoposta in virtù di un compromesso.

183. Fatte salve le competenze attribuite alla Corte di Giustizia dal presente Trattato, le controversie nelle quali la Comunità sia parte non sono, per tale motivo, sottratte alla competenza delle giurisdizioni nazionali.

184. Nell'eventualità di una controversia che metta in causa un regolamento adottato congiuntamente dal Parlamento europeo e dal Consiglio o un regolamento del Consiglio, della Commissione o della BCE, ciascuna parte può, anche dopo lo spirare del termine previsto dall'art. 173 quinto comma, valersi dei motivi previsti dall'art. 173 secondo comma, per invocare dinanzi alla Corte di Giustizia l'inapplicabilità del regolamento stesso (1).

(1) Articolo così sostituito dal Trattato sull'Unione Europea.

185. I ricorsi proposti alla Corte di Giustizia non hanno effetto sospensivo. Tuttavia la Corte può, quando reputi che le circostanze lo richiedano, ordinare la sospensione dell'esecuzione dell'atto impugnato.

186. La Corte di Giustizia, negli affari che le sono proposti, può ordinare i provvedimenti provvisori necessari.

187. Le sentenze della Corte di Giustizia hanno forza esecutiva alle condizioni fissate dall'art. 12.

188. Lo Statuto della Corte di Giustizia è stabilito con un Protocollo separato.

Il Consiglio, deliberando all'unanimità su richiesta della Corte di Giustizia e previa consultazione della Commissione e del Parlamento europeo, può modificare le disposizioni del titolo III dello statuto (1).

La Corte di Giustizia stabilisce il proprio regolamento di procedura. Tale regolamento è sottoposto all'approvazione unanime del Consiglio.

(1) Comma introdotto dall'art. 12 dell'Atto unico europeo.

Sezione V (1)

La corte dei conti

(1) Sezione aggiunta dal Trattato sull'Unione Europea (cfr. artt. 206-206 bis del Trattato CEE)

188 A. La Corte dei conti assicura il controllo dei conti.

188 B. 1. La Corte dei conti è composta di dodici membri.

2. I membri della Corte dei conti sono scelti tra personalità che fanno o hanno fatto parte, nei rispettivi paesi, delle istituzioni di controllo esterno o che posseggono una qualifica specifica per tale funzione. Essi devono offrire tutte le garanzie d'indipendenza.

3. I membri della Corte dei conti sono nominati per un periodo di sei anni dal Consiglio, che delibera all'unanimità, previa consultazione del Parlamento europeo.

Tuttavia, nelle prime nomine, quattro membri della Corte dei conti, designati a sorte, ricevono un mandato limitato di quattro anni.

I membri della Corte dei conti possono essere nuovamente nominati.

I membri designano tra di loro, per tre anni, il Presidente della Corte dei conti. Il mandato del Presidente è rinnovabile.

4. I membri della Corte dei conti esercitano le loro funzioni in piena indipendenza, nell'interesse generale della Comunità.

Nell'adempimento dei loro doveri, essi non sollecitano né accettano istruzioni da alcun Governo né da alcun organismo. Essi si astengono da ogni atto incompatibile con il carattere delle loro funzioni.

5. I membri della Corte dei conti non possono, per la durata delle loro funzioni, esercitare alcun'altra attività professionale, remunerata o meno. Fin dal loro insediamento, essi assumono l'impegno solenne di rispettare, per la durata delle loro funzioni e dopo la cessazione di queste, gli obblighi derivanti dalla loro carica ed in particolare i doveri di onestà e delicatezza per quanto riguarda l'accettare, dopo tale cessazione, determinate funzioni o vantaggi.

6. A parte i rinnovamenti regolari e i decessi, le funzioni dei membri della Corte dei conti cessano individualmente per dimissioni volontarie o per dimissioni d'ufficio di-

chiarate dalla Corte di giustizia conformemente alle disposizioni del paragrafo 7.

L'interessato è sostituito per la restante durata del mandato.

Salvo il caso di dimissioni d'ufficio, i membri della Corte dei conti restano in carica fino a quando non si sia provveduto alla loro sostituzione.

7. I membri della Corte dei conti possono essere destituiti dalle loro funzioni oppure essere dichiarati decaduti dal loro diritto alla pensione o da altri vantaggi sostitutivi soltanto se la Corte di giustizia constata, su richiesta della Corte dei conti, che essi non sono più in possesso dei requisiti richiesti o non soddisfano più agli obblighi derivanti dalla loro carica.

8. Il Consiglio, deliberando a maggioranza qualificata, fissa le condizioni di impiego, in particolare stipendi, indennità e pensioni, del Presidente e dei membri della Corte dei conti. Esso fissa altresì, deliberando a maggioranza qualificata, tutte le indennità sostitutive di retribuzione.

9. Le disposizioni del protocollo sui privilegi e sulle immunità delle Comunità europee applicabili ai Giudici della Corte di giustizia sono applicabili anche i membri della Corte dei conti.

188 C. 1. La Corte dei conti esamina i conti di tutte le entrate e le spese della Comunità. Esamina del pari i conti di tutte le entrate e le spese di ogni organismo creato dalla Comunità, nella misura in cui l'atto costitutivo non esclude tale esame.

La Corte dei conti presenta al Consiglio e al Parlamento europeo una dichiarazione in cui attesta l'affidabilità dei conti e la legittimità e la regolarità delle relative operazioni.

2. La Corte dei conti controlla la legittimità e la regolarità delle entrate e delle spese ed accerta la sana gestione finanziaria.

Il controllo delle entrate si effettua in base agli accertamenti ed ai versamenti delle entrate alla Comunità.

Il controllo delle spese si effettua in base agli impegni ed ai pagamenti.

Tali controlli possono essere effettuati prima della chiusura dei conti dell'esercizio di bilancio considerato.

3. Il controllo ha luogo tanto sui documenti quanto, in caso di necessità, sul posto, presso le altre istituzioni delle Comunità e negli Stati membri. Il controllo negli Stati membri si effettua in collaborazione con le istituzioni nazionali di controllo o, se queste non hanno la necessaria competenza, con i servizi nazionali competenti.

Tali istituzioni o servizi comunicano alla Corte dei conti se intendono partecipare al controllo.

I documenti e le informazioni necessari all'espletamento delle funzioni della Corte dei conti sono comunicati a questa, su sua richiesta, dalle altre istituzioni delle Comunità e dalle istituzioni nazionali di controllo o, se queste non hanno la necessaria competenza, dai servizi nazionali competenti.

4. Dopo la chiusura di ciascun esercizio, la Corte dei conti stende una relazione annua. Questa è trasmessa alle altre istituzioni della Comunità ed è pubblicata nella Gazzetta ufficiale delle Comunità europee, accompagnata dalle risposte delle istituzioni alle osservazioni della Corte dei conti.

La Corte dei conti può inoltre presentare in ogni momento le sue osservazioni su problemi particolari sotto forma, tra l'altro, di relazioni speciali, e dare pareri su richiesta di una delle altre istituzioni della Comunità.

Essa adotta le relazioni annue, le relazioni speciali o i pareri a maggioranza dei membri che la compongono.

Essa assiste il Parlamento europeo e il Consiglio nell'esercizio della loro funzione di controllo dell'esecuzione del bilancio.

Capo II

Disposizioni comuni a più istituzioni

189. Per l'assolvimento dei loro compiti e alle condizioni contemplate dal presente Trattato il Parlamento europeo congiuntamente con il Consiglio, il Consiglio e la Commissione adottano regolamenti e direttive, prendono decisioni e formulano raccomandazioni o pareri.

Il regolamento ha portata generale. Esso è obbligatorio in tutti i suoi elementi e direttamente applicabile in ciascuno degli Stati membri (1).

La direttiva vincola lo Stato membro cui è rivolta per quanto riguarda il risultato da raggiungere, salva restando la competenza degli organi nazionali in merito alla forma e ai mezzi.

La decisione è obbligatoria in tutti i suoi elementi per i destinatari da essa designati.

Le raccomandazioni e i pareri non sono vincolanti (2).

---

(1) Con sentenza 8 giugno 1984, n. 170, la Corte di Giustizia, ha stabilito che «il regolamento comunitario va sempre applicato, sia che segua, sia che preceda nel tempo le leggi ordinarie con esso incompatibili».

(2) Articolo così sostituito dal Trattato sull'Unione Europea.

189 A. 1. Quando, in virtù del presente trattato, un atto del Consiglio viene adottato su proposta della Commissione, il Consiglio può emanare un atto che costituisca emendamento della proposta solo deliberando all'unanimità, fatte salve le disposizioni dell'articolo 189 B, paragrafi 4 e 5.

2. Fintantoché il Consiglio non ha deliberato, la Commissione può modificare la propria proposta in ogni fase delle procedure che portano all'adozione di un atto comunitario (1).

---

(1) Articolo aggiunto dal Trattato sull'Unione Europea

189 B. 1. Quando nel presente trattato si fa riferimento al presente articolo per l'adozione di un atto, si applica la seguente procedura:

2. La Commissione presenta una proposta al Parlamento europeo e al Consiglio.

Il Consiglio deliberando a maggioranza qualificata e previo parere del Parlamento europeo, adotta una posizione comune. La posizione comune viene comunicata al Parlamento europeo. Il Consiglio informa esaurientemente il Parlamento europeo dei motivi che l'hanno indotto ad adottare la posizione comune. La Commissione informa esaurientemente il Parlamento europeo della sua posizione.

Se, entro un termine di tre mesi da tale comunicazione, il Parlamento europeo:

a) approva la posizione comune, il Consiglio adotta definitivamente l'atto in questione in conformità di tale posizione comune;

b) non si è pronunciato, il Consiglio adotta l'atto in questione in conformità della sua posizione comune;

c) dichiara, a maggioranza assoluta dei membri che lo compongono, che intende respingere la posizione comune, esso ne informa immediatamente il Consiglio. Il Consiglio può convocare il Comitato di conciliazione di cui al paragrafo 4 per precisare ulteriormente la sua posizione. Il Parlamento europeo conferma in seguito, a maggioranza assoluta dei membri che lo compongono, di aver respinto la posizione comune, nel qual caso l'atto proposto si considera non adottato, oppure propone emendamenti conformemente alle disposizioni della lettera d) del presente paragrafo;

d) propone emendamenti alla posizione comune, a maggioranza assoluta dei membri che lo compongono; il testo così emendato viene comunicato al Consiglio e alla Commissione che formula un parere su tali emendamenti.

3. Se, entro un termine di tre mesi dal ricevimento degli emendamenti del Parlamento europeo, il Consiglio, deliberando a maggioranza qualificata, approva tutti gli emendamenti, esso modifica di conseguenza la sua posizione comune e adotta l'atto in questione; tuttavia il Consiglio deve deliberare all'unanimità sugli emendamenti su cui la Commissione ha dato parere negativo. Se il Consiglio non approva l'atto in questione, il Presidente del Consiglio, d'intesa con il Presidente del Parlamento europeo, convoca immediatamente il Comitato di conciliazione.

4. Il Comitato di conciliazione, che riunisce i membri del Consiglio o i loro rappresentanti ed altrettanti rappresentanti del Parlamento europeo, ha il compito di giungere ad un accordo su un progetto comune a maggioranza qualificata dei membri del Consiglio o dei loro rappresentati e a maggioranza dei rappresentanti del Parlamento europeo. La Commissione partecipa ai lavori del Comitato di conciliazione e prende tutte le iniziative necessarie per favorire un ravvicinamento fra le posizioni del Parlamento europeo e del Consiglio.

5. Se, entro un termine di sei settimane dopo la sua convocazione, il Comitato di conciliazione approva un progetto comune, il Parlamento europeo e il Consiglio dispongono di un termine di sei settimane a decorrere dall'approvazione per adottare l'atto in questione conformemente al progetto comune, a maggioranza assoluta dei voti espressi per quanto concerne il Parlamento europeo e a maggioranza qualificata per quanto concer-

ne il Consiglio. In mancanza di approvazione da parte di una delle due istituzioni, l'atto in questione si considera non adottato.

6. Se il Comitato di conciliazione non approva un progetto comune, l'atto proposto si considera non adottato, salvo che il Consiglio, deliberando a maggioranza qualificata entro un termine di sei settimane dalla scadenza del termine concesso al Comitato di conciliazione, confermi la posizione comune da esso approvata prima dell'avvio della procedura di conciliazione, eventualmente con emendamenti proposti dal Parlamento europeo. In questo caso l'atto in questione è adottato definitivamente, a meno che il Parlamento europeo, entro un termine di sei settimane dalla data della conferma da parte del Consiglio, respinga il testo a maggioranza assoluta dei membri che lo compongono, nel qual caso l'atto proposto si considera non adottato.

7. I termini di tre mesi e di sei settimane di cui al presente articolo possono essere prorogati rispettivamente di un mese e di due settimane, al massimo, di comune accordo tra il Parlamento europeo e il Consiglio. Il termine di tre mesi di cui al paragrafo 2 è prorogato automaticamente di due mesi qualora siano applicabili le disposizioni della lettera c) di tale paragrafo.

8. Il campo di applicazione della procedura di cui al presente articolo può essere esteso, secondo la procedura prevista dall'articolo N, paragrafo 2 del trattato sull'Unione europea, in base ad una relazione che la Commissione presenterà al Consiglio al più tardi nel 1996 (1).

(1) Articolo aggiunto del Trattato sull'Unione Europea

189 C. Quando nel presente trattato si fa riferimento al presente articolo per l'adozione di un atto, si applica la seguente procedura:

a) Il Consiglio, deliberando a maggioranza qualificata, su proposta della Commissione e previo parere del Parlamento europeo, adotta una posizione comune.

b) La posizione comune del Consiglio viene comunicata al Parlamento europeo; Il Consiglio e la Commissione informano esaurientemente il Parlamento europeo dei motivi che hanno indotto il Consiglio ad adottare la posizione comune, nonché della posizione della Commissione.

Se, entro un termine di tre mesi da tale comunicazione, il Parlamento europeo approva la posizione comune, ovvero se esso non si è pronunciato entro detto termine, il Consiglio adotta definitivamente l'atto in questione in conformità della posizione comune.

c) Entro il termine di tre mesi indicato alla lettera b) il Parlamento europeo può, a maggioranza assoluta dei membri che lo compongono, proporre emendamenti alla posizione comune del Consiglio.

Il Parlamento europeo può anche, alla stessa maggioranza, respingere la posizione comune del Consiglio. Il risultato delle delibere è trasmesso al Consiglio e alla Commissione.

Qualora il Parlamento europeo abbia respinto la posizione comune del Consiglio, quest'ultimo può deliberare in seconda lettura soltanto all'unanimità.

d) La Commissione, sulla scorta degli emendamenti proposti dal Parlamento europeo, riesamina entro il termine di un mese la proposta in base alla quale il Consiglio ha adottato la propria posizione comune.

La Commissione trasmette al Consiglio, contemporaneamente alla proposta riesaminata, gli emendamenti del Parlamento europeo che essa non ha recepito, esprimendo il suo parere sugli stessi. Il Consiglio può adottare all'unanimità detti emendamenti.

e) Il Consiglio, deliberando a maggioranza qualifica, adotta la proposta riesaminata dalla Commissione.

Il Consiglio può modificare la proposta riesaminata dalla Commissione soltanto all'unanimità.

f) Nei casi di cui alle lettere c), d) ed e), il Consiglio deve deliberare entro il termine di tre mesi. In mancanza di una decisione entro detto termine, la proposta della Commissione si considera non adottata.

g) I termini di cui alle lettere b) e f) possono essere prorogati di un mese al massimo di comune accordo tra il Consiglio e il Parlamento europeo (1).

(1) Articolo aggiunto dal Trattato sull'Unione Europea

190. I regolamenti, le direttive e le decisioni adottati congiuntamente dal Parlamento Europeo e dal Consiglio, nonché detti atti adottati dal Consiglio e dalla Commissione sono motivati e fanno riferimento alle proposte o ai pareri obbligatoriamente richiesti in esecuzione del presente Trattato (1).

(1) Articolo così sostituito dal Trattato sull'Unione Europea.

191. 1. I regolamenti, le direttive e le decisioni adottati in conformità della procedura di cui all'art. 189 B sono firmati dal Presidente del Parlamento Europeo e dal Presidente del Consiglio e pubblicati nella *Gazzetta Ufficiale della Comunità*; essi entrano in vigore alla data da essi stabilita ovvero, in mancanza di data, nel ventesimo giorno successivo alla loro pubblicazione.

2. I regolamenti del Consiglio e della Commissione, nonché le direttive di queste istituzioni che sono rivolte a tutti gli Stati membri, sono pubblicati nella *Gazzetta Ufficiale della Comunità*. Essi entrano in vigore alla data da essi stabilita ovvero, in mancanza di data, nel ventesimo giorno successivo alla loro pubblicazione.

3. Le direttive e le decisioni sono notificate ai loro destinatari e hanno efficacia in virtù di tale notificazione (1).

(1) Articolo così sostituito dal Trattato sull'Unione Europea.

192. Le decisioni del Consiglio o della Commissione che importano, a carico di persone che non siano gli Stati, un obbligo pecuniario costituiscono titolo esecutivo.

L'esecuzione forzata è regolata dalle norme di procedura civile vigenti nello Stato sul cui territorio essa viene effettuata. La formula esecutiva è apposta, con la sola verificazione dell'autenticità del titolo, dall'autorità nazionale che il governo di ciascuno degli Stati membri designerà a tal fine, informandone la Commissione e la Corte di Giustizia.

Assolte tali formalità a richiesta dell'interessato, quest'ultimo può ottenere l'esecuzione forzata richiedendola direttamente all'organo competente, secondo la legislazione nazionale.

L'esecuzione forzata può essere sospesa soltanto in virtù di una decisione della Corte di Giustizia. Tuttavia, il controllo della regolarità dei provvedimenti esecutivi è di competenza delle giurisdizioni nazionali.

Capo III

Il comitato economico e sociale

193. È istituito un Comitato economico e sociale, a carattere consultivo.

Il Comitato è composto di rappresentanti delle varie categorie della vita economica e sociale, in particolare dei produttori, agricoltori, vettori, lavoratori, commercianti e artigiani, nonché delle libere professioni e degli interessi generali.

194. Il numero dei membri del Comitato è fissato come segue:

Belgio	12
Danimarca	9
Germania	24
Grecia	12
Spagna	21
Francia	24
Irlanda	9
Italia	24
Lussemburgo	6
Paesi Bassi	12
Portogallo	12
Regno Unito	24

I membri del Comitato sono nominati per quattro anni dal Consiglio, che delibera all'unanimità. Il loro mandato è rinnovabile.

I membri del Comitato non devono essere vincolati da alcun mandato imperativo. Essi esercitano le loro funzioni in piena indipendenza, nell'interesse generale della Comunità.

Il Consiglio, deliberando a maggioranza qualificata, fissa le indennità dei membri del Comitato (1).

(1) Articolo così sostituito dal Trattato sull'Unione Europea

195. 1. Ogni Stato membro, per la nomina dei membri del Comitato, invia al Consiglio un elenco comprendente un numero di candidati doppio di quello dei seggi attribuiti ai propri cittadini.

La composizione del Comitato deve tener conto della necessità di assicurare una rappresentanza adeguata alle diverse categorie della vita economica e sociale.

2. Il Consiglio consulta la Commissione. Esso può chiedere il parere delle organizzazioni europee rappresentative dei diversi settori economici e sociali interessati all'attività della Comunità.

196. Il Comitato designa tra i suoi membri il Presidente e l'Ufficio di presidenza per una durata di due anni.

Esso stabilisce il proprio regolamento interno.

Il Comitato è convocato dal Presidente su richiesta del Consiglio o della Commissione. Esso può altresì riunirsi di propria iniziativa (1).

---

(1) Articolo così sostituito dal Trattato sull'Unione Europea

197. Il Comitato comprende delle sezioni specializzate per i principali settori contemplati dal presente trattato.

Il Comitato annovera in particolare una sezione per l'agricoltura e una sezione per i trasporti, che formano oggetto delle disposizioni particolari previste dai titoli relativi all'agricoltura e ai trasporti.

L'attività delle sezioni specializzate si svolge nell'ambito delle competenze generali del Comitato. Le sezioni specializzate non possono essere consultare indipendentemente dal Comitato.

Presso il Comitato possono essere, d'altra parte, istituti sottocomitati incaricati di elaborare, per questioni o settori determinati, progetti di parere da sottoporre alle deliberazioni del Comitato.

Il regolamento interno stabilisce le modalità di composizione e le norme relative alla competenza delle sezioni specializzate e dei sottocomitati.

198. Il Consiglio o la Commissione sono tenuti a consultare il Comitato nei casi previsti dal presente trattato. Tali istituzioni possono consultarlo in tutti i casi in cui lo ritengano opportuno. Il Comitato, qualora lo ritenga opportuno, può formulare un parere di propria iniziativa.

Qualora lo reputino necessario, il Consiglio o la Commissione fissano al Comitato, per la presentazione del suo parere, un termine che non può essere inferiore ad un mese a decorrere dalla data della comunicazione inviata a tal fine al Presidente. Allo spirare del termine fissato, si può non tener conto dell'assenza di parere.

Il parere del Comitato e il parere della sezione specializzata sono trasmessi al Consiglio e alla Commissione, unitamente a un resoconto delle deliberazioni (1).

---

(1) Articolo così sostituito dal Trattato sull'Unione Europea.

CAPO IV (1)

Il Comitato delle regioni

---

(1) Capo aggiunto del Trattato sull'Unione Europea.

198 A. È istituito un Comitato a carattere consultivo composto di rappresentanti delle collettività regionali e locali, in appresso designato «Comitato delle regioni».

Il numero dei membri del Comitato delle regioni è fissato come segue:

Belgio	12
Danimarca	9
Germania	24
Grecia	12
Spagna	21
Francia	24
Irlanda	9
Italia	24
Lussemburgo	6
Paesi Bassi	12
Portogallo	12
Regno Unito	24

I membri del Comitato nonché un numero uguale di supplenti sono nominati, su proposta dei rispettivi Stati membri, per quattro anni dal Consiglio, che delibera all'unanimità.

Il loro mandato è rinnovabile.

I membri del Comitato non devono essere vincolati da alcun mandato imperativo. Essi esercitano le loro funzioni in piena indipendenza, nell'interesse generale della Comunità.

198 B. Il Comitato delle regioni designa tra i suoi membri il Presidente e l'Ufficio di presidenza per la durata di due anni.

Esso stabilisce il proprio regolamento interno e lo sottopone all'approvazione del Consiglio, che delibera all'unanimità.

Il Comitato è convocato dal Presidente su richiesta del Consiglio o della Commissione. Esso può altresì riunirsi di propria iniziativa.

198 C. Il Consiglio o la Commissione consultano il Comitato delle regioni nei casi previsti dal presente trattato e in tutti gli altri casi in cui una di tali due istituzioni lo ritenga opportuno.

Qualora lo reputino necessario, il Consiglio o la Commissione fissano al Comitato, per la presentazione del suo parere, un termine che non può essere inferiore a un mese a decorrere dalla data della comunicazione inviata a tal fine al Presidente. Allo spirare del termine fissato, si può non tener conto dell'assenza di parere.

Quando il Comitato economico e sociale è consultato in applicazione dell'articolo 198, il Consiglio o la Commissione informano il Comitato delle regioni di tale domanda di parere. Il Comitato delle regioni, qualora ritenga che sono in causa interessi regionali specifici, può formulare un parere in materia.

Il Comitato delle regioni, qualora lo ritenga utile, può formulare un parere di propria iniziativa.

Il parere del Comitato è trasmesso al Consiglio e alla Commissione, unitamente a un resoconto delle deliberazioni.

Capo V (1)

La Banca europea per gli investimenti

(1) Capo aggiunto dal Trattato sull'Unione Europea

198 D. La Banca europea per gli investimenti è dotata di personalità giuridica. Sono membri della Banca europea per gli investimenti gli Stati membri.

Lo statuto della Banca europea per gli investimenti costituisce l'oggetto di un protocollo allegato al presente trattato.

198 E. La Banca europea per gli investimenti ha il compito di contribuire, facendo appello al mercato dei capitali ed alle proprie risorse, allo sviluppo equilibrato e senza scosse del mercato comune nell'interesse della Comunità. A tal fine facilita, mediante la concessione di prestiti e garanzie, senza perseguire scopi di lucro, il finanziamento dei seguenti progetti in tutti i settori dell'economia:

a) progetti contemplanti la valorizzazione delle regioni meno sviluppate;

b) progetti contemplanti l'ammodernamento o la riconversione d'imprese oppure la creazione di nuove attività richieste dalla graduale realizzazione del mercato comune che, per la loro ampiezza o natura, non possono essere interamente assicurati dai vari mezzi di finanziamento esistenti nei singoli Stati membri;

c) progetti d'interesse comune per più Stati membri che, per la loro ampiezza o natura, non possono essere completamente assicurati dai vari mezzi di finanziamento esistenti nei singoli Stati membri.

Nello svolgimento dei suoi compiti la Banca facilita il finanziamento di programmi d'investimento congiuntamente con gli interventi dei fondi strutturali e degli altri strumenti finanziari della Comunità.

Titolo II

Disposizioni finanziarie

199. Tutte le entrate e le spese della Comunità, ivi comprese quelle relativi al Fondo sociale europeo, devono costituire oggetto di previsione per ciascun esercizio finanziario ed essere iscritte nel bilancio.

Le spese amministrative risultanti per le istituzione dalle disposizioni del trattato sull'Unione europea relative alla politica estera e di sicurezza comune ed alla cooperazione nei settori della giustizia e degli affari interni sono a carico del bilancio. Le spese operative risultanti dall'attuazione di dette disposizioni possono, alle condizioni ivi previste, essere messe a carico del bilancio.

Nel bilancio, entrate e spese devono risultare in pareggio. (1)

(1) Articolo così sostituito dal Trattato sull'Unione Europea

200. (*Omissis*) (1)

(1) Articolo abrogato dal Trattato sull'Unione Europea.

201. Il bilancio, fatte salve le altre entrate, è finanziato integralmente tramite risorse proprie.

Il Consiglio deliberando all'unanimità su proposta della Commissione e previa consultazione del Parlamento europeo, stabilisce le disposizioni relative al sistema delle risorse proprie della Comunità di cui raccomanda l'adozione da parte degli Stati membri, in conformità delle loro rispettive norme costituzionali (1).

(1) Articolo così sostituito dal Trattato sull'Unione Europea

201 A. Per mantenere la disciplina di bilancio la Commissione, prima di presentare proposte di atti comunitari o di modificare le proprie proposte o di adottare misure di esecuzione che possono avere incidenze rilevanti sul bilancio, deve assicurare che dette proposte o misure possono essere finanziate entro i limiti delle risorse proprie della Comunità derivanti dalle disposizioni stabilite dal Consiglio ai sensi dell'articolo 201 (1).

(1) Articolo aggiunto dal Trattato sull'Unione europea

202. Le spese iscritte nel bilancio sono autorizzate per la durata di un esercizio finanziario, salvo contrarie disposizioni del regolamento stabilito in esecuzione dell'articolo 209.

Alle condizioni che saranno determinate in applicazione dell'articolo 209, i crediti che non siano quelli relativi alle spese di personale e che alla fine dell'esercizio finanziario siano rimasti inutilizzati, potranno essere riportati all'esercizio successivo e limitatamente a questo.

I crediti sono specificatamente registrati in capitoli che raggruppano le spese a seconda della loro natura o della loro destinazione e ripartiti, per quanto occorra, in conformità del regolamento stabilito in esecuzione dell'articolo 209.

Le spese del Parlamento europeo, del Consiglio, della Commissione e della Corte di giustizia sono iscritte in parti separate del bilancio senza pregiudizio di un regime speciale per determinate spese comuni.

203. 1. L'esercizio ha inizio il 1° gennaio e si chiude al 31 dicembre.

2. Ciascuna istituzione della Comunità elabora, anteriormente al 1° luglio, uno stato di previsione delle proprie spese. La Commissione raggruppa tali stati di previsione in un progetto preliminare di bilancio, allegandovi un parere che può comportare previsioni divergenti.

Tale progetto preliminare comprende una previsione delle entrate ed una previsione delle spese.

3. La Commissione deve sottoporre al Consiglio il progetto preliminare di bilancio non oltre il 1° settembre dell'anno che precede quello dell'esecuzione del bilancio.

Ogniqualvolta il Consiglio intenda discostarsi dal progetto preliminare, consulta la Commissione ed eventualmente le altre istituzioni interessate.

Il Consiglio, con deliberazione a maggioranza qualificata, stabilisce il progetto di bilancio e lo trasmette al Parlamento europeo.

4. Il progetto di bilancio deve essere sottoposto al Parlamento europeo non oltre il 5 ottobre dell'anno che precede quello dell'esecuzione del bilancio.

Il Parlamento europeo, deliberando alla maggioranza dei membri che lo compongono, ha il diritto di emendare il progetto di bilancio e, deliberando alla maggioranza assoluta dei suffragi espressi, di proporre al Consiglio modificazioni al progetto per quanto riguarda le spese derivanti obbligatoriamente dal trattato o dagli atti adottati a sua norma.

Qualora, entro un termine di quarantacinque giorni dalla comunicazione del progetto di bilancio, il Parlamento europeo abbia dato la sua approvazione, il bilancio è definitivamente adottato. Qualora, entro tale termine, il Parlamento europeo non abbia emendato il progetto di bilancio ovvero non abbia proposto modificazioni a quest'ultimo, il bilancio si considera definitivamente adottato.

Qualora, entro tale termine, il Parlamento europeo abbia adottato emendamenti o proposto modificazioni, il progetto di bilancio così emendato o corredato di proposte di modificazione è trasmesso al Consiglio.

5. Il Consiglio, dopo aver discusso con la Commissione ed eventualmente con le altre istituzioni interessate in merito al progetto di bilancio, delibera alle condizioni che seguono:

a) il Consiglio può, deliberando a maggioranza qualificata, modificare ciascuno degli emendamenti adottati dal Parlamento europeo;

b) per quanto concerne le proposte di modifica:

— qualora una modificazione proposta dal Parlamento europeo non abbia l'effetto di aumentare l'importo globale delle spese di un'istituzione, segnatamente in quanto l'aumento delle spese che ne deriverebbe è espressamente compensato da una o più modificazioni proposte, comportanti una corrispondente riduzioni delle spese, il Consiglio può, deliberando a maggioranza qualificata, rigettare tale proposta di modificazione. In mancanza di decisione di rigetto, la proposta di modificazione è accettata;

— qualora una modificazione proposta dal Parlamento europeo abbia l'effetto di aumentare l'importo globale delle spese di un'istituzione, il Consiglio può, deliberando a maggioranza qualificata, accettare tale proposta di modificazione. In mancanza di decisione di accettazione, la proposta di modificazione è rigettata;

— qualora, in applicazione delle disposizioni di uno dei precedenti commi, il Consiglio abbia rigettato una proposta di modificazione, esso può, deliberando a maggioranza qualificata, sia mantenere l'importo che figura nel progetto di bilancio sia fissare un altro importo.

Il progetto di bilancio è modificato in funzione delle proposte di modifica accettate dal Consiglio.

Qualora, entro un termine di quindici giorni dalla comunicazione del progetto di bilancio, il Consiglio non abbia modificato alcun emendamento adottato dal Parlamento europeo e le proposte di modificazione da esso presentate siano state accettate, il bilancio si considera definitivamente adottato. Il Consiglio informa il Parlamento europeo del fatto che non ha modificato alcun emendamento e che le proposte di modificazione sono state accettate.

Qualora, entro tale termine, il Consiglio abbia modificato uno o più emendamenti adottati dal Parlamento europeo o le proposte di modificazione da esso presentate siano state rigettate o modificate, il progetto di bilancio modificato è trasmesso nuovamente al Parlamento europeo. Il Consiglio espone a quest'ultimo il risultato delle proprie deliberazioni.

6. Entro un termine di quindici giorni dalla comunicazione del progetto di bilancio, il Parlamento europeo, informato dell'esito delle proprie proposte di modificazione, può, deliberando a maggioranza dei membri che lo compongono e dei tre quinti dei suffragi espressi, emendare o rigettare le modificazioni apportate dal Consiglio ai suoi emendamenti e adotta quindi il bilancio. Qualora entro tale termine il Parlamento europeo non si sia pronunciato, il bilancio si considera definitivamente adottato.

7. Quando la procedura di cui al presente articolo è espletata, il presidente del Parlamento europeo constata che il bilancio è definitivamente adottato.

8. Tuttavia il Parlamento europeo, che delibera alla maggioranza dei membri che lo compongono e dei due terzi dei suffragi espressi, può, per importanti motivi, rigettare il progetto di bilancio e chiedere che gli venga presentato un nuovo progetto.

9. Per l'insieme delle spese diverse da quelle derivanti obbligatoriamente dal trattato o dagli atti adottati a sua norma, è fissato ogni anno un tasso massimo di aumento rispetto alle spese della stessa natura dell'esercizio in corso.

La Commissione, dopo aver consultato il comitato di politica economica, constata tale tasso massimo che risulta:

— dall'evoluzione in volume del prodotto nazionale lordo nella Comunità;

— dalla variazione media dei bilanci degli Stati membri; e

— dall'evoluzione del costo della vita durante l'ultimo esercizio.

Il tasso massimo è comunicato anteriormente al 1° maggio a tutte le istituzioni della Comunità. Queste sono tenute a rispettarlo durante la procedura di bilancio, fatte salve le disposizioni del quarto e del quinto comma del presente paragrafo.

Qualora per le spese diverse da quelle derivanti obbligatoriamente dal trattato o dagli atti adottati a sua norma, il tasso di aumento risultante dal progetto di bilancio stabilito dal Consiglio sia superiore alla metà del tasso massimo, il Parlamento europeo, nell'esercizio del proprio diritto di emendamento, può ancora aumentare l'importo totale di tali spese nei limiti della metà del tasso massimo.

Quando il Parlamento europeo, il Consiglio o la Commissione ritengono che le attività delle Comunità esigono che il tasso stabilito secondo la procedura definita nel presente paragrafo sia superato, può essere fissato un nuovo tasso mediante accordo tra il Consiglio, che delibera a maggioranza qualificata, e il Parlamento europeo, che delibera alla maggioranza dei membri che lo compongono e dei tre quinti dei suffragi espressi.

10. Ciascuna istituzione esercita i poteri ad essa attribuiti dal presente articolo nel rispetto delle disposizioni del trattato e degli atti adottati a sua norma, in particolare in materia di risorse proprie delle Comunità e di equilibrio delle entrate e delle spese (1).

---

(1) Articolo così sostituito dall'art. 12 del Trattato di Bruxelles 22 luglio 1975

204. Se, all'inizio dell'esercizio finanziario, il bilancio non è stato ancora votato, le spese possono essere effettuate mensilmente per capitolo o seguendo un'altra suddivisione, in base alle disposizioni del regolamento stabilito in esecuzione dell'articolo 209, nel limite di un dodicesimo dei crediti aperti nel bilancio dell'esercizio precedente, senza che tale misura possa avere per effetto di mettere a disposizione della Commissione crediti superiori al dodicesimo di quelli previsti nel progetto di bilancio in preparazione.

Il Consiglio, con deliberazione a maggioranza qualificata, può autorizzare spese superiori al limite del dodicesimo, sempreché siano osservate le altre condizioni di cui al primo comma.

Se tale decisione concerne spese diverse da quelle che derivano obbligatoriamente dal trattato o dagli atti adottati a sua norma, il Consiglio la trasmette immediatamente al Parlamento europeo; entro un termine di 30 giorni il Parlamento Europeo, deliberando alla maggioranza dei membri che lo compongono e dei tre quinti dei suffragi espressi, può prendere una decisione differente su queste spese per quanto riguarda la parte superiore al dodicesimo di cui al primo comma. Questa parte della decisione del Consiglio è sospesa sino al momento in cui il Parlamento europeo abbia preso la decisione. Se nel termine precitato il Parlamento europeo non ha preso una decisione diversa da quella del Consiglio, quest'ultima viene considerata definitivamente adottata.

Le decisioni di cui ai commi secondo e terzo prevedono le misure necessarie in materia di risorse per garantire l'applicazione del presente articolo. (1)

---

(1) Articolo aggiunto dall'art. 13 del Trattato di Bruxelles 22 luglio 1975

205. La Commissione cura l'esecuzione del bilancio, conformemente alle disposizioni del regolamento stabilito in esecuzione dell'articolo 209, sotto la propria responsabilità e nei limiti dei crediti stanziati, in conformità del principio della buona gestione finanziaria.

Il regolamento prevede le modalità particolari secondo le quali ogni istituzione partecipa all'esecuzione delle proprie spese.

All'interno del bilancio, la Commissione può procedere, nei limiti e alle condizioni fissate dal regolamento stabilito in esecuzione dell'articolo 209, a trasferimenti di crediti, sia da capitolo a capitolo, sia da suddivisione a suddivisione (1).

---

(1) Articolo così sostituito dal Trattato sull'Unione Europea.

205 bis. Ogni anno la Commissione sottopone al Consiglio e al Parlamento europeo i conti dell'esercizio trascorso concernenti le operazioni del bilancio. Inoltre, essa comunica loro un bilancio finanziario che espone l'attivo e il passivo della Comunità. (1)

---

(1) Articolo aggiunto dall'art. 14 del Trattato di Bruxelles 22 luglio 1975

206. 1. Il Parlamento europeo, su raccomandazione del Consiglio che delibera a maggioranza qualificata, dà atto alla Commissione dell'esecuzione del bilancio. A tale scopo esso esamina, successivamente al Consiglio, i conti e il bilancio finanziario di cui all'articolo 205 bis, la relazione annua della Corte dei conti, accompagnata dalle risposte delle istituzioni controllate alle osservazioni della Corte stessa, nonché le pertinenti relazioni speciali di quest'ultima.

2. Prima di dare atto alla Commissione, o per qualsiasi altro fine nel quadro dell'esercizio delle attribuzioni di quest'ultima in materia di esecuzione del bilancio, il Parlamento europeo può chiedere di ascoltare la Commissione sull'esecuzione delle spese o sul funzionamento dei sistemi di controllo finanziario.

La Commissione fornisce al Parlamento europeo, su richiesta di quest'ultimo, tutte le informazioni necessarie.

3. La Commissione compie tutti i passi necessari per dar seguito alle osservazioni che accompagnano le decisioni di scarico ed alle altre osservazioni del Parlamento europeo concernenti l'esecuzione delle spese, nonché alle osservazioni annesse alle raccomandazioni di scarico adottate dal Consiglio.

La Commissione, su richiesta del Parlamento europeo o del Consiglio, sottopone relazioni in merito alle misure adottate sulla scorta di tali osservazioni e in particolare alle istruzioni impartite ai servizi incaricati dell'esecuzione del bilancio. Dette relazioni sono trasmesse altresì alla Corte dei conti (1).

---

(1) Articolo così sostituito dal Trattato sull'Unione Europea.

206-*bis* (*Omissis*) (1)

---

(1) Articolo abrogato dal Trattato sull'Unione Europea.

206-*ter* (*Omissis*) (1)

---

(1) Articolo abrogato dal Trattato sull'Unione Europea.

207. Il bilancio è stabilito nell'unità di conto fissata conformemente alle disposizioni del regolamento adottato in esecuzione dell'articolo 209.

I contributi finanziari previsti dall'articolo 200, paragrafo 1, sono messi a disposizione della Comunità dagli Stati membri nella loro moneta nazionale.

I saldi disponibili di detti contributi sono depositati presso le Tesorerie degli Stati membri o presso organismi da essi designati. Per la durata di questi depositi i fondi depositati conservano, rispetto all'unità di conto di cui al primo comma, il valore corrispondente alla parità in vigore il giorno del deposito.

Le disponibilità di cui trattasi possono essere collocate a condizioni che formano oggetto di accordi fra la Commissione e lo Stato membro interessato.

Il regolamento adottato in esecuzione dell'articolo 209 stabilisce le modalità tecniche dell'esecuzione delle operazione finanziarie relative al Fondo sociale europeo.

208. La Commissione, con riserva d'informare le autorità competenti degli Stati membri interessati, può trasferire nella moneta di uno di questi Stati gli averi che essa detiene nella moneta di un altro Stato membro, nella misura necessaria alla loro utilizzazione per gli scopi cui sono destinati dal presente trattato. La Commissione evita, per quanto possibile, di procedere a tali trasferimenti quando detenga averi disponibili o realizzabili nelle moneta di cui ha bisogno.

La Commissione comunica con i singoli Stati membri per il tramite dell'autorità da essi designata. Nell'esecuzione delle operazioni finanziarie essa ricorre alla banca d'emissione dello Stato membro interessato oppure ad altri istituti finanziari da quest'ultimo autorizzati.

209. Il Consiglio, deliberando all'unanimità su proposta della Commissione e previa consultazione del Parlamento europeo e parere della Corte dei conti:

a) stabilisce i regolamenti finanziari che specificano in particolare le modalità relative all'elaborazione ed esecuzione del bilancio ed al rendimento ed alla verifica dei conti;

b) fissa le modalità e la procedura secondo le quali le entrate di bilancio previste dal regime delle risorse proprie delle Comunità sono messe a disposizione della Commissione e determina le misura da applicare per far fronte eventualmente alle esigenze di tesoreria;

c) determina le norme ed organizza il controllo della responsabilità dei controlli finanziari, ordinatori e contabili (1).

---

(1) Articolo così sostituito dal Trattato sull'Unione Europea.

209 A. Gli Stati membri adottano, per combattere le frodi che ledono gli interessi finanziari della Comunità, le stesse misure che adottano per combattere le frodi che ledono i loro interessi finanziari.

Fatte salve altre disposizioni del presente trattato, gli Stati membri coordinano l'azione intesa a tutelare gli interessi finanziari della Comunità contro le frodi. A tal fine essi organizzano, con l'aiuto della Commissione, una stretta e regolare cooperazione tra i servizi competenti delle rispettive amministrazioni (1).

(1) Articolo aggiunto dal Trattato sull'Unione Europea.

PARTE VI

Disposizioni generali e finali

210. La Comunità ha personalità giuridica.

211. In ciascuno degli Stati membri, la Comunità ha la più ampia capacità giuridica riconosciuta alle persone giuridiche dalle legislazioni nazionali; essa può in particolare acquistare o alienare beni immobili e mobili e stare in giudizio. A tal fine, essa è rappresentata dalla Commissione.

212. (*Omissis*) (1).

(1) Articolo abrogato dall'art. 24, paragrafo 2 del trattato di fusione dell'8 aprile 1965; il paragrafo 1 di tale articolo dispone «Alla data dell'entrata in vigore del presente trattato, i funzionari e gli altri agenti della Comunità europea del carbone e dell'acciaio, della Comunità economica europea e della Comunità europea dell'energia atomica diventano funzionari ed altri agenti delle Comunità e fanno parte dell'amministrazione unica di tali Comunità.

Il Consiglio, deliberando a maggioranza qualificata su proposta della Commissione e previa consultazione delle altre istituzioni interessate, stabilisce lo statuto dei funzionari delle Comunità europee e il regime applicabile agli altri agenti di tali Comunità».

213. Per l'esecuzione dei compiti affidatile, la Commissione può raccogliere tutte le informazioni e procedere a tutte le necessarie verifiche, nei limiti e alle condizioni fissate dal Consiglio conformemente alle disposizioni del presente trattato.

214. I membri delle istituzioni della Comunità, i membri dei comitati e parimenti i funzionari e agenti della Comunità sono tenuti, anche dopo la cessazione dalle loro funzioni, a non divulgare le informazioni che per loro natura siano protette dal segreto professionale e in particolare quelle relative alle imprese e riguardanti i loro rapporti commerciali ovvero gli elementi dei loro costi.

215. La responsabilità contrattuale della Comunità è regolata dalla legge applicabile al contratto in causa.

In materia di responsabilità extracontrattuale, la Comunità deve risarcire, conformemente ai principi generali comuni ai diritti degli Stati membri, i danni cagionati dalle sue istituzioni o dai suoi agenti nell'esercizio delle loro funzioni.

Il secondo comma si applica alle stesse condizioni ai danni cagionati dalla Banca centrale europea o dai suoi agenti nell'esercizio delle loro funzioni

La responsabilità personale degli agenti nei confronti della Comunità è regolata dalle disposizioni che stabiliscono il loro statuto o il regime loro applicabile (1).

(1) Articolo così sostituito dal Trattato sull'Unione Europea.

216. La sede delle istituzioni della Comunità è fissata d'intesa comune dai governi degli Stati membri.

217. Il regime linguistico delle istituzioni della Comunità è fissato, senza pregiudizio delle disposizioni previste nel regolamento della Corte di giustizia, dal Consiglio, che delibera all'unanimità.

218. (*Omissis*) (1).

(1) Articolo abrogato dall'art. 28, paragrafo 2 del trattato di fusione dell'8 aprile 1965, di cui si veda l'art. 28, paragrafo 1 così recita: «Le Comunità europee godono, sul territorio degli Stati membri, delle immunità e dei privilegi necessari all'assolvimento dei loro compiti, alle condizioni definite dal protocollo allegato al presente trattato. Lo stesso vale per la Banca europea per gli investimenti».

219. Gli Stati membri s'impegnano a non sottoporre una controversia relativa all'interpretazione o all'applicazione del presente trattato a un modo di composizione diverso da quelli previsti dal trattato stesso.

220. Gli Stati membri avvieranno fra loro, per quanto occorra, negoziati intesi a garantire, a favore dei loro cittadini:

— la tutela delle persone, come pure il godimento e la tutela dei diritti alle condizioni accordate da ciascuno Stato ai propri cittadini;

— l'eliminazione della doppia imposizione fiscale all'interno della Comunità;

— il reciproco riconoscimento delle società a mente dell'art. 58, comma secondo, il mantenimento della personalità giuridica in caso di trasferimento della sede da un paese a un altro e la possibilità di fusione di società soggette a legislazioni nazionali diverse;

— la semplificazione delle formalità cui sono sottoposti il reciproco riconoscimento e la reciproca esecuzione delle decisioni giudiziarie e delle sentenze arbitrali.

221. Fatta salva l'applicazione delle altre disposizioni del presente trattato, gli Stati membri, nel termine di tre anni dall'entrata in vigore del presente trattato, applicano la disciplina nazionale nei confronti della partecipazione finanziaria dei cittadini degli altri Stati membri al capitale delle società a mente dell'art. 58.

222. Il presente trattato lascia del tutto impregiudicato il regime di proprietà esistente negli Stati membri.

223. 1. Le disposizioni del presente trattato non ostano alle norme seguenti:

a) nessuno Stato membro è tenuto a fornire informazioni la cui divulgazione sia dallo stesso considerata contraria agli interessi essenziali della propria sicurezza;

b) ogni Stato membro può adottare le misure che ritenga necessarie alla tutela degli interessi essenziali della propria sicurezza e che si riferiscano alla produzione o al commercio di armi, munizioni e materiale bellico; tali misure non devono alterare le condizioni di concorrenza nel mercato comune per quanto riguarda i prodotti che non siano destinati a fini specificamente militari.

2. Nel corso del primo anno successivo all'entrata in vigore del presente trattato, il Consiglio con deliberazione unanime stabilisce l'elenco dei prodotti cui si applicano le disposizioni del paragrafo 1 b).

3. Il Consiglio, deliberando all'unanimità su proposta della Commissione, può apportare modificazioni a tale elenco.

224. Gli Stati membri si consultano al fine di prendere di comune accordo le disposizioni necessarie ad evitare che il funzionamento del mercato comune abbia a risentire delle misure che uno Stato membro può essere indotto a prendere nell'eventualità di gravi agitazioni interne che turbino l'ordine pubblico, in caso di guerra o di grave tensione internazionale che costituisca una minaccia di guerra ovvero per far fronte agli impegni da esso assunti ai fini del mantenimento della pace e della sicurezza internazionale.

225. Quando delle misure adottate nei casi contemplati dagli arti. 223 e 224 abbiano per effetto di alterare le condizioni di concorrenza nel mercato comune, la Commissione esamina con lo Stato interessato le condizioni alle quali tali misure possono essere rese conformi alle norme sancite dal presente trattato.

In deroga alla procedura di cui gli artt. 169 e 170, la Commissione o qualsiasi Stato membro può ricorrere direttamente alla Corte di giustizia, ove ritenga che un altro Stato membro faccia un uso abusivo dei poteri contemplati dagli artt. 223 e 224. La Corte di giustizia giudica a porte chiuse.

226. 1. Durante il periodo transitorio, in caso di difficoltà gravi in un settore dell'attività economica e che siano suscettibili di protrarsi, come anche in caso di difficoltà che possano determinare grave perturbazione in una situazione economica regionale, uno Stato membro può domandare di essere autorizzato ad adottare misure di salvaguardia che consentano di ristabilire la situazione e di adattare il settore interessato all'economia del mercato comune.

2. A richiesta dello Stato interessato, la Commissione, con procedura d'urgenza, stabilisce senza indugio le misure di salvaguardia che ritiene necessarie, precisandone le condizioni e le modalità d'applicazione.

3. Le misure autorizzate a termini del paragrafo 2 possono importare deroghe alle norme del presente trattato nei limiti e nei termini strettamente necessari per raggiungere gli scopi contemplati dal paragrafo 1.

Nella scelta di tali misure dovrà accordarsi la precedenza a quelle che turbino il meno possibile il funzionamento del mercato comune.

227. 1. Il presente trattato si applica al Regno del Belgio, al Regno di Danimarca, alla Repubblica federale di Germania, alla Repubblica ellenica, al Regno di Spagna, alla Repubblica francese, all'Irlanda, alla Repubblica italiana, al Granducato del Lussemburgo, al Regno dei Paesi Bassi, alla Repubblica portoghese e al Regno Unito di Gran Bretagna e Irlanda del Nord (1).

2. Per quanto riguarda i dipartimenti francesi d'oltremare, le disposizioni particolari e generali del presente trattato, riguardanti:

— la libera circolazione delle merci,

— l'agricoltura, escluso l'art. 40, paragrafo 4,

— la liberalizzazione dei servizi,

— le regole di concorrenza,

— le misure di salvaguardia contemplate dagli artt. 109 H, 109 I e 226,

— le istituzioni,

sono applicabili fin dall'entrata in vigore del presente trattato.

Le condizioni di applicazione delle altre disposizioni del presente trattato saranno definite al più tardi entro due anni dall'entrata in vigore di esso, mediante decisioni del Consiglio, che delibera all'unanimità su proposta della Commissione.

Le istituzioni della Comunità vigileranno, nel quadro delle procedure contemplate dal presente trattato e in particolare dall'art. 226, a che sia consentito lo sviluppo economico e sociale di tali regioni (2).

3. I paesi e i territori d'oltremare, il cui elenco figura nell'allegato IV del presente trattato, costituiscono l'oggetto dello speciale regime di associazione definito nella quarta parte del trattato stesso.

Il presente trattato non si applica ai paesi e territori d'oltremare che mantengono relazioni particolari con il Regno Unito di Gran Bretagna e Irlanda del Nord non menzionati nell'elenco precitato (3).

4. Le disposizioni del presente trattato si applicano ai territori europei di cui uno Stato membro assume la rappresentanza nei rapporti con l'estero.

5. In deroga ai paragrafi precedenti:

a) il presente trattato non si applica alle Faeröer (4);

b) il presente trattato non si applica alle zone di sovranità del Regno Unito di Gran Bretagna e Irlanda del Nord a Cipro;

c) le disposizioni del presente trattato sono applicabili alle Isole Normanne ed all'isola di Man soltanto nella misura necessaria per assicurare l'applicazione del regime previsto per tali isole dal trattato relativo all'adesione di nuovi Stati membri alla Comunità economica europea e alla Comunità europea dell'energia atomica, firmato il 22 gennaio 1972 (5).

---

(1) Comma così modificato dall'art. 24 dell'atto di adesione della Spagna e del Portogallo (del 12-6-85).

(2) Comma così modificato dal Trattato sull'Unione Europea.

(3) Parte aggiunta dall'art. 26, paragrafo 2 dell'atto di adesione della Danimarca, dell'Irlanda, della Gran Bretagna e dell'Irlanda del Nord (1972).

(4) Lettera così modificata dal Trattato sull'Unione Europea.

(5) Comma aggiunto dall'art. 26, paragrafo 3 dell'atto di adesione della Danimarca, dell'Irlanda, della Gran Bretagna e Irlanda del Nord (1972), nel testo di cui all'art. 15, paragrafo 2 della decisione del Consiglio CEE 1° gennaio 1973.

228. 1. Quando le disposizioni del presente trattato prevedano la conclusione di accordi tra la Comunità e uno o più Stati ovvero un'organizzazione internazionale, la Commissione sottopone raccomandazioni al Consiglio, che la autorizza ad avviare i necessari negoziati. I negoziati sono condotti dalla Commissione, in consultazione con i comitati speciali designati dal Consiglio per assisterla in questo compito e nel quadro delle direttive che il Consiglio può impartirle.

Nell'esercizio delle competenze attribuitegli dal presente paragrafo il Consiglio delibera a maggioranza qualificata, salvo nei casi di cui al paragrafo 2, seconda frase, per i quali è richiesta l'unanimità.

2. Fatte salve le competenze riconosciute alla Commissione in questo settore, gli accordi sono conclusi dal Consiglio, che delibera a maggioranza qualificata su proposta della Commissione.

Il Consiglio delibera all'unanimità quando l'accordo riguarda un settore per il quale è richiesta l'unanimità sul piano interno, nonché per gli accordi di cui all'articolo 238.

3. Il Consiglio conclude gli accordi previa consultazione del Parlamento europeo, salvo per gli accordi di cui all'articolo 113, paragrafo 3, inclusi i casi in cui l'accordo riguarda un settore per il quale è richiesta sul piano interno la procedura di cui all'articolo 189B o quella di cui all'articolo 189C. Il Parlamento europeo formula il suo parere nel termine che il Consiglio può fissare in funzione dell'urgenza. In mancanza di parere entro detto termine il Consiglio può deliberare.

In deroga al comma precedente, gli accordi di cui all'articolo 238, nonché gli altri accordi che creano un quadro istituzionale specifico organizzando procedure di cooperazione, gli accordi che hanno ripercussioni finanziarie considerevoli per la Comunità e gli accordi che implicano la modifica di un atto adottato secondo la procedura di cui all'articolo 189 B sono conclusi previo parere conforme del Parlamento europeo.

In caso d'urgenza, il Consiglio e il Parlamento europeo possono concordare un termine per il parere conforme.

4. All'atto della conclusione di un accordo, il Consiglio, in deroga al paragrafo 2, può abilitare la Commissione ad approvare a nome della Comunità gli adattamenti di cui l'accordo in questione prevede l'adozione con una procedura semplificata o da parte di un organo istituito dall'accordo stesso, corredando eventualmente questa abilitazione di condizioni specifiche.

5. Quando il Consiglio prevede di concludere accordi che implicano emendamenti del presente trattato, questi ultimi devono essere precedentemente adottati secondo la procedura prevista nell'articolo N del trattato sull'Unione europea.

6. Il Consiglio, la Commissione o uno Stato membro possono domandare il parere della Corte di giustizia circa la compatibilità di un accordo previsto con le disposizioni del presente trattato.

Quando la Corte di giustizia abbia espresso parere negativo, l'accordo può entrare in vigore soltanto alle condizioni stabilite dall'articolo N del trattato sull'Unione europea.

7. Gli accordi conclusi alle condizioni indicate nel presente articolo sono vincolanti per le istituzioni della Comunità e per gli Stati membri (1).

---

(1) Articolo così sostituito dal Trattato sull'Unione Europea.

228 A. Quando una posizione comune o un'azione comune adottata in virtù delle disposizioni del trattato sull'Unione europea relative alla politica estera e di sicurezza comune prevedano un'azione della Comunità per interrompere o ridurre parzialmente o totalmente le relazioni economiche con uno o più paesi terzi, il Consiglio, deliberando a maggioranza qualificata su proposta della Commissione, prende le misure urgenti necessarie (1).

---

(1) Articolo aggiunto dal Trattato sull'Unione Europea.

229. La Commissione assicura ogni utile collegamento con gli organi delle Nazioni Unite, degli istituti specializzati delle Nazioni Unite e dell'Accordo generale sulle tariffe doganali e il commercio.

La Commissione assicura inoltre i collegamenti che ritiene opportuni con qualsiasi organizzazione internazionale.

230. La Comunità attua ogni utile forma di cooperazione col Consiglio dell'Europa.

231. La Comunità attua con l'Organizzazione per la cooperazione e lo sviluppo economici una stretta collaborazione le cui modalità saranno fissate d'intesa comune (1).

---

(1) Articolo così sostituito dal Trattato sull'Unione Europeo.

232. 1. Le disposizioni del presente trattato non modificano quelle del trattato che istituisce la Comunità europea del carbone e dell'acciaio, in particolare per quanto riguarda i diritti e gli obblighi degli Stati membri, i poteri delle istituzioni di tale Comunità e le norme sancite da tale trattato per il funzionamento del mercato comune del carbone e dell'acciaio.

2. Le disposizioni del presente trattato non derogano a quanto stipulato dal trattato che istituisce la Comunità europea per l'energia atomica.

233. Le disposizioni del presente trattato non ostano alla esistenza e al perfezionamento delle unioni regionali tra il Belgio e il Lussemburgo, come pure tra il Belgio, il Lussemburgo e i Paesi Bassi, nella misura in cui gli obiettivi di tali unioni regionali non sono raggiunti in applicazione del presente trattato.

234. Le disposizioni del presente trattato non pregiudicano i diritti e gli obblighi derivanti da convenzioni concluse, anteriormente all'entrata in vigore del trattato stesso, tra uno o più Stati membri da una parte e uno o più Stati terzi dall'altra.

Nella misura in cui tali convenzioni sono incompatibili col presente trattato, lo Stato o gli Stati membri interessati ricorrono a tutti i mezzi atti ad eliminare le incompatibilità constatate. Ove occorra, gli Stati membri si forniranno reciproca assistenza per raggiungere tale scopo, assumendo eventualmente una comune linea di condotta.

Nell'applicazione delle convenzioni di cui al primo comma, gli Stati membri tengono conto del fatto che i vantaggi consentiti nel presente trattato da ciascuno degli Stati membri costituiscono parte integrante dell'instaurazione della Comunità e sono, per ciò stesso, indissolubilmente connessi alla creazione di istituzioni comuni, all'attribuzione di competenze a favore di queste ultime e alla concessione degli stessi vantaggi da parte di tutti gli altri Stati membri.

235. Quando un'azione della Comunità risulti necessaria per raggiungere, nel funzionamento del mercato comune, uno degli scopi della Comunità, senza che il presente trattato abbia previsto i poteri d'azione a tal uopo richiesti, il Consiglio, deliberando all'unanimità su proposta della Commissione e dopo aver consultato il Parlamento europeo, prende le disposizioni del caso.

236. (*Omissis*) (1)

---

(1) Articolo abrogato dal Trattato sull'Unione Europea.

237. (*Omissis*) (1)

---

(1) Articolo abrogato dal Trattato sull'Unione Europea.

238. La Comunità può concludere con uno o più Stati o organizzazioni internazionali accordi che istituiscano un'associazione caratterizzata da diritti e obblighi reciproci, da azioni in comune e da procedure particolari (1).

---

(1) Articolo così sostituito dal Trattato sull'Unione Europea.

239. I protocolli che, di comune accordo tra gli Stati membri, saranno allegati al presente trattato ne costituiscono parte integrante.

240. Il presente trattato è concluso per una durata illimitata.

241-246. (*Omissis*)

Disposizioni finali

247. Il presente trattato sarà ratificato dalle Alte Parti Contraenti conformemente alle loro norme costituzionali rispettive. Gli strumenti di ratifica saranno depositati presso il governo della Repubblica italiana.

Il presente trattato entrerà in vigore il primo giorno del mese successivo a quello dell'avvenuto deposito dello strumento di ratifica da parte dello Stato firmatario che procederà per ultimo a tale formalità. Tuttavia, qualora tale deposito avvenisse meno di quindici giorni prima dell'inizio del mese seguente, l'entrata in vigore del trattato sarà rinviata al primo giorno del secondo mese successivo alla data del deposito stesso.

248. Il presente trattato, redatto in unico esemplare in lingua francese, in lingua italiana, in lingua olandese e in lingua tedesca, i quattro testi facenti tutti ugualmente fede, sarà depositato negli archivi del governo della Repubblica italiana che provvederà a rimetterne copia certificata conforme a ciascuno dei governi degli altri Stati firmatari.

In fede di che, i plenipotenziari sottoscritti hanno apposto le loro firme in calce al presente trattato.

(*Omissis*).

INDICE ANALITICO

G

I

M

N

O

P

R

S

T

U

INDICE GENERALE

CAPITOLO PRIMO: **L'UNIONE EUROPEA DAL PIANO SCHUMAN ALL'ATTO UNICO**

CAPITOLO SECONDO: **IL TRATTATO DI MAASTRICHT**

CAPITOLO TERZO: **GLI ORGANI DELLE COMUNITÀ EUROPEE**

CAPITOLO QUARTO: **L'UNIONE ECONOMICA E MONETARIA (UEM)**

CAPITOLO QUINTO: **L'UNIONE POLITICA**

CAPITOLO SESTO: **ESTENSIONE DEL CAMPO D'AZIONE DELLA COMUNITÀ**

CAPITOLO SETTIMO: **NUOVI CAMPI D'AZIONE DELLA COMUNITÀ**

APPENDICI

Hôtel Flavio
via Frangipane

Carlo the best
Why are you so naughty
with me?

because I'm always
like this!
How?
"I want your sex"